山体资源国家所有权的权力边界和行使研究

武婷婷／著

RESEARCH ON
THE POWER BOUNDARY AND EXERCISE OF
STATE OWNERSHIP OF
MOUNTAIN RESOURCES

法律出版社
LAW PRESS·CHINA
北京

图书在版编目（CIP）数据

山体资源国家所有权的权力边界和行使研究 / 武婷婷著. -- 北京 : 法律出版社, 2025. -- ISBN 978 - 7 - 5244 - 0376 - 0

Ⅰ. D922.334

中国国家版本馆 CIP 数据核字第 20250GH829 号

山体资源国家所有权的权力边界和行使研究
SHANTI ZIYUAN GUOJIA SUOYOUQUAN DE QUANLI BIANJIE HE XINGSHI YANJIU

武婷婷 著

策划编辑 徐 菲
责任编辑 李捷琳
装帧设计 苏 蔚

出版发行 法律出版社
编辑统筹 法律出版社
责任校对 王晓萍
责任印制 胡晓雅
经　　销 新华书店

开本 A5
印张 11.25　**字数** 249 千
版本 2025 年 7 月第 1 版
印次 2025 年 7 月第 1 次印刷
印刷 北京建宏印刷有限公司

地址:北京市丰台区莲花池西里 7 号(100073)
网址:www.lawpress.com.cn
投稿邮箱:info@lawpress.com.cn
举报盗版邮箱:jbwq@lawpress.com.cn

销售电话:010 - 83938349
客服电话:010 - 83938350
咨询电话:010 - 63939796

书号:ISBN 978 - 7 - 5244 - 0376 - 0　**定价**:46.00 元

凡购买本社图书,如有印装错误,我社负责退换。电话:010 - 83938349

目录

第五章　重点关注：山体资源国家所有权的权力边界

第六章　路径探索：山体资源国家所有权权力行使制度的构建

第一章 导论

中国明确把生态环境保护摆在更加突出的位置。我们既要绿水青山,也要金山银山。宁要绿水青山,不要金山银山,而且绿水青山就是金山银山。我们绝不能以牺牲生态环境为代价换取经济的一时发展。①

——习近平

① 《习近平发表重要演讲　吁共建“丝绸之路经济带”》,载人民网,https://jhsjk.people.cn/article/22841981。

一、研究背景

(一)外在表现:山体资源开发不当

山体是城市的“脊背”,是人类最宝贵的生态资源类型,山体生态系统是自然界生态功能最稳定的生态系统之一。[①] 山体在城市快速发展过程中发挥的重要作用,不仅体现在对林业、畜牧业、旅游业、采矿业的承载方面,也体现在对城市空间格局形成、景观风貌塑造、市民休闲娱乐方面,更体现在担当城市的绿色屏障、保护生态平衡等方面。我国是一个多山的国家,山地面积占全国土地总面积三分之一(见图1)。同时,我国山体面积十分广阔,三分之二县级行政区位于山区,森林、水利、矿产资源也主要集中在山区。山区还是我国少数民族聚居和革命老区集中地区。[②]

此外,山区还是我国重要的生态屏障和战略资源储备基地。山区的生态系统具有丰富的多样性,承载许多珍稀濒危物种,同时山区还是许多重要水源的涵养地,承担着维护生态安全的重要使命。山区也是我国重要的旅游资源之一,拥有壮丽的自然风光、独

① 参见黄光宇:《山地城市学原理》,中国建筑工业出版社2006年版,第4页。

② 参见《我国山地资源正走向可持续利用》,载新华丝路网2020年11月19日,https://www.imsilkroad.com/news/p/435156.html。

特的民俗文化和丰富的旅游资源。在旅游业快速发展的今天,山区的旅游资源开发潜力巨大,为当地经济发展注入了新的活力。在战略资源储备方面,山区蕴藏着大量的矿产资源,如煤炭、铁矿、有色金属等,这些资源对于我国经济发展具有重要意义。

因此,合理保护、科学利用和开发山体,对我国的经济发展和生态永续具有重要意义。

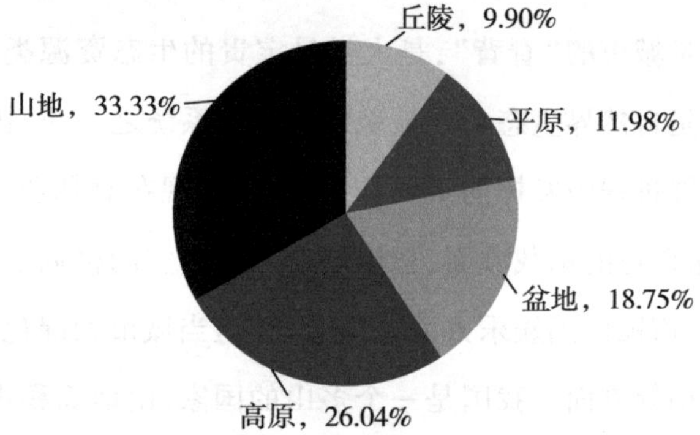

图1　我国地形分布

然而,近年来山体被破坏的行为不断出现,尤其是城市开发建设与山体保护之间的矛盾逐渐凸显。随着城市经济的提升,各地方的城市开发建设也进入高速发展时期。城市扩张,向山要地,适合的建设用地却越来越少。因此,城市建设发展为了满足拓展空间的客观需要,就要“另辟蹊径”,通过一定措施向山体要空间,导致各种项目开发建设过程中需要利用大量山体。然而开发主体在对山体的开发和利用过程中,实施了一系列无规划、无序、无保护、无修复的山体破坏行为。

违规的房地产开发项目利用。由于城市及近郊平地的土地资源已经十分有限,山上的土地陆续被房地产开发商所觊觎,如三亚市的山体破坏主要就来自房地产开发行为①,还有云南滇池的长腰山变成"水泥山"②,青岛西海岸新区灵山卫街道大湾港路的康大玺樾府项目违规对山体开发建设、破坏山体、开山放炮噪声扰民③,等等,可以说建设项目破坏山体的实例不胜枚举。这类城市建设用地对山体进行"蚕食"造成的危害,不仅会导致城市失去山体生态特色,而且还会伴随毁林采石、夷山造地等行为造成水土流失、生态和环境损害的恶果。山体高度被降低、山体生态状况退化、由山体共同构成的城市生态格局被破坏,这一系列严重影响山地生态环境的开发破坏行为已经严重制约山地城市的生态发展。

违规采矿行为。无序及无节制地过度开采矿石,从非法采矿到开山炸石再到山体被破坏性挖毁,都会严重破坏山体资源以及山体的生态环境,甚至会发生泥石流。④ 每年我国都会有一些山区遭受暴雨带来的泥石流和滑坡侵害,狭窄的路面被掩埋导致通

① 参见《三亚严禁开山劈岭搞房地产 已竣工项目将拆除》,载中国新闻网,https://www.chinanews.com/house/2014/02-19/5856394.shtml。还有祁连山和石家庄削山造地建别墅等在全国引起广泛关注的破坏山体事件都是集中体现了侵占、破坏山体进行违章建设的问题。

② 参见《中央环保督察:滇池保护区被房地产项目蚕食,长腰山变成"水泥山"》,载界面新闻网 2021 年 5 月 6 日,https://www.jiemian.com/article/6054044.html。

③ 参见《康大玺樾府破坏山体被立案查处,爆破施工扰民》,载网易网 2021 年 6 月 8 日,https://www.163.com/dy/article/GBVDPJ920525WSOL.html。

④ 参见王郭骥、赵旋:《武汉完成 75 座破损山体生态修复 构建城市生态屏障》,载搜狐网 2020 年 8 月 23 日,https://www.sohu.com/a/414518239_114731。

行困难，房屋大面积受损甚至彻底被埋。

擅自开山采石、挖沙、取土。凡是涉及山体开发项目时，项目开发主体经常采取挖山取石、破山修路以及在坡地上进行建设等方式。开发项目在山上堆积尾土、在山坡上修建住宅，加大了山体特别是山体坡顶的负载，同时，未采取保护措施的山体爆破工程将会引发山体裸露、地表水流渗透等，这都会造成山体自然演进过程和自然稳定状态的改变，①从而导致山体的山块石体移动，引发山体滑坡和泥石流等后果。

“小开荒”和超坡地耕种现象突出。这里的“小开荒”是指在山林内进行农事活动，种植农作物的行为，②同时包括在灌木林地、乔木林地、适宜林地、采伐迹地等林业用地上种植农作物的行为。由于这类种植行为不仅会破坏山林资源和山林景观，而且会蚕食山体上附着的其他植被，极易造成山体的水土流失和滑坡。超坡地是指坡度在 25 度以上的山体耕地。在超坡地上进行耕地会产生土地严重沙化的后果，而且会将我国长期以来积累的植树造林的成果破坏，使原本青葱秀丽的青山“遍体鳞伤”。

道路不当开发建设破坏山体和植被。伴随城市的迅猛发展，道路和公路的建设要求不断提升，向山索路的开发方式不断出现，当然合理的道路开发不仅会促进城市建设发展，而且对于促进山

① 参见周鹏光、苑恕：《浅析城市增长对城市环境的影响》，载《科技创新导报》2007 年第 32 期。

② 参见武婷婷、耿毅：《鞍山：加强山体保护让城市重披绿衣》，载《环境保护》2013 年第 14 期。

区经济发展、开发山体旅游资源等方面都具有功在千秋的意义。然而实践中，往往存在施工主体逃避生态环境部门的监督和管理，在施工过程中对所改建公路沿线进行无序开采山石、堆放尾石的现象，造成了山体自然生态景观和山体资源严重的破坏。

毁林修建公墓和私建墓地。近年来违法占用山地毁林建坟现象也不少见，从山顶向山腰蔓延，坟墓也成为吞噬青山林地的重要“凶手”。由于大片林地受损，若不采取防范措施，汛期一旦来临，山体滑坡、泥石流等自然灾害极易发生，这不仅使山体受损，而且危及民众的生命健康。另外，市民扫墓时烧纸的行为极易引发火灾，一旦发生，对所在山体附着的山林和植被都可能造成不同程度的损坏。

倾倒垃圾、渣土和有毒、有害物质等固体废物。固体废物包括工业固体废物、农业固体废物、建筑垃圾、生活垃圾、危险废物等，也是山体的重要污染来源。固体废物的特点是量多面广、种类众多、性质繁杂和危害程度深等。此类倾倒、堆放固体废物行为会存在重大污染风险，严重污染山体以及山体附着的植被和野生动植物，如果处理不当，会导致生态环境破坏，引发安全事故，甚至威胁人民群众的身体健康和生命安全。

“合法”的开发式破坏行为。这类山体破坏的行为看似合法，实则对山体的生态和环境造成了严重且持久的损害。例如，山体风景区建观光电梯、建别墅甚至建机场等，近几年旅游景区中玻璃栈道的不断增多，其所引发的对于山体生态、景观破坏的质疑声也应引起关注。同时旅游者使用交通工具排放出二氧化碳，景区里一些无环保意识的游客随地或向山下随意乱扔垃圾，山上景区内宾馆、饭店使用煤燃料等排放有害气体等都是影响山体生态环境的危害行为。[①]

总之,一系列的山体破坏行为以及违规开发行为,缺乏合理的山体开发和利用规划方案,导致开发的随意性大。无序规划开发,开发方式不规范,开发过程缺乏保护性,开发后的安全防护措施和生态修复缺乏规范和监督,导致山体破损严重。山体生态环境,特别是山体生态空间优势下降,不仅极易导致滑坡、泥石流等次生灾害的发生,而且破坏生态环境,存在安全隐患,威胁公众的生命安全,对城市山体自然环境造成了极大的负面影响。因此,如何有效保护和合理开发利用山体资源已经成为各城市发展建设中所面临的首要问题。

(二)内在成因:法律缺位山体资源权力配置不清

只有找到破坏山体行为不断涌现,未能得到有效禁止和杜绝的根本原因,才能有的放矢、对症下药。

1. 根源性矛盾:盲目开发与山体保护出现矛盾

正如上文所述,由于部分主体对经济利益的过度追求,大肆开发建设项目,用地用山规模的不断扩大,那些原本属于田野的山岭、溪谷、森林一部分演变成了城市公园绿地、山体公园或城市山林景观,另一部分则在建设项目开发的过程中逐渐消退。一些开

① 参见李良杰、王淑珍:《旅游业对庐山景区环境影响的探讨》,载《旅游纵览(下半月)》2014 年第 18 期。

发商为了短期内获取高额利润,不顾生态环境的承受能力,大肆在山体周边进行建设。他们可能会砍伐树木、破坏植被,甚至直接在山体上进行挖掘和爆破,这种行为造成的后果是极其严重的。因此,山体资源面临的重重危机根源在于环境资源问题中老生常谈的矛盾——环保与经济发展之间的矛盾问题。其实关于如何破解这一难题,习近平总书记指出了明确的答案:绿水青山就是金山银山。这不仅是一种理念,更应当是一种实践,我们需要通过完备的法律制度,解决二者之间的矛盾,守护绿水青山。

2. 实践难题:山体资源管理权主体不明确

目前,我国各级政府在管理体制上普遍存在自然资源管理部门职责不清晰的问题,这与我国长期存在的自然资源相关管理部门的数量多、多头管理、职能交叉问题密不可分。尤其是 2018 年国家设立自然资源部门之前,环境、资源、生态的行政管理权限分布在政府多个相关职能部门中,其中涉及国土空间管理和资源用途管制的部门就多达十余家,这样权出多家的情形不仅严重阻碍了自然资源科学有效配置,而且不利于自然资源的所有者在系统管理和协调的前提下进行分权。缺乏统一协调和高屋建瓴指导下的分权容易导致办事效率低、浪费资源,最终损害生态环境的整体性。

山体管理部门职能交叉会导致管理“真空”、监管错位或监管越位。例如,山体上覆盖着的林木,往往被称为山林,既属于山体资源,同时林木本身又属于森林资源。这样在实际运行中,就容易出现自然资源管理部门的权力重叠,或者都将权力拒之门外。

同时,管理权主体不明确,导致政策和法规的执行缺乏一致性和连贯性。不同部门可能会根据自身的理解和利益来制定和执行相关政策，导致政策之间相互冲突，难以形成有效的合力。比如，在山体旅游资源的开发中，旅游部门可能侧重于打造景点吸引游客，而忽视了对生态环境的保护；而环境部门可能因为缺乏足够的管理权力，无法有效制止这种破坏行为。

我国山体的所有权、开发权、使用权以及经营权的归属情况比较复杂，因此，相应的管理权力以及监管权力就对应着政府管理、部门直管和企事业单位、部队管理等多种情形。目前存在自然资源、规划、林草、园林、民政、城管等多个政府职能部门参与山体保护管理的问题，各部门之间权力和责任不明，山体保护管理工作缺乏统一的协调指导。不同部门的管理侧重点不同、价值目标有差别，导致权力边界不清。例如，水利主管部门的水政司是水资源监管的主要负责监管机构，但在现实的水污染治理中又承担环境保护部门中的环境保护监察局的部分职责，极易产生部门之间的权责交叉问题，这种现象在自然资源管理职能部门中普遍存在。再如，对未开发利用土地，涉及的管理部门有三家：之前的国土资源、农业以及林业部门，并分别以不同形式管理。国土资源部门将未开发利用土地按照未利用地看待，因此，用途上其可作为耕地开垦的后备资源，林业部门则将其作为宜林地，农业部门将其作为其他荒草地。① 一旦政府各个部门之间对自然资源存在重叠的管理权

① 参见王永生、郭冬艳等：《2015 年全国“两会”国土资源管理改革提案建言分析》，载《发展研究》2015 年第 7 期。

力，既容易导致管理“真空”，也可能造成重复管理(见表1)。

表1 我国自然资源管理职能情况

部门	履行自然资源管理职能						
	山	水	林	田	湖	草	海
自然资源部	√	√	√	√	√	√	√
水利部		√			√		
住房和城乡建设部		√			√		√
国家发展和改革委员会	√	√	√		√	√	√
生态环境部	√	√	√	√	√	√	√
农业农村部		√	√	√	√	√	√

与此同时，不明确的管理权主体也给企业和投资者带来了困扰。他们在进行山体资源相关项目开发时，往往需要面对多个管理部门的审批和监管，流程复杂，效率低下，增加了企业的运营成本和风险。

3. 亟待解决：缺乏国家专项立法

总体上看，我国没有国家层面的山体专项立法，因此缺乏有效的山体保护管理机制。虽然部分城市已经针对山体资源的利用和生态保护出台了地方专项立法①或者编制山体专项规划，但这些立法中对于规划的规定都较为笼统，皆为从宏观上进行的职权设置和程序的总体要求。个别城市虽然已经制定了山体规划，但往

① 在北大法宝以“山体保护”为关键词，以“法律法规”为索引范围，共检索到“山体保护地方性法规”24部，“山体保护地方政府规章”1部，“山体保护地方政府规范性文件”9部，时间截至2024年12月。

往技术性大于法律性，规划的着眼点往往局限于某个点和面，对山体资源的整体生态空间分析和认识有待深入，对山体开发与山体保护的关系有待更综合系统地把握与分析。山体资源尚缺乏整体规划，管理系统性不强，需要更系统、更全面、更科学、更合理、更便于操作管理的保护和利用的山体规划。这体现在山水林田湖草沙是一个整体，属于一个生命共同体，具有整体性、系统性等特点，但是分类别的自然资源管理体制未能兼顾自然资源之间的联系。

同时，即使是单项资源本身，针对这一单项资源的管理也存在多个部门。例如，山体资源的管理可能会涉及自然资源主管部门、生态环境部门、水利部门、矿产资源部门以及林草部门等，各部门之间职能不清，或各自为政，或相互制约，缺乏系统性和权威性的山体资源管理。

虽然，山岭和森林、土地、草原等自然资源一样属于在《宪法》《民法典》中明确列举的自然资源要素，应当具有同样的法律地位，但它没能像其他几类自然资源一样能够被作为保护对象单独立法。法律源于现实矛盾解决的需要，如前所述，城市建设对城市山体蚕食的影响开始逐渐凸显，自然生态山体空间不断减小，使城市环境和品质受到影响。有的违法者为了私利追求经济利益，通过各种手段逃脱法律制裁，甚至敢于以身试法，有的违法者表面上打着“公益”的旗号搞“合理”开发，实则损害了山体资源。但破坏山体资源的行为普遍存在，纠纷不断，屡禁不止的根本原因在于山体破坏已经反映出了严重的经济、生态、社会利益之间的矛盾冲突，但解决人类社会矛盾的最有效的手段——法律却处于缺位状态。或者说对种种破坏和影响他人私权利和公共权利的行为没有给予明确而必要的限制。对于山体资源管理的行政权也存在模糊不清、交叉缺位等问题。因此,对山体保护进行专项立法是解决山体资源矛盾的根本出路。

(三)见微知著:山体保护立法现状

1. 顶层空白:国家层面无山体保护专项立法

从 1982 年《宪法》颁布开始,我国就已经将山岭作为重要的自然资源之一并在最高位阶的立法中予以列举①,并明确规定山岭的所有权制度是以国家所有权为原则,以集体所有权为例外。但是在 2014 年修订的《环境保护法》的环境要素列举中②却未出现山岭或山体,这似乎表明从立法者的角度,只关注了山体作为资源的物权性质,即山体资源的经济价值,而并未重视其污染治理和生态保护的生态环保价值。山体资源专项立法应当是一切有关山体资源行为的行为依据和基础。特别是在过去的几十年里,对山体的掠夺式、粗放式的开发与利用导致了山体资源损失与短缺的状况,根本原因在于没有法律对诸多的山体破坏行为

① 1982 年《宪法》第 9 条第 1 款规定:“矿藏、水流、森林、山岭、草原、荒地、滩涂等自然资源,都属于国家所有,即全民所有;由法律规定属于集体所有的森林和山岭、草原、荒地、滩涂除外。”

② 《环境保护法》第 2 条规定:“本法所称环境,是指影响人类生存和发展的各种天然的和经过人工改造的自然因素的总体,包括大气、水、海洋、土地、矿藏、森林、草原、湿地、野生生物、自然遗迹、人文遗迹、自然保护区、风景名胜区、城市和乡村等。”

进行专项规制。随着我国整体上自然资源法制经历的一系列变革与发展，客观评价自然资源的利用率与合理利用程度与以往相比有所提高。① 因此，在山体资源领域通过完善的山体资源法制为山体资源合理、高效配置就成为必要，也具备了现实性和可行性，专项山体法律制度势必为山体资源的合理利用和有效管理保驾护航。

目前，我国已经颁布的与山体保护相关的立法文件所采取的立法模式主要分两种。一种是分散式立法：与山体保护相关的立法制度散见于山体的组成部分（砂土、石头、矿产）及山体附着物（植被）的相应立法当中，包括《森林法》②、《土地管理法》、《水土保持法》、《矿产资源法》、《城乡规划法》以及相应的法规和规章等。分散式立法的缺点显而易见缺少对山体保护制度的系统性归纳和梳理，例如，对一些破坏山体行为没有明确规定，实践中很难把握此类行为是否违法，特别是不能归纳到上述法律之中的一些"真空地带"。另一种则是对山体保护进行专项立法：目前只有省、市级出台了山体专项立法，国家尚无山体保护专项法律，因此，至今山体也并未像其他自然资源一样进入国家层面的立法视野，没有山体保护的专项法律。

① 参见方印、高赟：《中国自然资源法制评价、完善与实施的大数据参与问题探究》，载《鄱阳湖学刊》2018 年第 6 期。

② 《森林法》第 26 条第 2、4 款规定："宜林荒山荒地，属于国家所有的，由县级以上人民政府林业主管部门和其他有关主管部门组织开展造林绿化；属于集体所有的，由集体经济组织组织开展造林绿化。国家所有和集体所有的宜林荒山荒地荒滩可以由单位或者个人承包造林绿化。"

对山体保护选择专项立法模式的优势是非常明显的。首先,过去的几十年里,不断涌现出的山体被破坏事例已经充分证明分散式的立法未能发挥对山体的保护作用。而专项立法势必会提高对山体的关注度和保护力度,具有更强的针对性。它能够聚焦于山体保护这一特定领域,深入研究和分析与山体相关的各种问题,从而制定出精准、有效的法律条款。例如,对于不同类型的山体,如石山、土山、森林覆盖的山等,可以有针对性地规定不同的保护措施和开发限制。山体专项立法可以将与山体保护和管理相关的条款集合起来,形成完备的法律制度和系统全面的山体保护规范体系,也将极大提升条文在实践中的操作和执行效果。

其次,我国的生态文明法治化工作,强调要将山水林田湖草沙看作一个生态系统。其他几项环境要素都很早便有了专项立法,而且是国家法律层面的立法,唯独山体只能在各个环境要素的单行法中寻找它的“保护伞”。将山体保护的主要内容进行专项立法,也有利于将山体和水、林、田、湖、草、沙等环境要素提升到同一个法律保护层级上。

再次,专项立法模式能提高法律的权威性和可操作性。由于是专门针对山体保护制定的法律,其能够向社会传递出政府对于山体保护的坚定决心,从而引起社会各界的高度重视。比如,通过严格的法律条款和严厉的处罚措施,对企图破坏山体的行为形成强大的威慑力。同时,专项立法可以详细规定山体保护的具体流程、标准和责任主体,使其在实际执行过程中有明确的依据。例如,明确规定山体开发项目的审批程序、环境影响评估的具体要求,以及违反规定的处罚细则,让执法部门能够更加有效地进行监管和执法。

最后,专项立法有助于促进相关部门之间的协同合作。明确各部门在山体保护中的职责和权限,避免出现职责不清、互相推诿的情况。以山体周边的建设项目为例,规划部门、环境部门、自然资源部门等可以在法律的框架下各司其职,共同做好保护工作。以某地区的山体保护专项立法为例,在法律实施后,非法采矿、滥砍滥伐等破坏山体的行为得到了有效遏制,山体生态环境得到了显著改善。[①]

总之,对山体保护选择专项立法模式,是一种高效、有力的保护手段,对于保障山体的生态安全和可持续发展具有不可替代的重要作用。

2. 下层先行:地方山体立法步伐加快

根据《立法法》的规定,立法体系纵向上包括国家、省、市三个立法层级。后两个层级可以统称为"地方立法"。以立法类型为标准,地方立法又可分为执行性立法与自主性立法。执行性立法是指地方立法主体为了执行中央立法的规定,需要根据本地的实际情况作具体规定的事项进行的地方立法活动;自主性立法是指地方立法

① 参见张静怡:《我市全力做好山体资源保护工作》,载《三门峡日报》2024 年 7 月 3 日,A02 版。

主体在不违反国家立法的前提下,就地方性事务所进行的地方立法活动。[①] 由于我国山体保护尚无国家层面的专项立法,地方立法也就无法做到执行性立法,同时《立法法》已经明确授予了设区的市人大及其常委会“可以对城乡建设与管理、生态文明建设、历史文化保护、基层治理等方面的事项制定地方性法规”。从某种意义上说,法律本身就是地方性知识,地方实情是地方立法的生命力所在。[②] 因此对于山体保护的事项地方可以进行自主性立法。目前,我国各地方关于山体保护的专项立法形式包括法规、规章和规范性文件等。其中最值得关注的就是地方山体立法中的25部地方性法规(其中1部已经废止)(见表2)。

表2　山体保护的地方性法规(截至2024年12月)

序号	立法名称	颁布机构	公布时间	立法结构
1	《辽宁省青山保护条例》(以下简称《辽宁省条例》)	辽宁省人大常委会	2012年7月27日 2021年1月1日废止	共六章,共28条
2	《恩施土家族苗族自治州山体保护条例》(以下简称《恩施条例》)	恩施土家族苗族自治州人大常委会	2016年4月7日	共五章,共33条
3	《三亚市山体保护条例》(以下简称《三亚市条例》)	三亚市人大常委会	2016年9月30日 2021年12月13日修正	共六章,共42条 共六章,共36条

① 参见屈茂辉:《我国上位法与下位法内容相关性实证分析》,载《中国法学》2014年第2期。

② 参见祁雪瑞:《以地方立法引导自然资源生态与经济效益契合》,载《中国国土资源经济》2015年第12期。

续表

序号	立法名称	颁布机构	公布时间	立法结构
4	《十堰市中心城区山体保护条例》(以下简称《十堰市条例》)	十堰市人大常委会	2016年12月2日	共七章，共37条
5	《益阳市城市规划区山体水体保护条例》(以下简称《益阳市条例》)	益阳市人大常委会	2016年12月23日	共五章，共28条
6	《江门市市区山体保护条例》(以下简称《江门市条例》)	江门市人大常委会	2017年4月5日	共25条
7	《济南市山体保护办法》(以下简称《济南市办法》)	济南市人大常委会	2017年12月1日	共37条
8	《枣庄市山体保护条例》(以下简称《枣庄市条例》)	枣庄市人大常委会	2017年12月4日	共七章，共47条
9	《岳阳市城市规划区山体水体保护条例》(以下简称《岳阳市条例》)	岳阳市人大常委会	2017年12月26日	共五章，共28条
10	《双鸭山市中心城区山体绿线保护管理条例》(以下简称《双鸭山市条例》)	双鸭山市人大常委会	2018年5月2日	共18条
11	《咸宁市城区山体保护条例》(以下简称《咸宁市条例》)	咸宁市人大常委会	2018年12月28日	共六章，共34条
12	《驻马店市山体保护条例》(以下简称《驻马店市条例》)	驻马店市人大常委会	2019年7月9日 2024年7月2日修正	共六章，共34条 共六章，共34条

续表

序号	立法名称	颁布机构	公布时间	立法结构
13	《镇江市山体保护条例》(以下简称《镇江市条例》)	镇江市人大常委会	2019年7月26日	共七章,共42条
14	《泸州市中心城区山体保护条例》(以下简称《泸州市条例》)	泸州市人大常委会	2019年10月10日	共七章,共42条
15	《烟台市山体保护条例》(以下简称《烟台市条例》)	烟台市人大常委会	2019年12月2日	共34条
16	《汕尾市山体保护条例》(以下简称《汕尾市条例》)	汕尾市人大常委会	2019年12月10日	共31条
17	《六盘水市城市山体保护条例》(以下简称《六盘水市条例》)	六盘水市人大常委会	2020年10月20日	共23条
18	《威海市山体保护条例》(以下简称《威海市条例》)	威海市人大常委会	2020年12月1日	共五章,共33条
19	《莆田市山体保护条例》(以下简称《莆田市条例》)	莆田市人大常委会	2021年4月8日	共六章,共33条
20	《资阳市中心城区山体保护条例》(以下简称《资阳市条例》)	资阳市人大常委会	2021年6月17日	共六章,共29条
21	《三明市三元区环城山体保护条例》(以下简称《三明市三元区条例》)	三明市人大常委会	2021年10月22日	共五章,共33条
22	《三门峡市山体保护条例》(以下简称《三门峡市条例》)	三门峡市人大常委会	2021年11月12日	共七章,共35条

续表

序号	立法名称	颁布机构	公布时间	立法结构
23	《本溪市中心城区山体保护条例》(以下简称《本溪市条例》)	本溪市人大常委会	2021年12月20日	共七章,共32条
24	《铜仁市中心城区山体保护条例》(以下简称《铜仁市条例》)	铜仁市人大常委会	2022年12月2日	共五章,共33条
25	《景德镇市城市山体保护条例》(以下简称《景德镇市条例》)	景德镇市人大常委会	2024年7月25日	共27条

3.创新与局限:地方山体立法的评析

任何一部法的制定都需要成熟的法学理论支撑,是建立在一套完备的制度框架之上的有机整合。然而山体专项立法既缺少有针对性的法学理论研究,也没有上位法的直接指导。如果有上位法的参照,地方立法者自然会感觉轻松很多,可以依照上位法的指导原则和立法框架,结合当地实际状况进行具体化和明确化的立法。然而当没有上位法作为"模板"引导时,则势必加大地方立法者的立法难度,但更考验立法者的智慧,地方立法的意义和价值不可小觑。山体,是一个非常复杂的环境要素,既关联着森林、土地、矿产等多项自然资源,又涉及环境污染和资源保护等众多方面。山体资源属于自然资源的一种,目前关于自然资源的众多基础性法学理论还存在争议。例如,自然资源国家所有权属性的探讨、权力赋予、权力和权利的配置以及权力之间、权力与权利之间边界等问题都尚无定论。但是,保障自然资源的可持续发展已经成为世界各国达成的共识，保护和促进山体资源有序发展也是环境法制的应有之义和重要功能。当山体保护没有专门的上位法作为依据的情况下，地方的自主性立法无疑具有超前性和创新性。通过地方山体立法，为国家立法探路，进而推动国家山体专项立法。

(1)从立法框架结构上看，以章条式为主

上述地方山体的法规和规章的结构主要分为两种类型：一种是章条式结构，另一种是单一的条款式结构。其中 18 部地方性法规均为章条式结构，章条式结构是山体保护地方立法采取的主要结构方式。仅有 7 部法规选择了单一的条款式结构。当然，立法结构的选择属于立法技术问题，关键要看立法调整内容的繁简程度和调整内容的多少。通常，调整内容较多、范围较广的地方立法文件多采用章条式结构；反之，则多采用单一的条款式结构。两种结构各有优点：章条式结构的优点显而易见，清晰的立法框架、一目了然的章名称、逻辑清晰的条文关系，便于实践中守法、执法和司法的操作。单一的条款式结构对于立法者来说起草简便，也能解决个别条款根据其内容无法归纳到各章节中的问题。但缺点是，对于执法者和司法者来说，将面临条文的简单罗列而导致的条文之间逻辑关系不清晰，在实践中难以把握的困境。

那么，山体立法应当采取何种立法框架应取决于山体规范制度的繁简程度。如前文所述，山体同水、土地、森林、草原、矿产等自然资源一样，都属于重要自然资源要素，应当通过单独立法，对其更好地管理和保护，防止对其开发所造成环境污染和避免资源破坏的目的。同时，造成山体污染和破坏的因素众多，来源广泛，因此山体保护立法所要涵盖的内容相对复杂：要规范的禁止行为种类多，山体权属问题复杂，与之相对应的行政相对人和行政主体多元，涉及的权利与权力、权利与权利、权力与权力之间的关系都要有所涵盖。因此，对山体保护规范的条文数量不能过少、过简，至少应属于中等篇幅的立法。采用章条式结构，能够进一步突出山体保护的立法重点，明确山体保护的立法框架，一目了然条文之间的逻辑关系。即使这会加大立法者的立法难度，要求立法者对立法内容掌握精准、分类准确，将若干庞杂的条文进行条理清晰地分章归纳、排列，但这便于执法者和司法者的掌握和执行，更便于守法者的遵守和不逾矩。

(2)从立法内容上看，内容差别较大

“总则”“分则”“附则”是我国成文法立法结构的三大组成部分。采取章条式的地方山体立法也都具备这三个部分。其中，“附则”部分内容基本相同，是关于解释主体和实施时间的规定。但在“总则”和“分则”部分，内容则既有共同之处，也存在很大的差异。

“总则”部分，因其对全法具有统领性，各立法基本是从立法目的、法的依据、法的适用范围、法的原则、“山体”的阐释、权力主体的确立及其职能的设定等几大方面进行规定。其中差异最大的内容在于对“山体”的界定和权力主体及其职能的确立和分配两个主要部分。而法的保护对象与行政主体的设定这两部分规定恰恰是地方山体立法规定的重中之重。“分则”部分，主要是关于权利义务的规定，核心的权力（利）义务内容总体上主要包括山体保护的规划、保护措施、修复治理、监督管理以及法律责任几个主要方面。但从规制的主体（权力、权利主体和义务主体）到规制的客体（山体的范围）再到规制的内容（权力、权利和义务）存在一定的差别，而且从条款内容的立法质量上看，有的地方立法条款内容规定得十分笼统，缺乏可操作性，而有的地方山体立法条款内容则比较具体详细，可操作性较强。

值得肯定的是，已经出台地方山体立法的各地方人大和政府对于山体保护工作是十分重视的。而且地方山体立法自施行以来，在加强当地山体的保护和管理、合理开发利用山体资源、改善城乡自然景观和人文风貌等方面都发挥了积极作用。但客观地评价，这些条例中的内容部分仍停留在抽象性规范，缺少具体细化的落实制度，特别是对于山体生态环境破坏行为的惩罚力度还较轻，甚至对山体资源的具体范围和权力边界并未进行有效界定。部分立法还存在山体保护管理体制不顺、配套制度不完善、涉山行为的执法力度较弱等突出问题。同时，随着从国家到地方生态环境保护力度的不断加大和经济社会的快速发展，各地区山体保护领域又出现了一些新情况、新问题，地方立法的特点和优势就在于能及时、有针对性地回应和解决新矛盾、新问题。因此，颁布时间较早（2018 年之前）的条例亟待进一步完善。[①] 但也有个别地方山体立

① 《三亚市人民代表大会常务委员会关于修改〈三亚市山体保护条例〉的决定》经三亚市七届人大常委会第五十三次会议通过，海南省六届人大常委会第三十一次会议批准，于 2021 年 12 月 13 日公布施行。

法已经废止。[①] 还有的城市以山体保护专门的配套规定对山体保护条例加以细化,例如,益阳市已经针对山体保护陆续形成了"一条例一办法一规划"的保护框架。[②] 一系列的地方山体规划、办法、方案为创新山体保护管理体制提供了充分的依据,也为后续的全国其他地方的山体立法,以及更高位阶的山体保护立法提供宝贵的经验。

总之,地方的自主性立法在山体保护领域发挥着重要的先行先试作用,为推动国家山体专项立法奠定了坚实的基础。通过地方山体立法为国家立法探路,具有多方面的积极作用。地方立法实践能够提供丰富的案例和经验。不同地方在立法过程中的尝试和摸索,包括如何平衡开发与保护的关系、如何明确管理职责、如何保障公众参与等,都为国家立法提供了宝贵的参考。同时,地方立法过程中暴露出的问题和不足,也能让国家立法在制定过程中提前加以防范和解决。例如,某些地方立法在执法环节存在困难,国家立法就可以在这方面进行更全面的制度设计。

吕忠梅教授曾提道:"做好生态保护有两个最重要的手段:一个是科技,一个是法律。"[③]此论断同样适用于自然资源的管理和保护。若没有权属明确的自然资源、权责明晰的自然资源制度来

① 《辽宁省条例》已在2020年11月24日辽宁省第十三届人民代表大会常务委员会第二十三次会议作出了废止决定。

② 为保护好城市规划区内山水自然生态,确保条例有效贯彻实施,益阳市人民政府又相继出台了《益阳市城市规划区山体水体保护管理办法》和《益阳市城市山体水体保护规划(优化)(2021)》,从而形成了"一条例一办法一规划"的保护框架。

③ 吕忠梅:《环境法》(第2版),高等教育出版社2017年版,第13页。

约束与规制分配、利用和管理自然资源的行为，那么即使科学技术再先进也无法得到有效施展，不能被恰当有效地利用。同时由于没有法律制度的制约，自然资源本身蕴含巨大的经济价值，还会引发因权力滥用、权力寻租等腐败行为，进而造成自然资源利用无秩序、低效率以及不公平的现象。宏观表现优良与否，取决于微观设计得好坏。① 蔡守秋教授也曾提出公众公用物的概念以及应当通过完善的法律制度和措施去有效保护公众公用物。我们应当珍惜大自然恩赐予我们的公用物——自然资源，主要是要规范人的行为顺应自然的规律，不去破坏自然资源物，否则最终伤害人类自身。那么如何规范人类的行为去顺其自然，保护自然，爱护自然，从底线上看，就是要通过法制和法治来规范人的行为，防治污染，保护资源。应该采取法律措施，有效制止和严禁污染、破坏、侵占和侵犯自然资源物。②

因此，山体资源的有效保护和治理不仅需要先进的科学技术，更需要完善的法律制度。技术和法律制度相互融合，将技术融入法治建设与实践，同时用制度保障技术的有效顺畅运用。通过良法确保有关山体资源的决策与管理在制度规则下更具科学性与客观性，能够有效避免决策的任意性、管理的混乱性以及利用的无度性，进而保障山体资源的生态价值、经济价值和社会价值的有机统一，实现生态保护、经济发展与社会和谐进步。换句话说，山体资

① 参见方印、高赟：《中国自然资源法制评价、完善与实施的大数据参与问题探究》，载《鄱阳湖学刊》2018 年第 6 期。

② 参见蔡守秋：《论公众共用物的法律保护》，载《河北法学》2012 年第 4 期。

源的开发、利用、保护和管理都应当在法律制度的框架下运行的。

二、主要研究内容

本书将山体资源作为一类客体进行特殊关注，通过对我国长期以来面临的山体资源危机、山体环境屡遭破坏的状况及其原因进行总结，揭示出现象背后所反映的严重的经济、生态、社会利益之间的矛盾冲突。导致这一矛盾长期没有解决的原因又在于人类社会矛盾的最有效的手段——法律未能发挥其应有的功能和作用。因此，本书提出为了解决山体资源的保护问题，必须有专门针对山体保护和管理的法律制度。目前我国国家层面没有专门的山体法律，地方已经先行立法，出台了25部地方山体法规，但由于缺少上位法的创新型立法，部分制度存在缺陷和不足在所难免。有必要对这25部地方山体法规进行系统地梳理和深度分析，揭示现行我国环境资源法治，特别是山体资源法治的缺陷和不足。

解决环保资源问题的根本出路在于“管理”二字，因此山体专门立法要解决的关键就是要明确山体国家所有权的权力行使主体，有效划分山体管理职权，明晰界定山体资源国家所有权的权力之间、权力与权利之间的边界。在此基础之上，最终建构规制和保障山体资源国家所有权行使的法律制度，保障在资源的合理有效开发的前提下，又通过国家所有权的行使规制无序、破坏性的开发行为，达到可持续发展的目标。

第二章　概念剖析：山体、山体资源、山体资源国家所有权

要让城市融入大自然，不要花大气力去劈山填海，很多山城、水城很有特色，完全可以依托现有山水脉络等独特风光，让居民望得见山、看得见水、记得住乡愁。[1]

——习近平

① 中共中央文献研究室编：《十八大以来重要文献选编》（上），中央文献出版社2014年版，第603页。

山体,作为不可再生资源,近年来在国家生态法治的背景下,越来越受到关注。“绿水青山就是金山银山”的理念推动我国包括山体资源在内的自然资源走向可持续利用。中央又陆续提出以“生态文明建设”“生态修复、城市修补”“让居民望得见山、看得见水、记得住乡愁”等为目标的城市规划发展要求,非常重视对绿水青山的保护和利用,因此对山体的保护控制势必成为生态文明建设的重要内容。

一、山体:内涵、属性与分类

(一)山体的内涵

厘定山体内涵是展开研究山体资源相关问题和建构山体资源国家所有权权力制度的前提和基础。

1. 学理上的山体内涵

山体首先是地理学上的词汇,从地理学的角度看,山体等同于山。《现代地理学辞典》中将“山”解释为“高度较大,坡度较陡的高地。它以明显的山顶和山坡区别于高原,又因比较大的高度而区别于丘陵。但一般习惯上将山和丘陵通称为山”[①]。《辞海》中是通过将具体海拔数值与特征相结合的方式对山体进行定义,“陆地表面高度较大,坡度较陡的隆起地貌。海拔一般在500米以上,自上而下分为山顶、山坡和山麓”[②]。《说文解字》中将“山”定义为“土有石而高”“土之聚也”[③]。《说文新证》中将山归入山地的概念,“山地是对许多山的总体称谓,由山岭和山谷共同组成。其特点是具有较大的绝对高度和相对高度,切割层面深,切割密度大,山地通常多位于地球构造运动和外力剥蚀作用活跃的地区,地质结构复杂,如我国西部一些山地”[④]。《国语 · 周语》将“山”同为“岭”,“岭,山道也”[⑤]。《新华字典》中对山的解释是“地面上由土石构成的高起的部分”[⑥]。《现代汉语词典》中则对“山体”的概念做了细致的划分,“山,是高出地面的部分;体,是事物的本身或全部;山体,是山的主体部分”。

总结来看,地理学上定义的山体应该具备绝对高度条件和相对高度的要求。狭义的山指海拔绝对高度500米以上、相对起伏高度大于200米、坡度又较陡的高地。[⑦] 而广义的山指地面相对起伏高度超过200米的土地,包括高山体、中度山体以及较低的山

① 左大康主编:《现代地理学辞典》,商务印书馆1990年版,第712页。
② 辞海编辑委员会编纂:《辞海》,上海辞书出版社2022年版,第1933页。
③ (汉)许慎撰:《说文解字》,中华书局2013年版,第439页。
④ 周成虎主编:《地貌学辞典》,中国水利水电出版社2006年版,第197页。
⑤ 陈桐生译注:《国语》,中华书局2013年版,第203页。
⑥ 新华辞书社编写:《新华字典》,商务印书馆2000年版,第434页。
⑦ 参见张春英、周鑫腹等:《城市山体保护研究综述及展望》,载《桂林理工大学学报》2020年第2期。

体，还应当包括高原和丘陵和山体之间的山谷与盆地。从景观学的角度来看，山体还具有景观上的特有功能和价值，能够带给人类独特的心理享受和使用效果，因此属于具有特殊环境特征的景观场所。黄光宇教授也将山归类于山地，将“山地”定义为：“具有较高的海拔与地形起伏的地貌，包括自然地理学上的山地、丘陵和崎岖不平的高原等。”①

与地理学和景观学不同，地质学上往往采用“山地”的概念。在这里的山地不是指单一的山体，而是山的群体，是一个集合概念，包括由众多山体和山谷组成的地形。有学者从空间要素的角度对山地与山体进行区别和界定：山地是以“面”或者“片”的形式存留，而山体是以个体、“点”的形式呈现。② 对山地的定义通常以高度、坡度以及陡度为标准进行界定。山地自高向低由山顶、山坡和山麓三大部分构成。实践中，由于高原和丘陵都具有一定海拔，属于地壳挤压而拱起的明显高地，所以经常也被人们称为“山体”。但是地理学科相对于其他学科对地形地貌的研究持有更加谨慎的态度和科学的表达方式，同时为了更准确地研究地形地貌的自然特征，对山地、高原、丘陵进行了细致而区分的表达。例如，山地与高原在地表特征、规模和气温上都有较大差别。而山地与丘陵从广义上说，山地可以包含丘陵，丘陵指地壳上升的地块经受长期河流切割而形成的，一般指具有较高高度，较陡坡度的高地。

① 参见黄光宇：《山地城市学原理》，中国建筑工业出版社 2006 年版，第 4 页。

② 参见贾欢、顾月月：《论山区概念的法律界定》，载《长春大学学报》2010 年第 4 期。

进而山地从地形上区别于盆地、平原、高原和丘陵。与盆地和平原相比山地显著高出平地,且具备一定的绝对和相对海拔。其与高原的区别是峰顶的面积不如高原大,相比较来看峰顶面积较小。其与丘陵相比,高度明显高于丘陵。群山之间连绵起伏、层峦叠嶂,群居一起,往往形成一个山地区域。山脉是山地的组成部分,一个"脉"字体现出其线状延伸的特点,属于山地中主要山体的集合体,且山脉多呈脉搏状分布,向多个方向延展,因此被形象地称为"山脉"。几个相邻的山脉还能组成山系,包括若干条山岭和山谷组成的山体,因像脉状而被称为山脉。

从城乡规划学的角度看,山的定义也是以高度为依据,只要坡度大于5度的地形区域就属于山的范畴。[①] 从建筑学的角度看,不仅前述的地质学上的山脉、高原、丘陵属于山,同时那些虽然未在前述范围之内,但是只要地势上有波动和起伏的建筑用地也属于山的范畴。[②] "破损山体"是指由于原生或次生因素,即自然灾害或者人类活动而引起的山体地貌损毁、植被与生态系统破坏,并造成以裸露边坡为主体的水土流失样态。它不仅包括因城市开发建设活动、其他山体开发和利用活动以及其更广泛的人类活动而形成的采石场地、取土场地以及各式各类裸露边坡,还包括自然灾害发生后导致山体被破坏而形成的以裸露边坡为主体的

① 参见朱雪芬、石楠主编,中国科学技术协会、重庆市人民政府编:《山地城镇可持续发展》,中国建筑工业出版社2012年版。

② 参见卢济威、王海松:《山地建筑设计》,中国建筑工业出版社2001年版,第69页。

迹地(或坑口)。①

山体,作为一项重要的自然资源,由于其兼具经济价值、生态价值和社会价值三重功能属性,不同学科的学者对山体从不同角度开展研究。自然科学学者,更准确地说是环境科学学者主要进行的是山体治理和修复的技术性研究;景观规划学学者主要从山体形体价值的角度进行研究;城乡规划学学者从城市山体规划的功能视角展开研究;经济学学者主要围绕山体资源的资源价值和经济价值进行研究。近些年,探讨如何从法的角度保护山体才逐渐走入法学学者的视野,但也并没有得到广泛关注。② 无论是何种学科的研究,都有必要首先对研究对象,即山体下定义。

法学学者在对山体保护研究的过程中,与自然科学学者不同,更多采用的是山体的概念。从法学的角度对山体的定义往往侧重于其法律属性和相关权利义务关系。法学上的山体往往是一个综合性的概念,涉及产权归属、土地利用、环境保护、侵权责任和行政

---

① 参见饶戎:《城市采石山体破损的生态景观建筑修复研究》,载《建设科技》2008年第12期。

② 需要说明的是,本书在中国知网以"山体""法""立法"关键词进行索引,主要查到以下法学类文章:(1)崔文珠:《创青山保护立法先河》,载《中国人大》2012年第19期;(2)武婷婷、耿毅:《鞍山:加强山体保护让城市重披绿衣》,载《环境保护》2013年第14期;(3)刘晓飞、武婷婷:《生态文明背景下山体法律保护问题研究》,载《东方企业文化》2013年第11期;(4)杜群:《三亚市山体保护地方立法的拓展和生态法治创新——〈三亚市山体保护条例〉述评》,载《南海法学》2017年第2期;(5)张乐茹:《长沙市山体保护立法研究》,湖南师范大学2019年硕士学位论文;(6)张铃:《三明:立法守护城市绿色生态屏障》,载《人民政坛》2021年第10期;(7)李牧霖、武婷婷:《山体资源保护中法律责任问题研究》,载《区域治理》2022年第3期。

职责等多个方面。

随着生态文明法治的进程加快,为了规范山体合理、有序开发,减少和严格禁止破坏山体的行为,努力实现绿水青山就是金山银山的美好愿望,山体保护专项立法的呼声越来越高。虽然没有国家层面的山体资源专项立法,但是各地方的山体资源专项保护立法已经逐步兴起。近年来,对山体法律保护的理论研究逐渐进入法学学者的视野,成为重要的研究课题。与地理学学者仅从自然属性对山体进行定义不同,法学学者在对山体定义时,关注到山体的自然属性和社会属性并举、生态价值和经济价值兼具的特征,对山体的定义涵盖了其自然性、生态性、经济性和历史文化性。例如,有学者将"山体"定义为具有一定海拔、相对高度和坡度的高地及其相伴谷地、山岭以及所承载的具有生态、经济、社会和文化价值的资源所组成的区域。① 也有学者指出,山体的本质特征(地壳挤压上升产生的具有一定海拔、相对高度和坡度的高地)是固定不变,而山体的人文因素虽是附带社会发展产生,但已经融合到人类社会之中不可剥离,因此可以将山体定义为是因地壳挤压上升而形成的高度较高、坡度较陡,并承载着生态、经济、社会和文化价值资源的高地。② 也有学者认为研究山体的法律保护重在把山体

① 参见黄敬军、赵立鸿等:《江苏省山体资源保护区划及对策》,载《长江流域资源与环境》2015 年第 8 期。

② 参见张乐茹:《长沙市山体保护立法研究》,湖南师范大学 2019 年硕士学位论文,第 16 页。

视为资源要素,而山体并非仅指山的主体本身,也包括依附于山体的植被。[①] 该概念将焦点不只局限于山的本体,还放在植被上,与现实中山体植被破坏问题相融合,使用山体能够更好地保护山体的整体资源和空间,达到法律保护的目的。

2. 地方立法中的山体定义

如前所述,从立法位阶上看,目前我国国家层面并没有专门性的山体保护法律。但是在《宪法》、《民法典》[②]和《行政诉讼法》[③]中都有关于"山岭"的相关条款。《宪法》是我国立法体系中关于山体定义的最重要的立法规定,其第 9 条第 1 款规定:"矿藏、水流、森林、山岭、草原、荒地、滩涂等自然资源,都属于国家所有,即全民所有;由法律规定属于集体所有的森林和山岭、草原、荒地、滩涂除外。"《民法典》《行政诉讼法》中都遵循了《宪法》中关于"山岭"的表述方式。将"山岭"明确列为独立的一项自然资源,说明了国家对山岭这一自然资源重要地位的认可。但遗憾的是,山体至今未能像矿藏、水流、森林和草原等自然资源一样能获得专项立法,这又说明国家立法者对山体的特殊性和经济生态价值并没有急迫的保护意识。

① 参见刘晓飞、武婷婷:《生态文明背景下山体法律保护问题研究》,载《东方企业文化》2013 年第 11 期。

② 《民法典》第 250 条规定:"森林、山岭、草原、荒地、滩涂等自然资源,属于国家所有,但是法律规定属于集体所有的除外。"

③ 《行政诉讼法》第 12 条第 1 款规定:"人民法院受理公民、法人或者其他组织提起的下列诉讼……对行政机关作出的关于确认土地、矿藏、水流、森林、山岭、草原、荒地、滩涂、海域等自然资源的所有权或者使用权的决定不服的……"

然而,与上位法不同的是,在目前各地方已经出台的专门性山体保护立法规范中,几乎都以“山体”作为保护对象并进行表述,只有《辽宁省条例》(已失效)中是将法的保护对象界定为“青山”。对山体保护进行专项立法,必须对山体下定义,并进而确定法的适用范围和权限边界。地理学、语言学与学理上对山体概念的表述具有典型的抽象性、概括性和原则性的特征。同时,根据自然资源生态规律中的时空有异律可知,我国地大物博、幅员辽阔,各地区的山体无论是自然因素还是人文因素都存在较大差异,因此各地方山体破坏的主要因素也不完全一致,无法将学理上对山体的定义照搬到法律规范中。但是由于山体专项保护上位法的缺失,各地方在山体法律实践中对山体内涵界定的标准也是各有不同,大体上主要分为四种类型(见表3):

(1)通过行政区域范围进行界定;

(2)通过规定具体海拔数值的方式界定;

(3)不直接使用高度标准,而是以其他规范性文件作为标准界定;

(4)通过列举方式,将生态、经济、社会和文化价值功能作为考量因素来界定山体范围。

表3　地方山体立法中对“山体”的定义标准

山体定义的标准	山体定义内容	立法来源
行政区域范围	第2条第2款　本条例所称山体，是指本市行政区域内的自然山体	《枣庄市条例》
	第2条第2款　本条例所称山体，是指本市行政区域内的自然山脉、山地和丘陵	《镇江市条例》
	第3条　本条例所称山体，是指本市行政区域内的自然山体，具体范围由市人民政府确定	《三门峡市条例》
	第2条第2款　本条例所称中心城区山体（以下简称山体），是指碧江区、万山区内纳入规划保护的自然山脉、山岭和山丘	《铜仁市条例》
	第2条第2款　本条例所称城市山体，是指景德镇市中心城区（含浮梁县中心城区）和乐平市中心城区纳入城市山体保护专项规划范围内的自然山脉和山地	《景德镇市条例》
海拔数值	第2条第2款　本条例所称山体，是指主峰相对高度不低于二十米的自然山脉和山地	《三亚市条例》
	第3条第2款　本条例所称山体，是指主峰与谷底之间相对高度30米以上的山以及其它需要保护的山	《十堰市条例》
	第2条　本条例适用于本市行政区域内相对高度二十米以上的自然山体的保护管理、科学利用、修复治理等活动	《驻马店市条例》
	第3条第1款　本条例所称山体，是指主峰相对高度十米以上及其他纳入山体保护规划的自然山脉和山地	《汕尾市条例》
	第2条第2款　本条例所称的山体是指主峰与谷底之间相对高度不低于三十米的自然山脉、山地、丘陵	《莆田市条例》

续表

山体定义的标准	山体定义内容	立法来源
以其他标准为依据	第3条第1款　本条例所称山体，是指城市规划区山体保护专项规划和法定图则确定的山体	《恩施条例》
	第2条第1款　本条例适用于本市纳入市区山体保护规划的山体保护	《江门市条例》
	第3条第2款　本条例确定的山体是指纳入双鸭山市中心城区山体绿线保护规划的山体	《双鸭山市条例》
	第3条　本条例所称城区山体，是指市、县(市)城市规划区内的自然山脉和山地	《咸宁市条例》
	第2条第2款　本条例所称城市山体是指在六盘水市中心城区(含水城区、钟山区城区)、六枝特区中心城区、盘州市中心城区范围内纳入城市山体保护专项规划的自然山脉和山地	《六盘水市条例》
	第2条第1款第2句　山体保护范围由市人民政府批准公布的山体保护规划确定	《三明市三元区条例》
明确列举式	第3条　本条例所称山体水体是指符合下列条件之一的自然山脉、丘陵岗地等山体以及江河、湖泊、水库、水塘、干渠、水源涵养地、湿地等水体 (一)构建城乡自然山水格局主要特征； (二)承载城乡居民共同历史文化记忆； (三)承担防洪排涝、饮用水水源、生态保护等功能； (四)其他具有特殊生态、经济或者社会文化价值。 具体保护对象，由城市规划区山体水体保护规划确定	《岳阳市条例》
	第3条第1款　本条例所称山体，是指符合下列条件之一的山地和丘陵： (一)反映城市自然山水格局主要特征； (二)承载城市居民共同历史记忆； (三)具有防洪排涝、饮用水水源保护、生态修复等功能； (四)其他具有特殊生态、经济、社会或者文化价值	《泸州市条例》

续表

山体定义的标准	山体定义内容	立法来源
明确列举式	第3条第1款　本条例所称山体，是指符合下列条件之一的低山和丘陵： (一)对城市生态屏障、景观统领、视线通廊起重要作用； (二)承载城市居民共同历史记忆； (三)具有防洪排涝、饮用水水源保护、生态修复、生态防护等功能； (四)具有其他特殊生态、经济、社会或者文化价值确需保护的	《资阳市条例》
	第2条第3款　本条例所称山体，是指符合下列条件之一的自然山脉和丘陵： (一)体现城市自然生态特征、展现城市特点和塑造城市景观； (二)具有防洪排涝、饮用水水源保护、生态保护等功能； (三)其他具有特殊生态、经济、社会和文化价值需要保护的	《本溪市条例》

由于缺乏上位法的统一规定，在相继出台的地方山体立法中对山体的界定内容不同，方式各异。行政区域适用范围的定义方式严格来说并不是对山体的定义和解释，只是对法的适用范围进行了地域上的限定。通过规定具体海拔数值的方式界定山体，是将自然科学的山体判断标准融入立法当中的有效方式，体现了科技与法律的结合这种方式涵盖的山体范围很广，相对于通过行政区域适用范围进行界定的方式来说更具体，但是标准不统一，有高度10米、20米、30米等不同的海拔标准，与地理学上200米以上的标准有较大差距。立法者可能是考虑到保护山体的生态价值，

尽量扩大山体的保护范围。通过另行制定的其他规范性文件作为标准对山体进行界定的方式,是将法所保护山体的范围在当地的山体规划或者法定图则中予以明确,较好地解决了法规或规章篇幅局限性问题。典型的列举式定义方式,优点显而易见:清晰、明了、易理解、可操作性强,缺点是容易有遗漏,特别是那些缺乏显著的生态、经济、社会和文化价值的山体,容易被排除在山体的立法保护范围之外。

概括式与列举式相结合,自然科学与社会科学相融合是立法,特别是环境资源类立法中对适用对象、保护对象下定义的最优方式。当然,各城市的山体自然条件不同,开发利用和防治保护的要求也不同,因此在山体保护立法中应当首先借鉴地理学上海拔的标准对山体的内涵进行界定,同时结合列举的方式明晰外延,再辅助山体专项规划和山体的法定图则的配套方式,即“山体的定义 = 海拔标准 + 形式列举 + 规划图则”,这样可以制定出既满足地方山体状况实际,又具体、细化、可操作性强的山体保护范围的立法规定。

(二)山体的属性

山体也是地质结构的重要体现。它由各种岩石、土壤和矿物质组成,记录了漫长的地质演化历史。山体,特别是城市中的山体包含自然属性、经济属性与社会属性三重性质。

山体的自然属性主要是自然科学学者的关注焦点。自然科学学者对于自然资源的研究集中在资源的内容种类和范围。所谓山体的自然属性应当指山体的自然规模和植被覆盖状态[①],山体的生态空间、天然形态、地形地貌、整体轮廓以及附着于山体的植被和依赖于山体生存的野生动物等都属于山体的一部分。[②] 有的学者认为,山体的自然属性包括山体本身的高度和坡度以及附着于山体的植被[③];还有很多学者持类似上述的通过山体属性的内涵范围来界定山体自然属性的观点。[④] 当然也有学者对山体自然属性进行了更细致、系统的分类,将山体的自然属性首先分为三大类:一是以山坡形态、山体坡度、山体坡面、山坡长度以及高程所共同组成的地形属性;二是以地形属性地质构造、岩石类型和山体承载力所组成的地质属性;三是以气候特征、水文特征、附着于山体的动植物和土壤所共同组成的生态属性。[⑤]

综合学者的上述研究成果,从广义上看,山体自然属性应该涵盖能够表达山体外部特征的三大部分:山体本身、山体的组成部分以及山体附属物。第一部分是山体本身的自然属性,包括山体海

① 参见黄敬军、赵立鸿等:《江苏省山体资源保护区划及对策》,载《长江流域资源与环境》2015 年第 8 期。

② 参见覃事妮:《柳州市山体景观保护研究》,载《规划师》2009 年第 6 期。

③ 参见吴秀英:《城市规划中的山体保护与利用》,载《科学咨询(决策管理)》2009 年第 5 期。

④ 例如:景阿馨等在《自贡市中心城区自然山体保护与利用研究》一文中提到的山体自然属性包括:绝对高程、相对高程、坡度、体量、植被。荣冰凌在《城市控规层面小尺度地区生态控制线划定——以青岛中德生态园为例》一文中认为自然山体要素包括高程、坡度、坡向、起伏度、冲沟等。易沙、汪洋在《城市山体绿地保护区控制界线划定方法研究——以烟台中心城区为例》中选取山体自然属性方面包含高程、坡度、起伏度、植被或林地覆盖度等。

⑤ 参见张春英、周鑫腹等:《城市山体保护研究综述及展望》,载《桂林理工大学学报》2020 年第 2 期。

拔、山体形态、山体面积、山体地形、山体坡度和坡形、坡向、坡面、坡长、冲沟、起伏度也就是山体的相对高度；第二部分是山体的组成部分，包括土壤、岩石、矿产等；第三部分是由山体而衍生出的附属自然属性，包括气候、水文、动植物以及承载能力等。

从经济和社会属性来看，山体作为自然资源，除了具备自然资源的自然性，还应当具备价值性和社会性。因为山体资源属于重要的自然资源，同样能够被人类所开发和利用，与人类之间发生着能动的相互作用的关系。

从经济属性来看，山体是丰富资源的宝库。例如，它蕴含着各类矿产资源，如煤炭、金属矿等，为工业生产提供了关键的原材料，支撑着制造业的发展。同时，山体中的石材也是建筑行业的重要材料来源。旅游业也是山体经济属性的重要体现。美丽壮观的山峰、奇特的地质景观、清新的空气以及丰富的生态环境，吸引着大量游客，带动了当地餐饮、住宿、交通等相关产业的繁荣，创造了众多就业机会和经济收入。同时，山区的农业也依托山体而发展，如山地果园、茶园等特色农业，生产出具有独特品质的农产品，在市场上具有一定的竞争力。

从社会属性来看，部分学者认为山体的社会属性应当涵盖山体所处区域位置、所在地交通状况、文化价值、历史价值、山土利用类型等。[①] 部分学者从景观学角度认为山体的社会属性涵盖了欣

① 参见黄敬军、赵立鸿等：《江苏省山体资源保护区划及对策》，载《长江流域资源与环境》2015 年第 8 期。

赏价值、人文价值、游憩价值等。[①] 还有学者是从历史评价的角度认为山体的社会属性是指涵盖的历史性要素、历史的范畴，包括：历史遗迹、历史文献、历史文化氛围等。山体是人们放松身心的好去处。[②] 周末去山里爬爬山、呼吸新鲜空气，已经成为很多人的休闲选择。山体也是文化的载体。很多古老的村落依山而建，形成了独特的建筑风格和民俗文化。

总结学者的观点，将不同表达方式但相同含义的词进行整合后发现，学者对山体的社会属性的界定主要包括了人文属性、历史属性、景观价值、地理方位价值以及服务功能几个主要方面。具体来说，人文属性即文化价值；历史属性指的是山体本身或者山体上的建筑物所蕴含的历史文化价值，以及是否属于历史遗迹；景观价值包含游憩功能、风景名胜、景观享受价值等；地理方位价值包括对所处区域构成交通便利或者特殊位置作用的价值；服务功能包括提供服务设施、山体土地利用类型、山体空间开放性等方面。总之，山体的社会属性是山体作为环境资源要素与人类互相作用的反映，是由人类社会所赋予的，赋予的原因可能是多方面的，因此不同的山体，具有不同的社会属性，但必须坚持的核心理念是"为人类服务"，即为了公众的利益。[③]

① 参见覃事妮：《柳州市山体景观保护研究》，载《规划师》2009年第6期。

② 参见易沙、汪洋：《城市山体绿地保护区控制界线划定方法研究——以烟台中心城区为例》，载《西部人居环境学刊》2014年第1期。

③ 参见杨葳、王文奎等：《福州市山体保护规划研究》，载《规划师》2008年第8期。

通过上文对山体内涵进行界定，对山体的属性进行综合分析，可以总结出：山体作为一种自然环境要素和资源，有其不同于其他自然资源的独特风貌、形态与物质环境空间等自然属性，同时由此派生出山体的生态价值、人文价值、历史价值、交通价值与游览休憩价值等。山体的多重属性、多种价值更指明了人类对山体作为一种资源进行严格保护的意义和保护的方向。

（三）山体的分类

我国幅员辽阔、地大物博，山体的种类繁多，按照不同的标准可以进行不同的类型划分。将自然山体采用不同的标准进行不同的分类（见图2），能够使山体的剖析更加清晰、准确，从而总结出更适合对应山体种类的保护与利用原则、方法与模式。

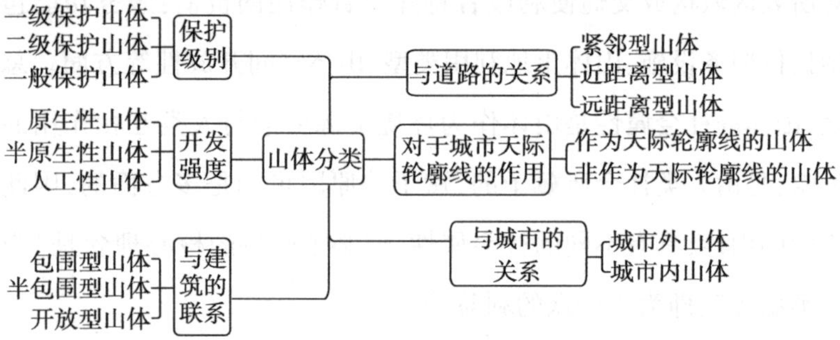

图2　山体的分类情况

按山体的保护级别划分为一级保护山体、二级保护山体和一般保护山体。一级保护山体是指那些山体形态特殊，具备重要的景观价值、人文价值、历史价值或者具有一定程度生物多样性的重要山体；二级保护山体是指山体形态有一定特点，具有比较完整和一定地位的景观价值，具有一定的人文价值或历史价值，生态环境较好，是城市生态系统不可或缺的组成部分；一般保护山体是指上面提到的景观价值、人文价值以及历史价值都较为一般，但是对于所在地具有一定的生态功能的山体。① 还有学者将山体保护等级划分为四级：一级山体是指具有很高的景观价值且属于一级风景名胜区的山体，以及重要河流两岸的山体；二级山体是指位于城市的出口和入口、高速路、主干道、铁路两侧一定区域内的山体；三级山体是指围绕在城市周边的山体；四级山体针对的是允许开采的山体以及已经被破坏、难以修复的山体。② 山体不同的保护级别对应着不同的保护手段和管理措施。通常对一级保护山体实行最严格的立法保护规定。

按山体的开发强度划分为原生性山体（指沿生物廊道③分布的各类山体，这类山体对我国的生态环保建设具有非常重要的作用，因此要采取最严格的规划和管理保护措施，最低强度开发或者不开发。不仅是不能进行建设项目的开发，同时原则上也不能进行旅游资源的开发，而是要对其生态修复，把其建设成为生态效益最高、生态空间好的青山，以及生物最适宜的栖息地）、半原生性山

① 参见杨葳、王文奎等：《福州市山体保护规划研究》，载《规划师》2008 年第 8 期。

② 参见覃事妮：《柳州市山体景观保护研究》，载《规划师》2009 年第 6 期。

③ 生物廊道，也称生态廊道，是指在生态环境中呈线性或带状布局、能够沟通连接空间分布上较为孤立和分散的生态单元的生态系统空间类型，能够满足物种的扩散、迁移和交换，是构建区域山水林田湖草沙完整生态系统的重要组成部分。

体(特点是数量占比多,规模较大。因此对其可以进行适度的开发,采取的保护措施可以稍微弱于上面的原生性山体。但不容置疑的是,也要在遵守生态保护优先的前提下,将生态保护与经济发展、资源利用协调并举。同时要注意因山制宜,对不同的山体实行差别化保护)、人工性山体(是已经被人类所利用,开发建设成山体公园的山体。与原生性和半原生性山体相比,该类山体已经进行了一定程度的开发和利用,其面临的保护重点是对现有的山体资源的管护,包括对这类山体的规划、利用和保护的前提)①。

按与建筑之间的联系,山体分为:包围型山体、半包围型山体和开放型山体。此种分类方法是建筑学中对山体的区分方式。包围型山体,顾名思义,其四周被山峦环绕,形成一个相对封闭的空间。这种类型的山体往往能在内部营造出独特的小气候和生态环境。由于外界气流较难进入,内部的温度、湿度相对稳定,包围型山体为一些特殊的动植物提供了适宜的生存条件。例如,某些山谷中的珍稀植物可能因为这种相对稳定的环境得以繁衍。半包围型山体则是一侧或部分区域开放,另一侧有山峦阻挡。这种结构会导致气流和水分在开放与阻挡的交界处产生特殊的分布。开放型山体是指没有明显的环绕或阻挡,山体与周边环境的过渡较为平缓。这种山体与外界的物质和能量交换较为频繁,生态系统的

① 参见张春英、周鑫腹等:《城市山体保护研究综述及展望》,载《桂林理工大学学报》2020 年第 2 期。

开放性更强。

根据与道路之间的关系，山体分为：紧邻型山体、近距离型山体和远距离型山体。紧邻型山体是指与周边物体或区域直接相邻、几乎没有明显间隔的山体。这种类型的山体通常会对其紧邻的区域产生直接且显著的影响。比如，紧邻城市的山体可能会影响城市的局部气候，调节气温和湿度，为城市居民提供清新的空气。同时，由于距离极近，山体的地质活动如滑坡、泥石流等可能会对周边的建筑和基础设施构成直接威胁。

近距离型山体则是与相关物体或区域有一定距离，但仍然在相对较近的范围内。它们对周边环境的影响较为明显，但不如紧邻型山体那么直接和强烈。以一个靠近乡村的近距离型山体为例，它可能为乡村提供水源，影响当地的农业灌溉，但同时也可能因为山体植被的变化而间接影响乡村的生态平衡。

远距离型山体与周边的联系相对较弱，其影响更多地体现在宏观的气候调节、生态系统的整体性以及景观美学等方面。尽管距离较远，远距离型山体依然是整个地理环境的重要组成部分。

例如，在四川盆地，紧邻成都的青城山属于紧邻型山体，对成都的气候和生态有着直接的调节作用；而距离成都市区稍远的西岭雪山则可以视为近距离型山体，为成都周边的旅游和冬季运动提供了资源；而更远处的横断山脉则属于远距离型山体，对整个四川地区的气候和生态格局产生着深远的影响。

综上所述，紧邻型山体、近距离型山体和远距离型山体在与周边环境的距离和相互作用方式上存在差异，对山体立法时应当进行分类规定。

按照对于城市天际轮廓线[①]所发挥的作用,山体可以分为:作为天际轮廓线的山体和非作为天际轮廓线的山体两类。作为天际轮廓线的山体通常具有独特的形态、高度或位置,成为城市或地区天际线的重要组成部分。这些山体往往因其显著的视觉特征而备受关注。它们可能是高耸入云的山峰,也可能是连绵起伏且形态优美的山脉。这类山体对于城市的形象塑造和旅游吸引力具有重要意义。相比之下,非作为天际轮廓线的山体可能在形态、高度或位置上相对不那么突出,或者被周围的建筑或自然景观所遮挡,在视觉上没有对天际线产生明显的影响。然而,这并不意味着它们不重要。非作为天际轮廓线的山体在生态功能方面可能发挥着关键作用。它们可能是重要的水源涵养地、生物多样性的栖息地,或者为周边地区提供防风固沙、调节气候等生态服务。以一些山区的小型丘陵为例,它们可能不构成天际轮廓线的一部分,但为当地的农业生产提供了土壤和水资源的保障,也为野生动物提供了隐蔽和觅食的场所。

作为天际轮廓线的山体和非作为天际轮廓线的山体在视觉效果和功能价值上各有侧重,但都共同为我们的生活环境和生态系统做出了不可或缺的贡献。

根据与城市之间的关系,山体又可以分为:城市外山体和城市

---

① 天际轮廓线是规划学上的概念,是城市规划的定型理念,是由城市中的高楼大厦构成的整体结构,或由许多摩天大厦构成的局部景观。天际线亦被作为城市整体结构的人为天际。

内山体。城市外山体是指未被城市开发利用为建设用地，但位于城市的外围并对城市的生态空间、生态环境发挥重要作用的山体。它们与公民的游憩活动密切相关，同时又承担着城市天然绿色围墙的不可替代的重要功能。城市内山体是城市景观的重要组成要素，对城市居民的景观游览、放松身心都具有不容忽视的作用，往往也构成城市的名片，具有自然价值和重要的人文价值①，但与城市外山体相比更容易被城市建设所挤占空间。

山体分类对于相关立法工作具有重要作用。首先，山体分类有助于明确立法的针对性。不同类型的山体在地质结构、生态特征、地理位置等方面存在差异，其所面临的问题和保护需求也各不相同。通过分类，可以针对每种类型山体的特点制定具体、精准的法律条款和保护措施，避免“一刀切”的立法方式，提高立法的科学性和有效性。其次，分类能够为立法中的权责划分提供依据。根据不同类型山体的重要性、敏感性和管理难度，明确各级政府、相关部门以及社会各方在山体保护和管理中的职责和权利，避免出现管理上的混乱和责任推诿，确保法律的有效执行。再次，山体分类有利于合理设定法律的保护级别和开发限制。对于具有重要生态价值、文化价值或地质科研价值的山体类型，可以给予更高的保护级别和更严格的开发限制；而对于其他类型的山体，可以在保护的前提下，适当放宽一定的开发条件，实现保护与发展的平衡。例如，对于被划分为天际轮廓线的山体，立法可能会更侧重于对其

① 参见郑雪玉：《城市山体景观保护规划研究》，载《福建建筑》2011 年第 3 期。

景观完整性和视觉美感的保护；而对于紧邻城市的山体，可能会更注重对其地质灾害的预防和生态服务功能的保障。最后，山体分类还能够为法律的监督和执法提供便利。执法部门可以根据山体的分类特征，更准确地判断违法行为的性质和严重程度，采取相应的执法措施，提高执法效率和公正性。

总之，山体分类为立法提供了科学、合理的基础，有助于制定出更具针对性、可操作性和适应性的山体保护法律，实现对山体资源的有效保护和可持续利用。

二、山体资源：内涵、种类与属性

（一）山体资源的内涵及种类

关于山体资源，虽然在宪法中赋予了其与土地资源、森林资源、草原资源、水资源等相同的法律地位，但是，由于针对山体没有专门的单行法，山体在法律上仍缺乏明确的概念。同时，如前文所述，目前研究山体资源相关法律问题的文献寥寥，在文献中能对山体资源内涵讨论和界定的就更为稀少。因此，无论是学界还是实务界对山体资源尚未形成统一的概念。

山体资源作为重要的自然资源之一，为人类生存和发展提供重要的物质条件，为人类生产和生活提供各种资源和空间载体。《宪法》第 9 条所规定的“山岭”是指某一类别的自然资源，本意是指“山岭资源”或者“山体资源”，因此，这里的“山岭”一词，作为自然资源的一种类型,与“山岭资源”应是相同含义。但是宪法中并未解释什么是“山岭”,因为宪法的首要任务是明确国家、集体、社会组织与个人关于山体资源的权属问题,特别是所有权权属和基本产权原则。因此,宪法中关于山岭的规定只关注“山岭”“山岭资源”的所有权的权属问题。

山体资源从狭义上看仅指山体本体作为可被开发、有利用价值的自然资源。但从广义上看,山体不应仅指山体本身,特别是从生态保护的角度还应包括其蕴藏的资源,以及附着的植被。因此,建议做扩大解释,即山体资源指人力可以控制、支配的特定区域的山体及其附着物的总称,是指由山脉、丘陵、山峰等地形地貌所构成的自然地理实体,以及与之相关联的各种自然资源和生态系统服务。山体资源涵盖了山体本身的地质结构、岩石土壤、植被覆盖、动物栖息地、水资源(如溪流、瀑布、地下水)等自然要素。它还包括了山体所蕴含的矿产资源(如金属矿、非金属矿)、能源资源(如风能、太阳能)以及文化和历史价值(如古老的登山路径、宗教圣地、文化遗址)。诚然,构成山体资源的矿产、林木、土地以及山体生态空间、环境容量都因其有各自的特定内涵和外延,可成为单独客体,从而对其进行单独立法。这些环境要素之间彼此联系,共生,共同组成山体生态系统的整体。山体资源作为自然资源的一种,又作为整体的权利客体,当然可以成为法的调整对象。因此,从最大限度地保护山体资源的角度看,山体资源是一个综合性的概念,其价值不仅体现在自然资源的丰富性上,还体现在文化、历史和生态等多个方面。因此,山体资源除了山体本体资源,其外延还包括以下几种资源：

1. 矿产资源。由于山体源于地壳的抬升运动，一些原本在地下的矿物会随着地壳的变动而上升或者下降。相当多数量的矿产蕴藏在矿山当中，对矿产的探、采需要开采山体。近年来，经常有违法主体受经济利益驱使，从事非法采矿、破坏性采矿的行为，这不仅扰乱了国家正常的采矿规划和采矿秩序，侵害了国家的矿产资源所有权，而且也严重破坏了矿产所依附的山体。山体的裸露、尾矿的堆砌，严重损害了山体的生态环境，社会公共利益受到侵害。而且按照我国原国土资源部作出的复函，山体的重要组成部分——岩石和泥土属于矿产资源。①

2. 植被资源。有山必有林，山林是人类休养生息的良好处所。山林以及相关植被是人类赖以生存和发展的物质基础，也是山体水土保持的前提，是生物多样性得以存续的有力保障。同时，山林中的植被还具有观赏价值，给人带来视觉上的享受，促发人们常常借植物以言志，寄托理想和信念，因此也赋予了植物具有更深层次的人文价值。然而，山林与植被也是极易遭到滥伐和损坏的。如上文分析，城市建设的大规模扩张用地与高强度开发等一系列的山体建设活动产生的挖山、采石、取土以及对林木的滥砍滥伐，都会使山体岩石内部结构及山体表面以及山体周围的生态环境受到

① 《国土资源部关于开山凿石、采挖砂、石、土等矿产资源适用法律问题的复函》(已失效)中答复如下："一、根据《中华人民共和国矿产资源法实施细则》第二条'矿产资源是指由地质作用形成的，具有利用价值的，呈固态、液态、气态的自然资源'的规定，砂、石、粘土及构成山体的各类岩石属矿产资源。"

不同程度的毁损。进而势必殃及山体上附着的植被，从而导致山体生态环境整体恶化，最终极有可能引发山体自然灾害、水土流失。因此植被资源是青山的底色，保护植被资源对山体保护有重要意义。

3. 旅游资源。所谓山体旅游资源，是以山体为载体的各种旅游资源的综合体。山体旅游资源有狭义和广义之分。狭义的山体旅游资源是指以山体本体为主的山水景观资源。广义的山体旅游资源是指以山体景观为载体，围绕其所承载的多种旅游资源组合而成的综合体，不仅包括山体的主体本身，还包括与山体相关的依赖其形成的水文景观、生物景观、人文景观和天象景观等。[①] 且山体旅游资源十分丰富，地形千差万别，生物种类多样，奇花异草和珍稀植物构成了山体特有的多彩世界，引起爱好生活的人们的向往。山体旅游资源按照资源价值产生的来源可分为自然旅游资源和人文旅游资源两种类型。自然旅游资源包括山体、陡坡、丘陵、峡谷、悬崖、沟壑等地质构造组成的多种多样的天然地貌组合，具有重要的游览和观赏价值。人文旅游资源主要指山体长期形成的名人旅居文化、山地农耕文化、宗教文化等内容。长期形成和积淀的深厚文化使山地的人文景观与自然景观相互映照、互相衬托，促使这些山体成为具有重要保护价值的风景名胜。山体还是公众锻炼身体的场所。公众可以在山地徒步、旅游，感受山地的宁静和清

① 参见刘宇峰、孙虎等：《陕西秦岭山地旅游资源特征及开发模式探讨》，载《山地学报》2008 年第 1 期。

新的空气,享受山地无污染的美食。因此山体旅游资源也是山体资源中不可忽视的一项。

4. 历史资源。我国历史文化悠久,伴随着五千年的中华文明,我国的很多名山大川也蕴含着丰富的历史价值资源,山体之上拥有丰富的古建筑、文化遗迹、名人墨迹、典故传说,不可胜数。历史资源可分为历史遗迹和历史文化价值两大类。对山上所有有价值的历史遗迹,都应按照其在相关法律法规中所对应的保护级别对山体进行严格的保护,这无疑也增加了山体的观光和观赏价值、艺术和文化价值。历史文化价值则要求山上所有相关建设活动,包括其建筑与环境均需与山体的历史文化保持一致和协调,形成相适应的文化氛围。正所谓"山不在高,有仙则名"。山体的价值不仅是自然空间的,也是文化的,更是城市的一张名片。因此,营造和推进山体的历史文化氛围,更有利于山体的保护。

5. 气候资源。山体的气候资源也有开发和利用价值。山地生产者可以充分利用山体的气候特征,在长期的耕作实践中形成了丰富的适合于山体生产的农业经验。例如,将喜温、喜光的作物(如水稻、玉米以及其他水果等)种植在南面的可种植山坡中,将耐阴、喜凉的作物(如马铃薯以及药材等)种植在北面的可种植山坡中。再如,可以充分利用山体低海拔地区升温快、升温时间早的特点,在低海拔山体地带进行育秧,在成长的过程中再移栽到高海拔山体地带,这样可以为高海拔山体地带的作物争取有效的温度积累;同时也可以利用不同海拔山体土地的温度差异特征,进行反季节的蔬菜种植。当然以上这些对山体气候资源的有效把握从而促进农作物的种植，依靠的是劳动人民长期的劳动智慧积累。

6. 能源资源。在山体及附近山区，由于地形的原因，很多地方可以利用部分山区风速较大的特点，用于风力发电；同时，山地的水量虽然不大，但往往落差大，虽不能都达到“飞流直下三千尺”的效能，但用于水力发电、照明、加工和灌溉是完全可行的。

7. 野生生物资源。山体不仅具有丰富的植物资源，也是其他生物资源的生存和繁衍地。保护好山体不仅是保护山体本身和依赖其生存的生物资源，同时也为科学研究和经济发展提供了坚实的生物遗传基础。从种植业上说，生产者可以在能够解决当地粮食需要的基础上，发展一些适应当地的有特色的作物，生产山区特有的优质植物产品。

我国作为一个多山国家，保护山体及其所蕴含的巨大资源，对于经济发展、社会发展和生态保护都有着不可估量的作用和意义。我国山地面积约占陆地面积的百分之七十。而且不仅是自然原因，更值得我们关注的是我国将近三分之一的人口、约二分之一的耕地以及绝大部分的森林还有矿产都集中在山地。因此，做好山体资源的生态保护和经济发展工作，从最广的范围上界定山体资源的含义，进而保护山体资源，意义十分重大。

（二）山体资源的属性

山体资源，作为国家所有权的权利和权力客体，它属于自然资源三种类型[1]之一:传统的个体类自然资源。山体资源具备价值性、可支配性和特定性。它既涵盖自然资源的共性:自然性、有用性、整体性、有限性和地域性,同时,又与水、大气等流动性的自然资源不同,山体资源具有位置固定和综合空间性的特征。山体资源是矿产资源、生物资源、水资源、旅游资源等叠加的重要地理空间资源,是支撑地区经济和社会可持续发展的重要资源基地。[2]

山体资源的属性可划分为两部分:自然属性和社会属性。其中自然属性主要包括天然形成的山体的海拔、生态空间、起伏变化的陡坡和丘陵等构成的自然状况,而社会属性主要是由山体资源所承载的人文、历史因素等构成的社会载体。[3]

1. 天然性。山体资源是经过大自然长期作用而形成的,它与钢铁、燃油等人工合成物有着本质的区别,后者多是自然资源经过漫长的自然作用而产生的。山体资源的形成年代远早于人类社会的出现。

2. 稀缺性。由于大部分山体资源需要经历漫长的地质年代才能形成,因此短期内山体资源的存量是一定的。随着人类社会的发展,山体资源不断被消耗,其储存量在不断下降,甚至会被完全耗尽。

① 郭威、卓成刚在《自然资源管理体制改革研究》一书中提到,将自然资源可以分为三种类型:1. 传统的个体类自然资源,如矿藏、水流、森林、山岭、草原、荒地、滩涂、珍贵的动植物和土地,都可以分别作为独立的自然资源类型;2. 以土地为载体的自然资源,如森林;3. 国家公园、自然保护区等生态空间类自然资源类型。

② 参见黄敬军、赵立鸿等:《江苏省山体资源保护区划及对策》,载《长江流域资源与环境》2015 年第 8 期。

③ 参见黄敬军、甘义群等:《江苏省地质环境区划评价指标体系初步研究》,载《中国地质》2011 年第 6 期。

3. 不可再生性。山体资源属于不可再生资源，是社会经济发展和人类生存能够保持可持续性的重要资源之一。然而长期形成的过度的山体资源开发造成了对山体和植被的破坏，如果长此以往，不被有序管理和合理保护，作为不可再生资源，山体资源最终将被耗尽枯竭。①

4. 价值性。山体资源具有丰富多样的价值属性，至少包括生态价值、经济价值、文化价值、科研价值以及社会价值。把山体资源从自然系统中剥离出来，作为各个自然要素仍然有其自身的价值，如矿石、石料不仅具有经济价值，同时还具有生态价值，包括观赏性、防风固沙功能以及为人们提供休憩旅游的场所等。

5. 可支配性。所谓可支配性是指人类对该项自然资源的控制力。衡量可支配性的标准在于能否支配以及是否值得支配和控制。随着科技的发展，人们对自然力的控制能力不断提高。以山体资源为例，各国政府或者集体组织对山体的管理历史悠久，对山体自然力的控制已经相对成熟。同时，山体作为个体独立存在也并非取之不尽用之不竭，恰恰相反，个体类山体资源储量日益紧张，其稀缺性和价值性也决定了对它们进行控制的必要性。

6. 特定性。虽然自然资源似乎总是以整体而存在，难以从空间、物理形态上做明确区分，但特定性并不是简单的物理形态上的

① 参见吴丹：《城市破损山体生态修复与景观开发模式类型探讨》，载《艺术科技》2021 年第 12 期。

确定,而是一种思想观念的确定。对于自然资源这样界限模糊的物质,可以通过技术手段或人使用这种物质的目的来确定,如山体可以通过人为划定界限来确定,水流则可以根据人的使用目的,结合其所在的经纬度进行确定。

三、山体资源国家所有权:源头、必要性与权属解析

早在 1982 年《宪法》中就确立了山岭的国家所有权和集体所有权问题。但是对于山体资源,始终没有像其他自然资源,如森林资源、土地资源、水资源、湿地资源等一样进行国家层面的单项立法。但是,山体作为城市基本生态空间中极为重要的组成部分,加之破坏山体现象的愈演愈烈,对其生态保护逐渐受到地方政府的高度重视,并相继通过立法的方式予以确认。

(一)国家所有权与自然资源国家所有权的解析

1. 从国家所有权到自然资源国家所有权

国家所有权一词从何而来,学界并没有统一的说法。张力教授认为:"一般而言,在政治学、宪法学中针对'国家'的含义存在各种不同的表达,如将其作为主体对待时,它是可以通过具有某种支配力的表达方式做语言结合的。因此,我们从经验上大概可以承认,在人类有了国家以后,只要国家需要与某种财产的支配模式发生直接联系,那么国家对于财产的、用私法上的技术去实现的占

有、使用、收益、处分，都属于广义的国家所有权现象。”[①]因此，国家所有权的概念从世界范围来看应该产生较早，但我国语境中的国家所有权是一个近现代现象。1948 年维涅吉克托夫在总结苏俄建国以来经济发展经验的基础之上创作了《社会主义国家所有权》。在这本著作中提到了国家所有权，简单粗暴的表达方式就是“国家 + 所有权”。但国家所有权的概念不能与公产、国家公产、国家私产等概念混同。并且，这本著作系统地创立了国家所有权的概念以及自觉遵守的制度体系。对此，王利明教授在《国家所有权研究》一书中也做出过明确解答，“国家所有权是整个社会主义民法所要研究的最基本的理论问题”，“专门与集中规定，不意味着特殊保护，而在于体现巨额的国家财产存量的现实国情”。

在我国，自然资源国家所有权的概念最早出现在 1982 年《宪法》中，2007 年颁布施行的《物权法》（已失效）在对《宪法》第 9 条规定的自然资源“国家所有”立法时进行了类型化，2021 年施行的《民法典》在此基础上进行了进一步的细化[②]，对我国自然资源所有权作出了较为明确的规定（见表 4），将自然资源的权属划分为两类：国家所有即全民所有与集体所有，而且也规定了以国家所有为主。

① 张力：《民法应如何表达国家所有权》，“民商法律前沿论坛（第 505 期）”会议论文，2019 年 12 月于北京。

② 参见焦艳鹏：《自然资源的多元价值与国家所有的法律实现——对宪法第 9 条的体系性解读》，载《法制与社会发展》2017 年第 1 期。

表 4　我国立法体系中关于自然资源所有权的规定

<table>
<tr><th>资源类型</th><th>所有权</th><th colspan="3">依据</th></tr>
<tr><td>森林</td><td rowspan="5">国家所有权
集体所有权</td><td rowspan="8">《宪法》</td><td rowspan="10">《民法典》</td><td>《森林法》</td></tr>
<tr><td>山岭</td><td>—</td></tr>
<tr><td>草原</td><td>《草原法》</td></tr>
<tr><td>荒地</td><td>—</td></tr>
<tr><td>滩涂</td><td>—</td></tr>
<tr><td>水</td><td rowspan="6">国家所有权</td><td>《水法》</td></tr>
<tr><td>矿产</td><td>《矿产资源法》</td></tr>
<tr><td>海域（包括无人海岛）</td><td>《海域使用管理法》</td></tr>
<tr><td>无线电频谱</td><td>—</td><td>《无线电管理条例》</td></tr>
<tr><td>野生动物</td><td>—</td><td>《野生动物保护法》</td></tr>
<tr><td>煤炭</td><td colspan="3">《煤炭法》</td></tr>
</table>

目前共有 8 部自然资源单行法和 1 部行政法规《无线电管理条例》对自然资源国家所有权作出了规定，分别是《矿产资源法》《水法》《森林法》《草原法》《野生动物保护法》《煤炭法》《海域使用管理法》《海岛保护法》。[①] 除《宪法》中明确规定的属于国家所有的矿藏、水流、森林、山岭、草原、荒地、滩涂等自然资源，自然资源单行法和行政法规上又在各自的立法中增加了野生动物、海域（无人海岛）、无线电频谱几类资源也为国家所有。总体上来看，国家将“矿藏、水流、海域”这类具有显著财产价值且较容易

① 参见王克稳：《自然资源国家所有权的性质反思与制度重构》，载《中外法学》2019 年第 3 期。

转化为物质财产的自然资源类型规定为国家所有；对于森林、山岭、草原、荒地、滩涂等具有显著生态价值的自然资源，规定原则上属国家所有，但集体所有的除外；对野生动植物这类既具有生态价值又兼备财产价值的自然资源，或者说两个价值都不占突出的主要地位的情况，法律进行单独规定。[①] 这种类型化的区分表明，鉴于自然资源具有多元的价值属性，包括经济、生态和社会价值，可以根据山体资源的价值属性来区分所有权制度的相关规则。

2. 争议的厘清：自然资源国家所有权性质的界定

山体资源国家所有权的理解依托于自然资源国家所有权的"权"的解析。目前国内学者还没有关于山体资源国家所有权问题的研究，只能从自然资源国家所有权的研究中追本溯源。近年来，我国法学界关于自然资源所有权属性的争论愈演愈烈。总体上分析，目前既存的关于自然资源国家所有权属性的学说可分为唯一说和区分说两大类。赞成唯一说的学者们认为自然资源国家所有权的属性只有一个，属性是不可分割的整体，属于一项整体性权利。在唯一说的基础上，又可以进一步区分为私权说和公权说。

(1)私权说。自然资源国家所有权私权说或者被称为民法所

① 参见焦艳鹏：《自然资源的多元价值与国家所有的法律实现——对宪法第9条的体系性解读》，载《法制与社会发展》2017年第1期。

有权说，是我国法学界关于自然资源国家所有权属性争论中较早的观点，也是主流观点。主张“私权说”的学者认为，国家、集体或者个人，无论是哪个作为国家所有权的主体都是基于民法规范下的私有权界域内的所有权，因此理应属于私权，自然资源的所有权也不例外。国家所有权的主体和普通所有权的主体一样，应当具有唯一性和统一性。这里的“唯一性和统一性”就是指无论国家所有权的行使代表是机关、法定机构还是其他公法人等，都不会因此对国有财产的支配产生非私有化的结果。放到自然资源所有权中也如此，国家授权国务院作为代理人，受托行使国家所有权，当然也具有所有权的私法权能，即占有、使用和收益权利，但是不能把国务院作为自然资源的所有权人。[①] 所以，从某种程度上说，界定国家所有权主体是唯一的，目的是反私有化，而并非说明国家所有权的私有化。

针对有学者提出的“自然资源国家所有权是首先在《宪法》中明确，因此应当属于公权”的说法，“私权说”学者们的反对理由是：不能因为自然资源国家所有权的立法源头在《宪法》就认为其属于公权，使用语境不同，不能等同。佟柔先生认为，在中国的法律体系里，宪法也是私法的法律渊源之一。因此《宪法》规定的国家所有权并非一定具备公权性质，而可能具备私权性质。而且自然资源国家所有权以私权的性质在宪法中规定，或者以公权的

① 参见林潇潇：《论生态环境损害治理的法律制度选择》，载《当代法学》2019 年第 3 期。

性质在民法中规定,也无可厚非。[①] 即宪法保护私权,是可以存在的,而且不能把宪法上的所有权和民法上的所有权进行区别,其实就是一个所有权,只不过自然资源所有权因其特殊性被宪法和民法同时规定,同时保护。当然,还有一部分学者认为所有权应当仅限于私法的领域,是私法上的概念,不存在公法上的所有权的说法。[②] 虽然公法的影响力不容小觑,但所有权具有形式上的唯一性,因此所谓所有权之公法和私法的绝对二元化并不成立。[③]

私权说的学者主要从民法所有权的角度分析,认为国家所有权与私人所有权一样都是私法上的所有权,归根结底是属于民法上的所有权,都是权利人对于标的物的占有、使用、收益与处分。[④] 也有学者在坚持"私权唯一性"的基础上,做出了适度让步,即"国家自然资源所有权本质上依然是私法上的所有权,但是鉴于其所负担的不同功能与私人所有权相比受有更多的公法限制"[⑤]。

(2)公权说。近些年,自然资源国家所有权的私权学说逐渐引发越来越多专家学者的质疑,代表性观点是公权说与区别学说,

---

① 参见王涌:《自然资源国家所有权三层结构说》,载《法学研究》2013 年第 4 期。

② 参见崔建远主编:《自然资源物权法律制度研究》,法律出版社 2012 年版,第 106 页。

③ 参见王涌:《自然资源国家所有权三层结构说》,载《法学研究》2013 年第 4 期。

④ 参见崔建远:《自然资源国家所有权的定位及完善》,载《法学研究》2013 年第 4 期;朱虎:《国家所有和国家所有权——以乌木所有权归属为中心》,载《华东政法大学学报》2016 年第 1 期。

⑤ 参见席志国:《自然资源国家所有权属性及其实现机制——以自然资源确权登记为视角》,载《中共中央党校(国家行政学院)学报》2020 年第 5 期。

又称混合所有权学说。公权说认为自然资源国家所有权完全就是公权。国家所有权并不是私法上的所有权,而是基于国家权力对资源利用进行主动干预的立法权和管理权。国家根据法律制订自然资源利用的统一制度标准,将资源利用置于行政监督和管理之下,利用公共性体制将自然资源的盈利用于公共支出和社会保障制度。① 自然资源国家所有权虽然有“所有权”的称谓,但其无论是在所有权的主体、客体,还是在所有权的内容等多个方面与民法的物权理论都有本质不同,在民法物权的研究视角下无法得到正确认识和完备表述。它并不是以特定主体对特殊物的支配为内容的民法物权。虽然很多自然物受到公、私法的合力调整,公、私权二者交织其中,但不等同于一项法定权利可以同时兼备公、私属性。“对于天然具有公共属性的自然资源来说,作为制度体系大厦基点的‘国家所有权’不仅不是纯粹私权,也不可能是任何折中或混杂权利形态剩下的可行选择,只能是纯粹公权。”②这部分学者认为自然资源国家所有权是在社会主义全民所有制基础上设立的。我国《宪法》第 9 条可以明确自然资源国家所有权是公共权力,尽管我国《民法典》对自然资源国家所有权进行了相关规定,但是可以从我国国情出发,把其规范意义解读为《民法典》的保

① 参见巩固:《自然资源国家所有权公权说》,载《法学研究》2013 年第 4 期;巩固:《自然资源国家所有权公权说再论》,载《法学研究》2015 年第 2 期;巩固:《自然资源国家所有权“非公权说”检视》,载《中国法律评论》2017 年第 4 期。

② 巩固:《自然资源国家所有权公权说》,载《法学研究》2013 年第 4 期;巩固:《自然资源国家所有权公权说再论》,载《法学研究》2015 年第 2 期;巩固:《自然资源国家所有权“非公权说”检视》,载《中国法律评论》2017 年第 4 期。

护对象不限于私人，与此同时还有部分学者对《民法典》自然资源国家所有权的相关规定具有反对的意见，认为应该纠正部分规定。[①] 公权说学者提出，自然资源国家所有权与民法物权中的所有权还是有着本质的不同，这一制度的设计初衷是为了维护以公有制为基础的社会主义全民所有制，更多地体现国家在自然资源管理方面的权力（立法或者行政上的权力），应当被认定为一种公权力。公权说认为，无论自然资源国家所有权是规定在物权里，还是规定在自然资源单行法里，国家所有权的"行政管理"色彩从来没有发生过变化，都只是对《宪法》规定的细化或重申，都无法撼动国家所有权的公权性。马俊驹教授认为，国家所有权与传统所有权的概念有很大差别，这是因为国家这一概念本身就已经包含了许多行政权力，部分上体现了国家权力的本质特征。[②] 巩固教授认为：对于国家所有权这样一种各方面都具有显而易见的"公"色彩的事物，必须具备超越私法的视野；只有明确了自然资源国家所有权的公权属性，才能有效解决自然资源的权属难题：追根溯源，揭开自然资源国家所有权的公权本质，才是解决资源权属问题的根本之道。[③]

同时，民法上的所有权是一种绝对权，具有排他效力，意味着

① 参见孙志英、郑悠等：《中国水资源国家所有权实践路径优化研究——明晰水资源管理权与所有权的边界》，载《绿色科技》2021 年第 2 期。

② 参见马俊驹：《借鉴大陆法系传统法律框架构建自然资源法律制度》，载《法学研究》2013 年第 4 期。

③ 参见巩固：《自然资源国家所有权公权说》，载《法学研究》2013 年第 4 期。

除了所有权人是权利人之外其他人都是义务人。张力教授认为："按照这样的解释，在国家成为所有权人之时，全民就成为义务人。全民成为义务人，这可能就是我们需要付出的代价。"这种解释并非《宪法》和《民法典》的本意，因为在《宪法》和《民法典》中已经明确属于国家所有即全民所有。但由于强调国家是所有权人，根据"一物一权"原则全民便是义务人，而且，全民是一个集合概念，不少论著中都否定全民及其成员在任何意义上成为公共财产的主体的可能，包括权利主体和责任主体。这就使全民在国家所有权的行使中丧失了法律上的主体地位，造成了一个此消彼长的结果。然而，事实上不应当如此，不能因国家主体地位的提升而降低全民的地位。而这是借助民法上绝对权的排他效力来实现的，即所有权人只有一个，其他都是义务人。宪法上"国家所有"条款的设立并非确立一种"国家"作为所有权人对"财产"的一种宪法上的诉求（防止国家公权力的侵害），其目的在于实现对"国有财产"的保护和合理利用，对抗"任何组织和个人"的恣意使用，从而实现附着于其上的公共目的。[①] 宪法上的自然资源国家所有权的实质是国家权力，它具有主体的唯一性和权利的专有性、不可变更性以及价值优先性等特点，是一种管理权而非自由财产权。[②]

支持区分说的学者观点是，所有权在国家和私人不同主体

① 参见李忠夏：《宪法上的"国家所有权"：一场美丽的误会》，载《清华法学》2015年第5期。

② 参见单平基、彭诚信：《"国家所有权"研究的民法学争点》，载《交大法学》2015年第2期。

之下不能等同,是有区别的,不能片面地去理解自然资源国家所有权,要从多角度予以理解和规范。在区分说的框架之下,根据区分的层级不同又可以分为复合权利说、双阶构造说和三层结构说。

(1)复合权利说。支持复合权利说的学者认为,按照自然资源国家所有权的产生发展过程,可以从纵向上对所有权进行性质分类。"自然资源国家所有权应当是公权性和私权性兼备的复合权。即在自然资源开发利用的国家意识形成阶段,国家自然资源所有权受公法的调整和规制,体现为公权性;在国家意识的实现阶段,受私法调整,自然资源国家所有权就体现为私权性。"[①]还有一种信托有权说,支持这种学说的学者认为,自然资源国家所有权的主体有两个,因此形成两个国家所有权,国家自然资源所有权上存在两种所有权,实质上真正的所有权人是全民,国家只是形式上的所有权人,是以作为受托人的身份享有受托所有权。[②]

(2)双阶构造说。这种学说与复合权利说类似,认为"自然资源国家所有权内部存在着复合的法律关系,蕴含着'宪法所有权——民法所有权'的双阶构造,以实现'公有私用'的实践逻辑。"[③]还有的学者是以国家主权作为研究基础,对于国家主权管

① 郭洁:《自然资源国家所有权属性的再定位》,载《盛京法律评论》2019 年第 2 期。

② 参见郭晓虹、麻昌华:《论自然资源国家所有的实质》,载《南京社会科学》2019 年第 5 期。

③ 税兵:《自然资源国家所有权双阶构造说》,载《法学研究》2013 年第 4 期。

辖范围内的自然资源,国家对其享有主权。有学者指出,将整个生态系统看作一个整体,在这一视角下,自然资源国家所有权体现在两个并列的方面,分别是:经济上享有生态资源的经济价值,行政管理上体现着生态资源的生态价值。这两个方面分别对应自然资源的经济价值和生态价值。①

(3)三层结构说。目前支持此学术观点的学者不多,首创这种学说的王涌教授,首先否定了公权说,不赞同宪法上规定的自然资源国家所有权专属于公法的所有权概念的说法。其次,他进一步将自然资源国家所有权权能划分为三个层级:第一层级——私法权能。在第一层级中的自然资源的国家所有权与民法中物权上的所有权没有差别。第二层级——公法权能。这里的公法权包括自然资源的立法权、监督管理权以及收益分配权。第三层级——宪法义务。宪法义务可以理解为国家作为全民的委托代理人有义务为全民的共同利益行使其公法权能和私法权能。总之,三层结构说认为,自然资源国家所有权是一个综合性的权,这个权 = "两个权能" + "一个义务",三个层级缺一不可,不应该简单从一个层级去理解多重属性的自然资源国家所有权。②

本书认为:首先,研究自然资源国家所有权的性质的前提是应当厘清公权和私权的区别。公权,即公权力,主要是指行政主体运用行政权调整国家之间或者国家与公民之间关系的一种纵向隶属

① 参见刘卫先:《自然资源权体系及实施机制研究——基于生态整体主义视角》,法律出版社2016年版,第28~29页。

② 参见王涌:《自然资源国家所有权三层结构说》,载《法学研究》2013年第4期。

性权力。私权,即私权利,与公权相对应。是指私主体依法平等地享有人身权和财产权。也有学者提出私权力的概念,认为实际上在实践之中,权力分为三种类型:第一种是公权力,在权力之中占据绝大多数,而且也是被大家所普遍认同的;第二种是私权力,占比例很少,学界也鲜有提出;还有介于这二者之间的第三种,双重权力,兼具公权力和私权力的属性。① 然而,私权力普遍存在于私法的各个领域之中。私权力是一种非常特殊的权力,既不同于私权利和公权力,也与社会权力在范围上存在较大差别。② 但这容易混淆了公与私,力与利的差别。一般情况下,只有公民、法人或其他组织为权利主体,但行政机关在从事民事行为时,也可能成为权利主体。但权力主体具有特殊性,其依法授权或受委托行使国家的公权力。公权力的行使从根本上说是限制私权利,因此主体范围很窄,只能是国家机关。

自然资源国家所有权,既然被纳入《民法典》所有权制度的框架,就属于民法上的所有权,就享有民法上的四项基本的所有权权能。民法上的所有权更倾向于私权利,私权利中所有权的设立目的以及作用在于保障每一个私主体的财产权,同时,它又保障人身自由权以及人格自由权。在所有权制度中,所有权的重要任务应当是保证物的所有者在拥有物权时享有自由空间,

① 参见李天昊:《公权力与私权力界限析》,载《重庆社会科学》2017 年第 4 期。

② 参见瞿灵敏:《认真对待私权力:概念界定、类型划分与法律规制》,“第五届法治社会·长江(国际)论坛”会议论文,2019 年 7 月于武汉。

得到法律的保障。①

其次,自然资源具有多重价值属性。自然资源与一般财产的区别关键就在于它的公共属性和生态性,更准确地说在于其拥有多重价值属性。因为自然资源的价值绝不仅仅体现在经济价值方面,更大的价值是体现在对于人类的生态价值和社会价值,这也是自然资源同其他财产物的最大区别。因此,自然资源国家所有权的目的和功能价值应当主要体现在公平、效率与可持续发展三个方面:

第一,实现自然资源分配的社会公平。宪法上已经明确"国家所有"即"全民所有"。全民所有是本质,通过国家代表。全民这一主体在立法上无法找到准确的权利主体,因此需要找到最适合代表它的主体,非国家莫属。②

第二,实现自然资源有效利用。在经济学的角度,经济增长的要素主要分为两类:生产要素增加或者提高利用率。③ 山体和土地、矿藏、水流、森林、草原、荒地、滩涂等自然资源一样,是自然资源中重要的生产要素。在生产要素不变或者下降的情形下,只有利用科技手段,利用管理学方法以及各种制度的改进才能提高有效利用率。④ 国家作为全民的代言人,有义务通过不同的自然资

① 参见[德]鲍尔、施蒂尔纳:《德国物权法》(上册),张双根译,法律出版社2004年版,第367、389页。

② 参见彭诚信:《自然资源上的权利层次》,载《法学研究》2013年第4期。

③ 参见[德]柯武刚、史曼飞:《制度经济学:社会秩序与公共政策》,商务印书馆2000年版,第69页。

④ 参见席志国:《自然资源国家所有权属性及其实现机制——以自然资源确权登记为视角》,载《中共中央党校(国家行政学院)学报》2020年第5期。

源使用效益的提高,进而促进国家经济持续健康发展。

第三,实现自然资源的可持续发展。随着新环境保护法中“保护优先”原则的确立,重效率轻环保、重开发轻保护的时代已经一去不复返。但不得不承认,全民希望生活在美好环境,享受美好生态环境的心愿与现实中仍存在的较严重的环境污染和资源破坏问题之间仍有冲突。作为发展中国家,必须正视不容回避的很严重的生态环境问题,矛盾依然存在,生态文明工作任重道远。

因此,即使是民法上的国家所有权,也具备一般所有权的共同性质,当然也具有自己的特殊性质,它受“全民所有”的规制,因而在权利主体、客体及权能等方面都刻有“全民所有”的印记。① 自然资源在财产经济价值之外还有社会价值和生态价值,而且其价值更体现在社会和生态等非经济价值上,从而决定了其与民法上的一般物权的所有权主体所享有的占有、使用、收益和处分的权利是存在差异的。

自然资源国家所有权,又是宪法所有权。自然资源的权属规定首先是一个政治制度选择,其次才是立法技术选择。② 我国是在土地改革以及社会主义改造等运动之后,才逐步确立了自然资源国家所有权制度。1954 年《宪法》明确了自然资源国家所有,即

① 参见叶榅平:《论自然资源国家所有权行使的基本原则》,载《法治研究》2019 年第 4 期。

② 参见刘超:《气候资源国家所有权的社会功能与权利结构》,载《政法论丛》2014 年第 3 期。

全民所有,居于权利"金字塔"顶层,直接决定着自然资源在宪法及民法上的国家归属。[①] 虽然全民所有是否能够与国家所有画等号,在理论上仍存在争议,[②]但可以肯定的是,国家所有权不同于普遍意义上的《民法典》物权编中的普通所有权。由国家代表全体国民行使所有权,但是国家是一个抽象概念,真正执行的是国务院和各级人民政府,由国务院和各级人民政府代表国家行使自然资源的所有权。国家所有权法定,具有多样性和普遍性的特点,其他所有制形式与其不可比较,这体现了国家所有权的特殊性。[③] 对自然资源的国家所有权来说,它承担着三重利益,即"经济利益+社会利益+生态利益"。在这三重利益中,国家所有权的根本目的是公共利益。[④]

再次,自然资源国家所有权中重点体现在"权力"。自然资源国家所有权应具有两种规范功能:防御功能和保护功能。防御功能是指禁止国家及其机关侵害全民所有权;保护功能是指国家及其机关在其职权活动中保护全民所有权。《宪法》第 12 条第 2 款

① 参见单平基:《自然资源权利配置法律机制研究》,东南大学出版社 2020 年版,第 30 页。

② 参见宫希魁:《国家所有制不等于全民所有制》,载《大连党校学报》1996 年第 1 期。其指出:长期以来,我们一直把国家所有制等同于全民所有制,这已成为观念定式,至今仍占支配地位。这二者的混淆,现已构成深化改革的思想羁绊,在理论上把它们严格区分开来,不仅必要,而且非常紧迫。

③ 参见江必新、张甲天主编:《中华人民共和国民法典学习读本·物权卷》,人民法院出版社 2021 年版,第 86 页。

④ 参见邹爱华、储贻燕:《论自然资源国家所有权和自然资源国家管理权》,载《湖北大学学报(哲学社会科学版)》2017 年第 4 期。

规定:“国家保护社会主义的公共财产。禁止任何组织或者个人用任何手段侵占或者破坏国家的和集体的财产。”这表明作为公权力主体的国家机关之核心义务就是保障全民所有之财产为全民所用、为全民之利益而行使。[①]

各级行政机关在行使自然资源国家所有权过程中,在实现经济价值的同时,应当考虑保护社会公共利益,平等实现资源权益,促进经济、社会、生态的可持续发展。因此,国家对于自然资源的国家所有权的行使负有维护公共利益的责任。在行使自然资源国家所有权的过程中,行政机关不能仅以经济利益最大化为由行使行政权力。因为这将导致自然资源国家所有权道德正当性的丧失。[②] 自然资源相关行政机关在国家所有权的行使中,不能以追求经济利益为唯一目的,更重要的是关注公众在自然资源使用、分配、生态环境保护、生物多样性和环境可持续发展保护各个方面是否得到公平和平等的保护。[③]

民法上的自然资源国家所有权从根本上说源于宪法,其权利的范围和行使受宪法约束。宪法中国家所有权的规范功能之一是让国家及其机关承担保护所有权客体的义务。自然资源保护的内容包括保障全民利益的行使,保障自然资源的合理利用,保

---

① 参见金可可:《论乌木之所有权归属——兼论国家所有权之种类及其限度》,载《东方法学》2015 第 3 期。

② 参见王克稳:《论自然资源国家所有权权能》,载《苏州大学学报(哲学社会科学版)》2018 年第 1 期。

③ 参见王克稳:《论自然资源国家所有权权能》,载《苏州大学学报(哲学社会科学版)》2018 年第 1 期。

护珍贵动植物。[1] 宪法所述国家所有权和私法所述国家所有权具有法律秩序的一致性。后者是前者国家内容实现其义务功能的方式之一,也必然要受到前者的制约。两者都有监管的规范目的。[2]

最后,自然资源国家所有权呈现以公权为主,以私权为辅的多重属性和层次性特征。在我国自然资源全民所有的制度框架下,自然资源国家所有权在长期行使过程中出现了诸多问题。以山体资源为例,私挖滥采现象严重,大量树木被砍伐,林地被严重破坏,致使秀美的山体满目疮痍,生态环境遭严重破坏。部分城市片面追求经济效益,无证开采、越界开采或严重超采矿产资源,以及为了旅游开发山体,搭建山体天梯、玻璃栈道等项目,导致山体破损严重,污染山体生态环境。这种盲目追求自然资源的经济价值的发展模式带来的问题就是以大量消耗山体资源和破坏生态环境、污染环境来换取经济增长的速度。当然这些问题产生的原因可能有多种,但是其中最重要的一种原因在于,自然资源管理者在行使权利的过程中并未认识到自然资源国家所有权的权利性质和权利来源。殊不知,国家享有的自然资源所有权由全民授权,而全民意味着全体人民,不是抽象的概念,而是一个个鲜活的社会主体。合理开发、高效利用和优化自然资源配置,不能忽视自然资源国家所

① 参见金可可:《论乌木之所有权归属——兼论国家所有权之种类及其限度》,载《东方法学》2015 第 3 期。

② 参见朱虎:《国家所有和国家所有权——以乌木所有权归属为中心》,载《华东政法大学学报》2016 年第 1 期。

有权创建的初衷,而应始终以提高个人生活质量和改善生存环境为目的。自然资源国家所有权的理论证成有利于自然资源改革的深入。①

(二)山体资源国家所有权的确立和发展

研究山体资源国家所有权,首先要从其产生和发展的历史进程中去追根溯源。关于山体所有权的规定最早可以追溯到1950年实施、1987年失效的《土地改革法》。该法以山体国家所有权为例外,明确大荒山、矿山(第18条)以及原归地主所有的大茶山、大桐山(第19条)归国家所有。1954年《宪法》第6条第2款规定:"矿藏,水流,由法律规定为国有的森林、荒地和其他资源,都属于全民所有。"该条款继续保持了《土地改革法》的原则与立场,是对土改成果的宪法确认,山岭属于"其他资源"之列。1975年《宪法》第6条第2款规定:"矿藏、水流,国有的森林、荒地和其他资源,都属于全民所有。"1978年《宪法》第6条第2款规定:"矿藏,水流,国有的森林、荒地和其他海陆资源,都属于全民所有。"这里的"其他海陆资源"未将山岭资源涵盖进去。可见,这两个时期由于我国已经处在当时的社会、政治、经济的极端发展时期,因此条文对此未作变动,在山岭等资源的国家所有权问题上仍遵循1954年《宪法》的制度规定。

① 参见单平基:《自然资源权利配置法律机制研究》,东南大学出版社2020年版,第36页。

1982 年《宪法》第 9 条第 1 款规定:“矿藏、水流、森林、山岭、草原、荒地、滩涂等自然资源,都属于国家所有,即全民所有;由法律规定属于集体所有的森林和山岭、草原、荒地、滩涂除外。”但也出现了一定的变化,当时已经完成了对农业的社会主义改造,建立了“三级所有、队为基础”的集体所有制,因此山岭的集体所有权代替了私有权。基于此理解 2018 年《宪法》,其意应非将山岭事实上“国有化”。因为 2018 年《宪法》颁行之际,绝大部分山岭,尤其是各农村集体实际利用的山岭,已依上述各法确定为集体所有。[①] 1987 年施行的《民法通则》(已失效)第 81 条是从自然资源使用权及承包经营权的角度提到了山岭国家所有权,国家所有的森林、山岭、草原、荒地、滩涂、水面等自然资源,既可以依法由全民所有制单位使用,也可以依法确定由集体所有制单位使用,并由国家保护其使用权和收取利益的权利;使用者有管理、保护和合理使用自然资源的义务。矿产资源因其具有特殊的经济价值,全部属于国家所有,但是国家可以依法授予合法的主体开采。同时,公民和组织依照法律对集体所有或者国家所有的森林、山岭、草原、荒地、滩涂的承包经营权也是受法律保护的,不得被侵犯。同时,代表国家的政府或享有所有权的集体作为发包方与使用权人作为承包方的权利和义务应当依法在承包协议中明确协商约定。不得买卖、出租、抵押或者以其他方式非法转让国家所有的矿产资源和河流以及国

① 参见李富成:《公有制体系中的迷失与定位——以“河地”上石头之归属为个案》,载《法学家》2005 年第 5 期。

家所有或法律规定由集体所有的林地、山岭、草原、荒地、滩涂。①2007 年《物权法》延续了 1982 年《宪法》的规定，其第 48 条规定："森林、山岭、草原、荒地、滩涂等自然资源，属于国家所有，但法律规定属于集体所有的除外。"2021 年《民法典》延续了 1982 年《宪法》的规定，其第 250 条规定："森林、山岭、草原、荒地、滩涂等自然资源，属于国家所有，但是法律规定属于集体所有的除外。"（见图 3）

图 3　山体国家所有的立法规定发展脉络

需要注意的是，荒山的立法规定有其特殊性，荒山属于人迹罕至的山体，一般未被开发和利用。因荒山和普通山体相比具有一定的特殊性，因此关于荒山的所有权也有着和普通山体相区别的特殊规定。《农村土地承包法》第三章"其他方式的承

---

① 参见凌斌：《法律救济的规则选择：财产规则、责任规则与卡梅框架的法律经济学重构》，载《中国法学》2012 年第 6 期。

包”第48条规定，不宜采取家庭承包方式的荒山、荒沟、荒丘、荒滩等农村土地，通过招标、拍卖、公开协商等方式承包的，适用本章规定。同时要注意的是，必须遵守有关法律、行政法规的规定承包荒山、荒沟、荒丘、荒滩，在开发利用的过程中严格保护山体生态环境，保护性开发，防止水土流失。以其他方式承包农村土地，在同等条件下，本集体经济组织成员享有优先承包权。《土地管理法》第13条第1款第1句规定："农民集体所有和国家所有依法由农民集体使用的耕地、林地、草地，以及其他依法用于农业的土地，采取农村集体经济组织内部的家庭承包方式承包，不宜采取家庭承包方式的荒山、荒沟、荒丘、荒滩等，可以采取招标、拍卖、公开协商等方式承包，从事种植业、林业、畜牧业、渔业生产。"第41条规定："开发未确定使用权的国有荒山、荒地、荒滩从事种植业、林业、畜牧业、渔业生产的，经县级以上人民政府依法批准，可以确定给开发单位或者个人长期使用。"

因此，对于荒山来说，荒山的开发者有权合法开发和利用被开荒的土地，但是可以用来耕种，而绝不能用于建房，更不能有开挖山体出售砂石等行为。[①] 如果所有权属于国家，则开荒山者经过政府批准可以长期享有使用权，如果荒山所有权经过确权属于集体，则村集体组织可以依法追回开荒地的使用权，但必须给予开荒

---

① 参见《以"大棚种植"掩盖非法山体开采，采矿者被追究刑责》，载腾讯网，http://news.qq.com/rain/a/20230605A04HZB00。

者合理的补偿费用。

(三)山体资源国家所有权的内涵和法律表达

关于山体资源国家所有权并没有任何文献资料和学者进行过专门研究。在中国知网上用“山体资源”作为关键词检索文献,其中一部分是从城市规划学科角度研究山体资源的保护和规划问题,另一部分是源于报纸上的关于宣传和呼吁保护山体资源重要性的短篇报道。这些文献中都没有提到山体资源权属的问题。与山体资源国家所有权相关的概念有山权、林权以及山林权等。山权就是指林地所有权,分国有和集体两种,也就是一般所谓的林业用地。关于林权的概念,应当是指国家或集体对森林或者林木享有的所有权权能。山林权指山权和林权,即指森林、林木、林地的所有者或者使用者对森林、林木、林地享有占有、使用、收益和处分的权利。①

从自然资源国家所有权的内涵推及山体资源国家所有权的概念,应当是指国家依法享有对国有山体资源的占有、使用、收益和处分的权利以及进行自然资源监管的权力。②

我国《宪法》规定,自然资源所有权只有国家所有权、集体所有权两种类型。梳理作为国家根本法的《宪法》在不同阶段对于

① 参见羽知:《山林权属纠纷调处常用名词及山林所有制的演变概况》,载个人图书馆网,http://www.360doc.com/content/21/0503/11/19097554_975364766.shtml。

② 参见李政、马泽忠等:《林权改革背景下国有森林资源国家所有权的实现形式》,载《中国土地》2021年第8期。

自然资源所有权的规定,虽然不同时期的《宪法》对于自然资源国家所有权的规定有所不同,但差异性不在于所有权立法立场的转换,也不在于国家所有自然资源范围之上的改变,而是在于立法技术上对于被明确列举到宪法之中的自然资源范围的拓展。[①]《民法典》第250条、第260条等进一步确认了宪法中关于自然资源权属的规定。规定山岭等自然资源属于国家所有,但是法律规定属于集体所有的除外。换言之,《民法典》契合了《宪法》规定,规定山岭既可以由国家所有,也可以由集体所有。同时,《民法典》第260条第1款第1项规定:“集体所有的不动产和动产包括:(一)法律规定属于集体所有的土地和森林、山岭、草原、荒地、滩涂。”需要注意的是,集体所有的财产与国家所有的财产存在交叉的情况,如山岭、土地、森林等自然资源等,既可以由国家所有,也可以由集体所有。原则上属于国家所有,例外属于集体所有的例外规定需要通过法律的特别规定来创设。[②] 而山体资源的权属虽然存在国家所有权与集体所有权两种形式,但根据《宪法》第9条规定,山岭原则上属于国家所有,例外属于集体所有。这一规定可谓“虽然确定而不清楚”:其虽然明确了“法律”规定的属于集体所有的山岭,但是到底是哪部法律做出了这般规定无从查询,至今并没有一部法律明确规定到底哪些山岭归集体所有,因而确定具体

① 参见刘超:《气候资源国家所有权的社会功能与权利结构》,载《政法论丛》2014年第3期。

② 参见单平基:《自然资源权利配置法律机制研究》,东南大学出版社2020年版,第59页。

山岭的权属就成为不可能，就是无法可依。[①] 与土地、森林、草原等自然资源的国家所有和集体所有区别的界限可以依据《土地管理法》《森林法》《草原法》等法律法规作出不同判断。山体由于缺乏专项法律，因此如何区别国家所有还是集体所有就缺少了可参考的法律依据。本书仅就山体资源的国家所有权进行深入探讨。

（四）山体资源国家所有的必要性与正当性

国家基本经济制度决定了山体资源国家所有权的历史性和现实性，体现了其所负载的公共利益及国家所代表利益的全民性。[②]《民法典》遵循《宪法》关于自然资源国家所有权的规定，关于“山岭资源属国家所有”的表述，同时强调“国有财产由国务院代表国家行使所有权”，坚持统一领导、分级管理的原则，具体体现在各种规划和许可制定、税费的收取和有偿使用费等方面。[③] 山体资源属于国家所有是具备必要性和正当性的。

1. 山体资源国家所有在世界具有普遍性

山体资源和其他被《宪法》明确列举的自然资源一样，具有较高经济价值，又是非可再生资源，数量在不断减少，因此各国普遍选择自然资源的国家所有权，这样既可以有效克服破坏性开发、损

---

① 参见李富成：《公有制体系中的迷失与定位——以“河地”上石头之归属为个案》，载《法学家》2005 年第 5 期。

② 参见叶榅平：《自然资源国家所有权主体的全民性及实现机制》，载《贵州省党校学报》2017 年第 2 期。

③ 参见陈静等：《自然资源资产国家所有权实现方式探讨》，载《中国土地》2020 年第 1 期。

害资源、损害公共利益的行为，又能保护整体公共利益，进而维护代内公平和代际公平。

自然资源国家所有并非中国首创，更不是独有，而是当今世界各国在对自然资源所有权制度设计时的普遍选择。例如，意大利、瑞典、荷兰、葡萄牙、俄罗斯、日本、韩国等国在法典中都明确规定自然资源国家所有。即使在美国和加拿大，重要的土地资源也是属于联邦政府所有。[①] 尽管各国有不同的历史和文化传统、法律体系，但是对于具有重要经济价值和生态价值的自然资源，如水资源、矿产资源都确定为国家所有，因为这些国家的发展历程证明自然资源的国家所有更有利于资源配置和国家的长期发展战略。[②]

2. 山体资源国家所有有利于资源利用与配置

科斯定理阐明，只要有清晰的产权，即使在交易成本很小甚至为零的情况下，无论产权最初如何配置，市场的结果都是有效率的，资源配置是帕累托最优的。例如，某座山体由甲、乙两家企业开发。当甲企业的生产行为对山体资源造成了破坏，如山体塌陷、污染严重，从而直接影响乙企业的生产，使其产生一定的外部成本。如果山体资源的产权界定不明晰，甲企业无须为自己对山体所造成的损坏和污染付出代价，那么乙企业就可能承担山体污染的部分或全部代价。这样就会导致承担成本的不均衡。造成这种不均衡的根本原因就是产权不明晰，如果山体资源的产权明确，那

---

① 参见张一鸣：《自然资源国家所有权及其实现》，载《人民论坛》2014 年第 2 期。

② 参见汤吉军、张壮：《交易成本视角下自然资源国家所有权的行使分析》，载《经济体制改革》2016 年第 1 期。

么任何企业在对山体资源产生损耗时都必须为自己的生产行为付出相应的成本。当山体产权明确为国家所有时，国家就会同时考虑山体损害和污染将对两家企业以及社会公众造成的影响，当国家明确拥有自然资源并予以有效管理时，山体的保护和有效利用情况都会大幅度提升。因此，实行包括山体资源在内的自然资源的国家所有是解决外部不经济性的有力方式。

依法界定山体资源产权，特别是山体资源的国家所有权，明确山体资源、山体生态环境等自然资源系统的所有人是全民即国家，授予委托主体政府保护山体资源的权力，承担保护山体资源的责任，同时享有使用这些山体资源的权益，这样围绕山体资源的"公地悲剧"问题也将会得到解决。山体资源也会实现最优配置和最佳使用效率。具体地说，根据目前法律规定，政府可以依法统一行使由国家所有的山体资源所有权人的职责，行使山体国家所有权人的包括占有、使用等在内的所有者的各项权益，实现权利、义务、责任相统一，实行垂直领导体制，既确保国有山体资源资产保值、增值，又能保护山体资源的生态价值。

3. 山体资源国家所有权是"两统一"背景下山体资源高效管理的基础[①]

所谓"两统一"，第一个统一是由国家代表全体人民统一行使和承担自然资源所有者的职权和责任；第二个统一是自然资源部

① 参见李政、王孝德等：《全民所有自然资源资产国家所有权实现路径探索》，载《自然资源情报》2022 年第 9 期。

门统一行使和承担国土空间的用途管制和生态保护、生态修复的职权和责任。具体如下：

(1)统一行使全民所有自然资源资产所有者职责。自然资源资产产生于自然资源,以自然资源为基础,两者关系极为密切。自然资源经行政许可授权,被特定主体占有后,就成为特定主体的财产。由国家作为全民的代表对自然资源资产进行保护和管理,行使所有权的四项权能。统一标准,统一资产配置、处置、收益管理,是所有者权利的充分表达。全民所有的自然资源资产的配置和处置都应当符合自然资源规划、用途管制、生态保护等国家公共利益的需要。[①]

(2)统一行使所有国土空间管制和生态保护修复职责。国家既然是自然资源管理者,那么基本权力就应当是监督管理整个国家领土范围内所有的自然资源。管理者行使用途管制职责,监督各种自然资源的来源、使用和保护以及分配和处置。自然资源的监管必须以统一的空间规划体系为基础,以用途管制为手段,实现自然资源的可持续利用和生态环境的全区域保护。[②]

(五)山体资源国家所有权的"权"的解析

山体资源国家所有权的"权"有着私权利和公权力双重含义。首先,私权意义上的所有权,包括四项权能。占有权能的含义是,

① 参见马永欢、吴初国等:《完善全民所有自然资源资产管理体制研究》,载《中国科学院院刊》2019 年第 1 期。

② 参见王涛、辛冰等:《全民所有自然资源资产管理体制研究》,载《海洋经济》2023 年第 1 期。

国家对享有所有权的实际上的权利,采用确权登记是其实现占有权能的形式;使用权能是国家为了达到保护和实现公共利益的需要而必备的权利,但是要注意不能损坏山体资源,更不能改变山体的性质和功能作用;收益权能是指,国家在让渡使用权、合理分配使用权和经营权的过程中,可以收取利益和相关的利润,但这部分利益和利润必须归入全民所有;处分权能是有待考量的,因为国家是全民的代表,不应当将山体资源的所有权进行转让和出售等,此处也说明自然资源,包括山体资源国家所有权的实现不是简单依照民法上的所有权复制过来即可。

国家所有权和一般物权的所有权是不能够等同的。在《民法典》物权编中,自然资源国家所有权在体例安排上,与集体所有、个人所有并列,被放在所有权的通则项下。这意味着国家所有、集体所有和个人所有都应该以所有权通则作为总规则,接受其指导,适用其一般规则。反观意大利与俄罗斯。意大利民法典中将国家所有权放在所有权通则之前,说明立法者认为国家所有权是有其特殊性的,不能完全适用一般所有权的规则。而俄罗斯民法典中已经用公共所有权代替了国家所有权的概念。公共所有权的概念意味着除享有私法上的所有权所具有的一般权能外还具备一个特殊的权能——管理权。这个管理权能是除了公共所有权以外的其他类型所有权所没有的。也就是说,自然资源国家所有权中的"权"涵盖了一般所有权的权能与管理权、行政权。俄罗斯民法确实也承认国家所有权存在另外的普通权能,但是这些权能之所以能够存在就是因为它有管理权能。也正是因为有管理权能,才使公共所有权中的"公共"二字不能取消,否则就没有办法界定公共所有权。或者说,给予自然资源国家所有权的立法目的和意义就在于通过国家所有权保护自然资源,彰显其相较于其他普通资源所具有的特殊价值和意义。同时,俄罗斯民法中将管理权能贯彻于公共所有权权利行使的各个环节,公共所有权的一举一动都是置于公共目的的衡量之下。换句话说,管理权是为了限制国家所有权而存在的,是为了保障国家行使所有权时不滥用所有权,而不是为了强化国家所有权的地位而存在的。我国《宪法》第 9 条的立法目的是由国家代表全民利益对自然资源进行限制和控制的权力,本质上是要授予国家对自然资源的开发、使用、配置等方面的立法权和管理权。[1]

山体资源所有权因为涉及公共利益的增益或减损,因此必然也要关涉经济价值领域对开发利用的管制问题。国家完全可以通过行使公权力,实现作为所有者对使用者的管理和监督,做好公私法的有效接轨。国家作为所有权人不是当然的适格私权主体,国家存在的意义就是为了行使公权力,而且国家本身是一个抽象的概念,如果不落实到具体主体上,则所有权的行使只能流于空谈。[2] 国家同时又有管理者的身份,完全可以在对民事主体的监管过程中产生公法关系,同样作为所有权主体又可以与民事主体

① 参见陈仪:《自然资源国家所有权的公权性质研究》,苏州大学 2015 年博士学位论文,第 11 页。

② 参见李国强、李雨佳:《公私法接轨的自然资源国家所有权的规制逻辑》,载《社会科学战线》2021 年第 5 期。

产生私法上平等的交易关系。[①] 国家兼具主权者与山体资源所有者的双重身份，如何将两种身份区分又能做到有效衔接就成为国家能否充分有效行使山体资源国家所有权的关键点。国家作为国有山体资源的所有者要负有所有者的责任，既可以基于民法享有民法中的所有权权能及相关责任，同时也可以基于行政法行使公共财产的行政管理权并履行相应职责。管理山地资源生态价值的权利即主权国家管理和维护其管辖范围内山地资源的生态价值，既是它的权力也是其应承担的责任。而且，对于国有的山体资源来说，国家还享有山体资源的经济价值，山体资源和其他自然资源一样都是同时具备经济价值与生态价值双重属性，两样价值如同一枚硬币的两面不可分割。如果国家在开发和利用山体资源的经济价值将会损害山体资源的生态价值时，国家就应当以保护生态价值为重，此时需要经济价值让渡生态价值，实现生态价值的保护优先。因此，对山体资源国家所有权中"权"的理解，不能简单地理解为单层含义，或权利或权力，而是二者兼具，既要综合考虑私主体利益与社会公共利益，更要通过"权"的解析对这上述两个利益进行平衡。所以，国家所有权可以理解为是具有显著公权特征的民事权利，又是具有私权特征的公权力，同时具备权利与权力的双重属性。构建合理高效的山体资源开发和利用制度，实现山体资源的有效利用与高效

① 参见戚振东、曹小春：《国家审计与国家治理体系：一个理论分析框架》，载《东南大学学报（哲学社会科学版）》2018 年第 4 期。

配置，是山体资源国家所有权实现的途径之一。

当然，国家对国家所有的山体资源资产行使所有权人意义上的权利同国家对国土范围内山体资源行使管理和监督权是有区别的。前者是所有权人意义上的权利，后者是管理者意义上的权力。管理者权力侧重行政权力，是行政机关依据公权力直接对自然资源进行监督管理。① 但是，二者不能完全割裂，国家之所以对自然资源享有管理者的监管权也是源于享有所有者的权利。而且从行政主体的角度来看，山体资源国家所有权的“权”更多地体现在权力之上。

山体资源国家所有权和行政权不能分离，山体资源的行政管理权在设定之初就与所有权一衣带水，国家在享有自然资源所有权的同时，也被赋予了对山体资源的管理权，也才能合法拥有管理权。如果二权分离可能会导致的后果包括但不限于：第一，山体资源的经济价值的开发不能得到有效监督；第二，山体资源的生态价值和社会价值无法得到保障。此外，国家所有权的代表者完全可能以国家所有权是绝对权为由用民事合法性掩盖其公共利益。所有权的主体必然享有对所有物的管理权，所以从某种角度上看，管理权源于所有权。马克思曾在《资本论》中指出：“一旦从属于资本的劳动成为协作劳动，这种管理、调职成为资本的职能。这种管理的职能作为资本的特殊职能取得了特殊的性质。”②因此，管理权不是所

① 参见宋世明：《优化政府组织结构：中国行政体制改革不可回避的关口》，载《理论探讨》2016 年第 4 期。

② ［德］卡尔·马克思：《资本论》（第 1 卷），中共中央马克思恩格斯列宁斯大林著作编译局译，人民出版社 1975 年版，第 367 页。

有权的一项权能。管理权包括所有权不能包括的多项权能,可以分为计划权、组织权、指挥权、监督权、调节权等。[①] 但管理权确是所有权权利的实现方式之一,而且是很重要的实现方式。

管理自然资源并且管好,是对各级政府的要求,也是政府的一项重要职能,如何管理就成为国家重点考虑的问题。自然资源之上的管理主要有两种:从民法的角度,作为所有权的主体,国家享有对山体资源的四项基本权能。从宪法的角度,除了具备上述四项权能外,还强调公法上的监管权。因此,山体资源国家所有权的行使不仅受到民法规范,也要受到宪法以及行政法的规范。因此,山体资源管理权是一个内容十分丰富的权能,权能的行使也会综合运用多元化的手段,协调经济、社会以及资源之间的关系。[②] 与山体资源所有权中"权利"相比较,山体资源国家所有权中的"权力"则更关注对行政相对人,即山体利用权主体的监管。权的内容应侧重于山体资源配置,山体资源权属确认登记,山体资源行政许可,山体保护区划定、分级、分区和监督,以及对相对人涉山义务的授予和免除。

在山体管理上,国家作为山体资源国家所有权人,主要是通过两种方式将山体进行分配:许可和登记。进而山体资源国家所有权的"权"就可以理解成两个维度:国家以所有者或出让者的身份与山体使用权人之间形成民法上的私法关系,实现国家所有者权

---

① 参见王利明:《物权法论》,中国政法大学出版社 2003 年版,第 265 ~266 页。

② 参见孙志英、郑悠等:《中国水资源国家所有权实践路径优化研究——明晰水资源管理权与所有权的边界》,载《绿色科技》2013 年第 2 期。

益;国家以管理者或许可者的身份与山体使用权人之间形成公法关系实行监督和管理,维护国家作为山体资源管理者的利益。①

一是山体资源的特许使用权,指国家在保留对山体资源所有权的前提下,依法赋予特定的主体在一定期限内按照特定条件对山体资源进行开发、利用和经营的权利。特许使用权的授予目的一方面在于促进合理开发:通过授予特许使用权,引导有能力和资质的主体按照科学、可持续的方式开发山体资源,避免无序和过度开发。另一方面在于实现公共利益:确保开发活动在带来经济收益的同时,能够兼顾环境保护、文化传承等公共利益。各级自然资源主管部门要依法对山体资源的开发、利用通过特许的方式进行审批上的把关和合理的配置。

二是山体资源监督管理权,指国家及相关职能部门为保障山体资源的合理开发、利用和保护,依法对涉及山体资源的各类活动进行监督、管理和调控的权力。自然资源部门以及山体相关行政部门要对山体资源的使用行为进行事中监管,同时对于破坏行为进行处罚与制裁的事后监督。具体包括:山体开发规划审查,确保其符合国家的产业政策、环保要求和可持续发展原则;山体开采活动监督和对山体矿产资源的开采活动进行实时监控,防止超范围开采、非法开采等行为;生态保护检查,定期评估山体的生态状况,检查植被恢复、水土保持等工作的落实情况,若发现山体生态遭到

① 参见王涛、辛冰等:《全民所有自然资源资产管理体制研究》,载《海洋经济》2023 年第 1 期。

破坏,责令相关责任主体及时进行修复;对山体违法行为查处。

三是山体资源内部管理,指负责山体资源开发、利用和保护的相关组织或单位,在其内部进行的一系列规划、组织、协调和控制活动,以实现山体资源的合理利用和可持续发展。上述的关于山体资源决策、许可、管理、监督等权力都是一种对外的权力,而要想保障山体资源国家所有权的顺畅行使,还应当做好政府以及山体相关行政机关之间的权力划分、职能协调。

国家所有的山体资源资产所有者之“权”包括权利和权力,但重点体现在“权力”。从权力的角度,管理者权力应当包括:山体空间规划、用途管制、山体资源使用调查评价、山体资源特许权、监测和整治修复以及监督和处罚权等内容。

第三章 本原支撑：山体资源国家所有权行使的理论基础

环境就是民生，青山就是美丽，蓝天也是幸福。要像保护眼睛一样保护生态环境，像对待生命一样对待生态环境。[①]

——习近平

① 中共中央文献研究室编：《习近平关于社会主义生态文明建设论述摘编》，中央文献出版社 2017 年版，第 8 页。

一、公共信托理论——权力行使的正当性

(一)公共信托理论的源起及内涵

公共信托理论是在环境权的基础之上发展起来的,最早可以追溯至罗马法,罗马法认为“基于自然法,空气、流水、海洋都是属于所有人的公共财产”。公共信托理论也经常会被学者叙述为具备历史悠久发源的一般理论。公共信托理论早期是在私人信托中使用,在这一法律关系中涵盖了委托人、受托人以及客体信托物。运用这些因素来解释公共信托,则“物”是指信托所关注的事物;“受托人”是指承担责任和行使权利和权力的实体;“受益人”是指有资格在法院要求受托人解释其行为之理由的人;“财产授予人”是指创造信托的人。[①] 那么如果退至山体资源的研究,委托人应当是全体人民,受托人是国家,或者更准确地说是政府,而委托的物便是山体资源。美国学者莱托斯将公共信托理论定义为规定某些土地或者自然资源必须为公共利益以信托的方式加以控制的普

① 参见李劭仁、秦迪:《浅议公物利用基础理论》,载《中国多媒体与网络教学学报(上旬刊)》2018 年第 3 期。

通法规则。[①] 他也同时指出在各州的实践当中，信托的含义已扩展至土地、森林、水资源以及野生生物等范围。

美国学者约瑟夫·萨克斯教授于 20 世纪 70 年代早期提出了环境资源领域的公共信托理论，在他看来，公共信托理论有如下三个基本标准和原则。第一，把水、空气等整体群众靠着生存的公共资源网占为私有是不恰当、不明智的；第二，自然资源当然属于大自然对人类的恩典，不应受到个人经济实力和的身份影响和干预，公民可以随意应用；第三，政府部门不能为了自身利益限定或调整普遍广泛使用的公共物品的配置方式。这就意味着一些资源因为是公共资源，而应当消除传统私有制的自由意识。萨克斯教授的公共信托理论的本质是把原本应该由公众履行的环境与资源经营管理权以信托的方式迁移给投票选举产生的为了生活环境资源优化配置的管理机关，即政府部门。它对公众负责，公众能通过行政程序或司法诉讼来监管政府权力的运行及管理。依据公共信托理论，自然资源是全人类的共同共有的财产，当代人和后代人都应当共同享有和管理自然资源的权利和权力。当代人受托为后代人掌管自然，同时有权从自然资源受益。当代人作为受托人，有监管生态资源的职责，不得随意应用或是占据超出有效限度的信托资产即生态自然资源。萨克斯教授还指出，尽管公众有权利生存在优良和优美的环境中，但作为一个整体性的群体，公众无法直接行使实际

① 参见邱秋：《公共信托原则的发展与绿色财产权理论的建构》，载《法学评论》2009 年第 6 期。

支配权,而亟须找到一个受托主体,委托这个受托主体采用合理的管理方法保护和管理信托资产即生态自然资源。此处的政府需要以委托人、受益人的双重利益考量为优先,为其履行职责的限制。[①]

根据社会契约论的精神真谛,全体公民可以将自己所享有的那部分权利让渡出去,由国家行使。由于国家是一个抽象概念,可以由政府代表国家和公共利益从而代为执行国家即全民的所有权。政府作为国家和公共利益的代理人,其权力源于公众的信任进而采用委托的方式授权给政府行使,根据受托人对委托人负责的原则,在这个委托关系中,政府就应当对全民负责。全体人民作为信托关系中的委托人,要求政府按照他们的意愿完成相关义务是他们基于信托协议而产生的应有权利。

(二)公共信托理论在环境资源法中的适用

公共信托理论在美国各州的宪法中逐渐被确立为基本原则,并且被运用到环境资源领域。美国《宾夕法尼亚州宪法》第1章第27节作出规定,公民有享有清洁空气、干净水源的环境权,有享受自然资源和自然环境的景观权、环境享受权以及享有自然资源历史价值的权利。宾夕法尼亚州的自然资源是属于每一个人的公共财物,这也包含将来的人类。作为这些自然资源的保管者,联邦务必根据每一个人的权益来实施保护和管理这些资源。《夏威夷州

① See Mary Christina Wood, *Nature's Trust*: *Envirnoment Law for a New Ecological Age*, Cambridge University Press, 2013, p. 125.

宪法》第6章第1节规定“为了能实现当代人和后代人的利益,州以及各个部门分支理应储存和保护包含土地资源、水资源、空气资源、气候资源、矿产资源和各种能源等在内的自然景观和自然资源,以合乎资源保护总体目标,推动本州自力更生的形式推动这些资源的开发和运用”以及“所有的自然资源以信托的方式由州实施管理和控制,目的都是保证实现全体民众的利益”。之后,公共信托理论被运用到诉讼当中。[①] 公共信托理论逐渐发展至两大领域:一个是信托的客体即自然资源的范畴逐渐增大;另一个是该理论已经将自然资源的保护用途从传统的商业开发领域扩展到科学研究和自然资源环境保护等方面。

在美国的公共信托制度中,公共信托的委托人既可能是联邦也可能是全体人民,从严格意义上讲,这不符合传统信托制度中对信托人的实质要求,因此在公共信托制度的运行中,实际上对委托主体进行了法律上的拟定;[②]受托人应该是地市政府、工作部门,以及从立法视角接受管理与配置信托自然资源的立法机关;受托的客体应该是维护当代人和后代人,实现可持续发展的自然资源。其中受托人的任务是以当代人和后代人利润最大化的视角进行配

---

① 一个是1970年的马克斯诉威特尼案,该案中法院宣称:公共信托理论必须非常灵活才能满足不断变化的公共需要;另一个是美国草诺湖案,是由当地人保护莫诺湖的生态环境用途的需要所提起的诉讼,成为新公共信托理论判例中的经典案例。

② 参见王灵波:《美国自然资源公共信托制度研究》,中国政法大学出版社2016年版,第64页。

置、保护和管理具有公共性的自然资源。[①] 根据信托的适用规则，受托人的行为是具有法律效力的，因此在自然资源公共信托领域，如果政府部门不履行、怠于履行或不正确履行自然资源国家所有权，公众就有权利对政府的资源分配行为或怠于履行或乱履行行政行为进行投诉或提出诉讼。公众不仅是信托财产的真正所有者，而且还是受益者。当作为自然资源的受托人因政府部门不合理配置资源而受到侵害时，那就意味着公众的权利也受到了侵害。因此，应当充分保证政府部门执行信托义务和职责，充分保护受托人即公众的利益。政府应在自然资源的配置过程和各个环节中尽最大可能做出有利于公众的资源配置决策。

（三）公私法接轨的转换移植

我国信托制度的产生标志是《信托法》颁布，但是这部法主要是规定了遗产托付、国有资产委托等领域的信托制度运用。虽然这部法没有规定在自然资源领域中可以运用，但自然资源同国有资产有着非常大的相似之处，本质上客体物都是全民所有的财产，只不过一个是自然资源，一个为财产。因此，完全可以将公共信托制度运用到自然资源的国家所有权的行使之中。这也完全符合我国自然资源国家所有权行使的应有之义。

但是，始于英美法系的公共信托规章制度是在双重所有权之

① 参见王灵波：《公共信托理论在美国自然资源配置中的作用及启示》，载《苏州大学学报（哲学社会科学版）》2018 年第 1 期。

上建立的。对此,我们不会也不应当完全照搬或者简单移植,而是应当取其精髓。同时,需要注意的是,我国自然资源整体利用率低,除了受到科学开发技术的客观条件限制之外,自然资源产权制度的不完备也是重要的制约原因。经济学上的产权代理机制(principal-agent)表明,一切代理体制都有着代理交易成本。此处的代理成本包含受托人向委托代理人收取的直接费用,以及因代理人不作为和怠于履行义务,导致不能向委托人提供充足信息内容而导致的委托人利益损害。产生这种损失的原因包括:(1)信息的不对称,受托人挑选了次优协议书,舍弃最优协议书给所有人即委托人带来了损失;(2)因委托代理人监管的缺乏和协议书的不完备带来了损失,还有委托代理人因为试图回避风险带来了损失,因为这减少了最优方案和最佳选择。研究发现,我国国有企业的代理交易成本等同于盈利潜力的60% ~70% 。也就是说,在我国当下的国有企业体制下,委托代理的成本使企业效率只达到了30% ~40% 。[①] 该研究的调查对象虽然是国有企业,但其结果完全可以适用于自然资源所有权行使的领域。也就是说,厘清自然资源产权的界限,处理和解决好委托代理费用成本的关键问题,进而提升自然资源产出率,是自然资源行业改革创新的核心方位。[②]我国人口众多、地大物博,无法由一个国家机关直接行使所有权,

---

① 参见平新乔、范瑛等:《中国国有企业代理成本的实证分析》,载《经济研究》2003 年第 11 期。

② 参见席志国:《自然资源国家所有权属性及其实现机制——以自然资源确权登记为视角》,载《中共中央党校(国家行政学院)学报》2020 年第 5 期。

所以需要以分级授权的模式来实现所有权。

自然资源如土地、山岭、水流、森林等是保障公众生存和生活的基础性环境资源要素，也是保障公众生存和自由的基础性条件。但是，由于自然资源承载着具有抽象化、边界模糊不清晰的公众利益，正如亚里士多德所言："凡是属于最多数人的公共事物常常是最少受人照顾的事物，人们关怀着自己的所有，而忽视公共的事物；对于公共的一切，他至多只留心到其中对他个人多少有些相关的事物。"[①]从某种意义看，这就意味着政府部门有时也是一个经济实体，意味着其很难一如既往地代表公共性利益。有时候，很可能为了其本身利益、部门利益或是地方利益而做出违反公共利益的错误管理决策和具体行政行为，导致最终危害自然资源和公共利益。而公众很难集合在一起形成合力，公共信托原则可以有效解决这一问题，即通过将公众难以形成的合力让渡给一个主体，由其代表公众否决和追究政府违背公共利益所做出的决策。这样不仅可以将政府的自然资源所有权的行使封上边界，困在"牢笼"，而且也能有效防止行政权力的不用和滥用，再加以公众和人大的监督和法院通过司法诉讼进行追责，进而能够充分保障自然资源的公共信托用途不偏离正轨。

公共信托理论作为英美法系中的一项理论原则，虽然不能照搬移植到我国的法律制度中，但是其理论精髓以及对自然资源开

① [美]埃莉诺·奥斯特罗姆：《公共事物的治理之道》，余逊达、陈旭东译，上海译文出版社2012年版，第34页。

发利用和管理所发挥的作用对我国当下的自然资源管理制度的改进和适当引入意义重大。

第一,明确自然资源国家所有权的双重属性是基础。作为私法上基本概念而存在的所有权制度,是民事主体产生和享有其他权利的前提。通常,有了所有权就享有行使各种权利的自由。在公共信托原则下,自然资源的国家所有权是名义上的所有权,全民是真正的所有者,而国家只是名义上的所有人。事实上,为了保持和保护全体公民平等地享有和行使自然资源的权利,需要国家管理自然资源权力的保障,这既是一种权力也是一种职责和义务。

第二,必须准确界定中央政府在自然资源管理中的身份。依据公共信托理论,国家是自然资源的受委托人,全民是真正的所有权人,而国家只是享有并代表行使自然资源的所有权。在我国自然资源管理法律法规中并没有有关公共信托理论和原则的要求与规定。但是《宪法》中已经确立人民的主体地位,而且第9条要求,自然资源归属于国家所有,即全民所有,具体由国务院代表行使所有权。2018年,国家进一步将所有权委托给自然资源部门行使。自然资源部门的设立有效解决了之前政府在自然资源管理中的被扭曲的角色定位。因为政府本应是公权力的享有者和执行者,其具有公共性利益管理者和维护者的身份,而不应成为自然资源所有权的代言人,否则也容易造成政府既当"运动员"又当"裁判员"的尴尬境地。因而,为了能有效推行《宪法》第9条所规定的自然资源的国家所有权行使,务必确立政府在自然资源管理中的管理者角色。在确认自然资源国家所有权性质的前提下,确立政府作为自然资源管理人员和守护者的功能,创建政府在自然资源管理方面的权力清单,确立政府乱用与不履行自然资源管理权限的责任追究制度。当政府部门在自然资源管理方面务必衡量利益时,将自然资源承担公共性利益理应摆在首位。

二、公地悲剧理论——权力行使的必要性

(一)公地悲剧理论的源起

"公地悲剧"是美国生态学家盖雷特盖·哈丁于20世纪60年代提出的著名理论模型,用以解构自然资源产权制度的经济学模型。此后,"公地悲剧"一词就成为社会经济学,尤其是公共经济学的专业名词。"公地悲剧"一般指一个主体在没有相对应制度约束的情形下有效追求完美利益最大化,其追求利益的片面性通常会给公共利益和公共资源带来经济损失,反映出个人有效的经济性决策造成了集体的不经济性结果的结论。①

自然资源的公共物品特征导致某些自然资源供给不足。空气、水、海洋以及部分森林、山体、草原、自然景观等自然资源具有非排他性和非竞争性,类似于公共物品,这类物品无法由市场提供,也不能进入市场进行交易,追根究底是由于交易成

① 参见朱珠:《基于公地悲剧视角下公共资源产权界定对策研究》,载《经济视角(下)》2013年第4期。

本的存在。[1] 大多数人可能都会选择以较小的个人成本换取最大的收益。结果导致,个人或者企业都不愿提供不能获得个人收益的公共物品,而对免费的公共自然资源,大家却想最大化占有和免费使用。这样完全竞争的自由市场无法靠传统的价格手段和竞争方式去保证自然资源的最优配置,仅靠市场的作用促进自然资源的存在和发展,甚至可能会导致数量的减少。市场机制配给改善自然资源的资源也将不足,从而使没有界定产权的自然资源遭遇同样的公地悲剧,造成自然资源市场失灵。

但也不宜将自然资源产权完全交给市场机制。因为依据自然资源的稀缺性,如果完全将自然资源交给市场调节,那么很可能导致交易成本过高,从而没有交易,最终无法实现自然资源的经济价值。例如,为了保护山体资源,有一种办法是把山体进行划分,划给山民进行管理,但是这种做法可能因界定产权和执行产权的成本太高而无法执行。因此,理论上认为只要产权清晰明确,通过产权交易,市场运行就可以实现市场的最优配置。但是,在现实中自然资源的产权交易成本极高,从而使自然资源市场单靠私有产权运行几乎无法进行。[2] 同时,自然资源还有着重要的生态价值,如果完全交给市场机制,私主体随意处置,那么最终也会导致自然资源生态价值的受损。

① 参见汤吉军、张壮:《交易成本视角下自然资源国家所有权的行使分析》,载《经济体制改革》2016 年第 1 期。

② 参见汤吉军、张壮:《交易成本视角下自然资源国家所有权的行使分析》,载《经济体制改革》2016 年第 1 期。

(二)公地悲剧理论的解决路径

公地悲剧产生的根本原因在于产权不清以及对使用权未能有效管理和监督。私主体将公共财产视为自己的私有财产或者无主财产,进而随意挥霍,最终导致经济性内部化,不经济性外部化。解决的途径有二。

1. 明确产权界定

明确所有权,使用权主体以及他们各自的权利与责任。关于产权清晰解决方法,主要的提出者是科斯。1937 年,科斯在《企业的性质》中首次提出了“交易成本”的概念。所谓交易成本应当是指“通过价格机制组织生产的、最明显的成本,就是所有发现相对价格的成本”。1960 年科斯又在《社会成本问题》中就产权问题继续研究。这两篇文章中的核心观点被后人总结并命名为著名的“科斯定理”。科斯定理是产权经济学研究的基础理论,核心是关于交易费用的论证。科斯定理内容主要有两个方面。一方面,在交易成本等于零,即无交易成本的情况下,也完全不用担心产权的交易,前提是产权足够明晰。人们为实现自身利益最大化,通过谈判、市场交易等手段,经济资源会不加干预地完成最优配置,这就是“科斯第一定理”。另一方面,在交易成本大于零的情况下,不同的产权初始安排,交易成本可能会不同,会影响资源的配置效率,并证明了新古典经济模型中市场失灵是由交易成本引发的。因此,科斯提出外部性造成缺乏经济交易的原因:欠缺确立的产权边界和交易成本费用。从而,法律制度和公共性管控对产权界定和撤销交易费用也起到了隐性的功效。① 这也被称为“科斯第二定理”。科斯定理对于解决自然资源国家所有,对于解决外部性问题是十分必要的,可以避免自然资源在私有情况下,交易成本过高,外部性难以内部化,掠夺性开发,污染浪费等传统市场失灵问题,最终实现自然资源的有效利用、高效配置和社会福利的最大化。

将公用物配置给私主体,确立其财产权利和责任,做到产权明晰、权责明确。因此,每一个私主体在寻找本身利益更大化时,势必会有意识地考虑到公用物的长期性效用,使用公用物或公共资源更有效、更具有可持续性。以我国实践为例,人民公社被家庭联产承包责任制取代等都是上述通过设置产权制度用以避免公地悲剧发生的实际应用和充分体现。当然,并非所有的公共产品都可以通过产权的配置方式来防止公地悲剧的出现,特别是还要考虑到具体的社会制度、经济制度、法律制度等在内的一系列国情因素。至少要从以下几个角度开展。

要进一步明确各类自然资源产权的边界问题,健全现行国家规章制度。在近年来的实践中,经常出现由于国家所有权和集体所有权边界不清,以及中央政府与地方各级政府间的所有权冲突

① 参见[美]丹尼尔·F. 史普博:《管制与市场》,余晖等译,上海三联书店、上海人民出版社 1999 年版,第 113 页。

所导致的矛盾,已经成为顽疾。[①] 因而,在自然资源产权制度改革的大环境下,必须进一步厘清自然资源国家所有权和集体所有权的权力界限,同时也要厘清中央政府与地方各级政府间的自然资源产权边界、权责边界、利益分配边界等,防止各类所有权的相互交叉。

要在国家和集体所有权的基础之上,合理配置自然资源的使用权。目前,我国已建立了以国有土地、森林、草原、矿产、海域、野生动植物资源的使用权为主的自然资源使用权制度,但仍须进一步完善,形成多元化的使用权的获取路径。例如,在传统的划拨、承包、许可等行政路径之外,还应允许符合资质的企业与个人通过拍卖、合资、入股等各种市场经济路径获取使用权。

2. 加强国家监管,建立对使用者有效约束与监督机制

在当今社会,各种领域的活动日益复杂和多样化,加强国家监管并建立对使用者的有效约束与监督机制显得至关重要。首先,这种机制能够保障公共利益和社会秩序。以网络领域为例,若缺乏对网络使用者的有效约束,可能会导致网络谣言的泛滥、网络犯罪的增加,严重影响社会的稳定与和谐。通过建立严格的监管机制,如实名认证、内容审核等,可以有效减少此类不良现象的发生。其次,对于经济领域,特别是金融市场,加强对投资者和消费者的约束与监督,能够防范金融风险。例如,对金融产品的销售进行严

① 参见叶德霈:《小议"公地悲剧"对我国自然资源产权制度的建议》,载《高教学刊》2015 年第 9 期。

格监管,防止误导性销售,保障消费者的合法权益,避免金融市场的混乱和不稳定。最后,在环境保护方面,建立对企业和个人资源使用的约束监督机制,可以促使大家合理利用资源,减少浪费和污染。比如,对企业的排污行为进行实时监测和严格处罚,能够推动企业采取更环保的生产方式。为了建立有效的约束与监督机制,国家需要不断完善法律法规,明确规定使用者的权利和义务,以及违反规定所应承担的法律责任。同时,加强执法力度,确保法律法规得到切实执行。此外,利用先进的技术手段进行监管也是必不可少的。例如,通过大数据分析,能够及时发现异常行为和潜在风险,提高监管的效率和准确性。总之,加强国家监管,建立对使用者有效约束与监督机制是维护社会公平正义、保障公共利益、促进可持续发展的必然要求。

在公共物品依然维持其公共属性的前提下,为了确保公共物品合理有效地应用,只能依靠私主体,准确地说是受私主体群体委托的公共部门来统一规制和协调各成员的个体行为。因而,第二个办法就是设立一个专门的管理机构,制订统一的行为守则和规范,并监管其实行。就自然资源来讲,政府部门是最关键的依法享有强制权的公共部门,因而政府机构具有管理自然资源的正当性和必要性,防止自然资源被滥用或毁坏。防止随便采掘和滥用自然资源、污染破坏生态环境,避免躲藏在自然资源背后的公地悲剧阴影。有效避免公地悲剧,必须提升公民素质,确立保护公共资源的观念,但更重要更本质的解决方法在于,立法上明确自然资源管理者职权,自然资源管理者严格监督,依法执法,改变不作为和乱作为的管理现状,积极依法履行职责,这才是有效避免公地悲剧发生的有效途径。

加强国家监管,建立针对山体使用者的有效约束与监督机制,具有多方面的重要意义。首先,有助于保护生态环境。山体是生态系统的重要组成部分,若使用者在开发或利用过程中缺乏规范,可能导致植被破坏、水土流失等问题。比如一些非法采矿者在山体上过度开采,造成山体崩塌和生态失衡。其次,能预防地质灾害。不合理的山体使用,如在不稳定区域进行大规模建设,可能增加滑坡、泥石流等灾害的风险。建立有效的机制可以及时发现并制止这类危险行为。最后,保障公共安全。例如,一些旅游景区在山体上修建游乐设施,如果没有严格的监管和约束,可能会出现安全事故,威胁游客的生命安全。为了建立有效的约束与监督机制,国家可以从以下几个方面入手。

一是完善相关法律法规。明确规定山体使用者的责任和义务,以及违规行为的处罚标准。例如,对于未经许可擅自开发山体的行为,给予严厉的法律制裁。

二是加强执法队伍建设。增加专业人员,提高执法能力和效率,确保对山体使用情况的实时监控和有效管理。

三是利用现代科技手段。如利用卫星遥感、无人机监测等,及时发现山体使用中的异常情况。

四是建立公众监督机制。鼓励群众举报山体使用中的违规行为,并给予相应的奖励。

总之,加强国家监管,建立对山体使用者的有效约束与监督机制,是实现山体可持续利用、保护生态环境和保障人民生命财产安全的重要举措。

三、可持续发展理论——权力行使的价值理念

可持续发展作为一个已经被明确且被世界各国普遍接受和认同的概念,对于解决自然资源的日益枯竭、毁灭和不可再生性问题,研究如何将自然资源在同代主体之间以及代际主体之间有效配置问题发挥着重要的作用。1980 年由联合国环境规划署、国际自然和自然资源保护联合会和世界自然基金会共同出版的《世界自然保护策略:为了可持续发展的生存资源保护》中首次出现了可持续发展的表述,但没有进行完整的定义。直到 1987 年,世界环境与发展委员会在《我们共同的未来》的报告中明确提出,必须处理好人类与自然环境的关系,合理开发自然资源,坚持适度发展的原则,从而使人类与整个自然和谐相处、相互依存。从此,自然环境和资源的可持续发展问题日益成为各国学者关注的焦点,并作为各国经济、生态和社会发展坚持的基本原则。作为在当代世界生态危机背景下出现的思想产物,可持续发展理念彰显出生态价值的理性,标志着人类对环境与发展之间关系的认识上升到新的阶段,这一理念也成为指引世界各国环境资源法治发展的基石性概念。[①]

① 参见王灿发、张祖增等:《论生物多样性保护与气候变化应对协同治理的法治进路》,载《环境保护》2022 年第 8 期。

山体的保护工作亦是解决城市环境问题的关键所在。近年来，关于山体保护可持续发展的思想极为迅速，一些环境保护组织和国家已经广泛接受这一思想，并探索用其指导山体保护的实践活动。可持续发展理论强调经济、社会和环境的协调发展，这对于山体资源保护意义重大。在经济层面，可持续发展理论促使我们在利用山体资源时，注重长期的经济效益，而非短期的过度开发。例如，合理规划山体旅游资源，通过可持续的旅游模式，既能带来经济收入，又能避免对山体的过度破坏。像一些山区，通过发展生态旅游，建设环保型的住宿和交通设施，在保护山体环境的同时实现了经济增长。在社会层面，可持续发展理论关注当地居民的利益和需求。山体资源的保护应该与改善当地居民的生活质量相结合。在环境层面，可持续发展理论要求我们重视山体的生态平衡和自然循环，采取措施防止水土流失、植被破坏和物种灭绝。比如，设立自然保护区，限制人类活动对山体生态的干扰，让山体生态系统能够自我修复和维持稳定。另外，可持续发展理论推动了相关法律法规和政策的制定，为山体资源保护提供了制度保障。总之，可持续发展理论为山体资源保护提供了全面、系统的指导，有助于实现山体资源的科学保护和合理利用。

运用可持续发展理论指导城市山体保护可以从各个方面得以体现，如城市总体规划对生态城市整体格局的定位，划定山体保护线从而保护城市“山、水、城”的基本格局，城市山体保护法则、法规的制定，以及山体管控线的划定。由此可以保护山体自然资源，改善市区的生态环境，对实现可持续发展战略产生了重要而深远的影响。这些规划以改善生态环境、增加绿色植被、实现可持续发展为目标,以科技为引领,以法治做护航,形成山峦相连、山城相伴的城市景观格局。

解决山体资源保护与经济建设矛盾,必须坚持"绿水青山就是金山银山"的理念,实行最严格的山体资源保护制度;依法制定具有刚性的山体资源保护规划,以维护和改善山体和山区生态功能为价值目标,以限制和规范山体资源综合开发利用的各项活动为手段,推行统筹规划、环境保护优先、合理限制开发利用、严格监管山体的开发和使用行为,把山体资源保护与社会的经济发展和人民群众生活水平的提高有机结合起来,推动经济社会与生态保护协调、健康、持续发展。①

四、生态学相关理论——权力行使的根本遵循

自然景观生态学由特洛尔(Carl Troll)提出。福尔曼(Formanand)等将景观生态学的研究内容概括为景观结构、景观功能、景观动态。三者的功能结构互相影响,作用功效彼此依赖、彼此联系。结构在一定程度上取决于作用,结构的建立与发展受到功能牵制,为景观生态整体规划带来了理论根据。其中,构成景观生态结构的三要素包括廊道、基质和斑块,三者有机结合担负

① 参见马雷、闫淑柯:《山体保护规划及生态建设研究》,载《河南科技》2020年第22期。

着培养生态环境保护、维持生态平衡、储存、传送、搜集与散发的功能。山体作为基质、廊道和斑块的体现形式之一，在城市景观格局城市绿地系统中发挥着非常重要的作用。增加山体物种多样性，利用城市拥有的生物资源、动植物种类，在山体绿化时广泛、大胆地选择适应当地生长、有较高观赏价值和生态防护功能的生物种类。建设山体园林类型多样化，提高山体园林空间异质性，灵活运用绿色植物物种的学术研究和生态特征，确保乔、灌、草配置合理，产生这些稳定的多物种长期共存的双层立体式植物种类，产生山体自然环境多元性。

生态经济学理论。20 世纪中后期，人类渐渐意识到了绿色经济即生态经济的重要性。1962 年，美国海洋生物学家蕾切尔·卡逊(Rachel Carson)出版了《寂静的春天》，引起世界各国强烈反响，使群众快速产生并形成了生态环保意识，同时促进了经济学家们开始重新思考传统经济学的局限。1968 年，美国经济学家肯尼斯·鲍尔丁(Kenneth Baldin)在《一门新兴科学：生态经济学》这篇文章中首次提出生态经济学的定义，明确阐述了生态经济学的研究主题与研究对象，对人口控制、自然资源利用、环境污染、社会经济福利保障计算等一系列社会福祉问题展开了独创性的科学研究，至此，生态经济学也应运而生。伴随着社会经济发展，生态经济学的探索越来越成熟，基本内容涉及了环境污染、生态退化、浪费资源形成的原因和控制科学的研究、环境治理需要分析管理成本的效能以及经济行为的外部环境作用等。《全国生态环境建设规划》在防止生态环境恶化方面也提出了采取相应措施的要求。

而山体作为重要的生态载体，山体保护的概念在生态经济学理论的新概念中得到了充分的体现。

景观生态规划理论。景观生态规划是指采用景观生态学的原理，其中区域景观生态系统是非常重要的内容，以整体优化区域景观生态系统为基本目标，在对景观生态分析和综合点评的前提下，搭建地区景观生态系统的空间格局，提高利用的效率。景观生态的整体性规划非常关注目标景观的布置对周围环境的作用，试图通过将景观的格局构造改变来维持景观作用的效应、安全与健康。景观生态的整体性规划尤其强调景观格局与水平运动和流的关系。[①] 城市为居民创造良好的居住环境，以促进可持续发展为核心，确定城市"生态优化"的可持续发展战略，努力建成总量适宜、分布合理、植物多样、景观优美的生态化城市。根据景观生态学中"基质、廊道、斑块"理论，山体在城市整体景观格局中呈现"点—线(带)—面"有机结合的网络构架。点是指小型山体和点状山体，通常以城市小游园的形式存在，点的绿化建设也是特色斑块的建设，被称为城市"绿地钻石"。在规划建设时不但要体现斑块内部生态系统功能的完整性，与此同时也要考虑生态文化的特色表达，更要注重斑块与斑块的协调，斑块与连通廊道的协调。线是指"绿色廊道"(森林廊道)和"蓝色廊道"(湿地廊道)。廊道是连接各斑块的通道，尤其是以山体利用为主的绿色廊道要注重其系统

① 参见曾艺君、钟军立:《基于景观生态学的城市居住区景观设计》，载《四川建筑科学研究》2010 年第 4 期。

性和网络化。能够起基础性调控作用的四大基质,分别是“生态森林基质”“生态草地基质”“生态湿地基质”“生态农田基质”,四种基质的表现形式都可以由山体连接所形成的面来体现,这充分说明山体庞大而复杂多样的生态系统功能。

另外,生态系统整体性、生态位、物种多样性、能流物复、生态平衡以及生态演替等相关生态学理论都对山体资源保护具有重要的支撑和引导作用。生态系统整体性理论强调山体是一个复杂的生态系统,其各个组成部分相互关联、相互依存。比如,山体中的植被、土壤、水源和动物等构成了一个有机整体。如果过度砍伐植被,可能会导致土壤侵蚀,进而影响水源涵养,破坏整个生态系统的平衡。生态位理论有助于我们理解不同生物在山体中的特定角色和需求。每种生物都有其适应的生态位,保护山体资源意味着要为各种生物提供适宜的生存空间。例如,某些珍稀鸟类依赖特定的山体植被和洞穴进行繁殖,如果这些条件遭到破坏,它们的生存将受到威胁。物种多样性理论提醒我们山体资源保护要注重保护丰富的物种。多样的物种能够增强生态系统的稳定性和抗干扰能力。比如,在山体中,多种植物的共生可以更好地保持土壤肥力和水分,抵御病虫害的侵袭。能量流动和物质循环理论指导我们在开发山体资源时要遵循自然规律。例如,山体中的能量流动和物质循环是相对稳定的,如果过度开采矿产,会打破这种平衡,导致资源的枯竭和环境的恶化。生态平衡理论让我们认识到山体资源保护的目标是维持生态平衡。一旦平衡被打破,可能引发一系列连锁反应。比如,山体植被的破坏可能导致水土流失,进而引发滑坡、泥石流等灾害。演替理论则提示我们,即使山体生态系统受到一定程度的干扰,在适当的条件下也能够自然恢复和演替。但如果干扰超过了一定限度,恢复将变得极为困难。

综上所述,生态学理论为山体资源保护提供了科学依据和方法,帮助我们实现山体资源的可持续利用和生态系统的健康稳定。

第四章 他山之石：山体保护的域外法实践

法律是社会的习惯和人类思想的结晶。

——[美]托马斯·伍德罗·威尔逊

山体生态系统覆盖了地球表面的1/4,是世界上至少1/10人口生存的家园,是独特的文化多样性中心,是生物多样性的重要蓄水池,也是世界主要河流的源头和淡水的提供者。然而,山体也是最容易受到环境退化、城市发展和气候变化影响的自然资源。

尽管山体在人类历史上具有重要的地位,为人类提供丰富的资源,但直到20世纪90年代才开始逐渐引起各国决策者、统治者以及经济规划者的注意。2002年联合国发起国际山岳年活动,在此背景下,2003年联合国大会通过决议,将每年的12月11日设立为“国际山岳日”。这个节日的设立也促进人们更多地了解山体周围的贫困山区居民的生存状况和生活需要。在联合国粮农组织的倡议下,部分国家组成了山体保护的国际联盟,这一联盟的宗旨和目的是保证山体和山区周围农业发展以及野生生物的多样性。国际上部分国家、政府、组织以及公众聚集到一起为了保护山体的共同目标组成山体联盟,这对于保护山体、促进可持续发展具有重要的意义。山区生物多样性对水土保持、水源清洁、粮食供应以及医用植物获取等方面发挥着不可或缺的作用,然而当下其正遭受伐木、采矿、工业活动、旅游开发以及气候变暖这五重威胁,生物多样性岌岌可危。国际山地旅游联盟秘书长何亚非说,山地拥有丰富的生物多样性,但环境非常脆弱,开辟山地旅游、山地运动,既要考虑人们对山地资源的需求,也要充分考虑山地承载力,在接触自然、了解自然中融入自然、保护自然。①

1991 年,第一个关于山体的跨国协定《阿尔卑斯山公约》签署。但全球山体保护立法仍处于起步阶段:目前只有少数国家出台了山体专项立法。大多数国家更倾向于通过分散式立法,将山体附着的特定主体,如森林、土地或水,纳入相关自然资源的单行法,从而来保护和发展山体资源。这些法律虽然适用于山体,但山体具有更广泛的地理范围,因此通常不能适应山体的特殊条件和需要。但是,有部分国家颁布了专门处理山区问题的相关法律文件,还有一些国家正在制定类似的山体立法文件。这些共同的努力似乎预示着一种正在形成的趋势,即在今后几年山体立法的数量会逐步增加。

本书重点对已经通过或制定了山体专项立法的国家以及国际上的山体保护相关立法进行分析。

一、国际框架公约

(一)涉及山体保护的国际公约

目前,世界范围内没有专门针对山体的具有法律约束力的全

① 参见《我国山地资源正走向可持续利用》,载新华丝路网 2020 年 11 月 19 日,https://www.imsilkroad.com/news/p/435156.html。

球协议。部分原因是已经存在了相当数量的惯例,这些惯例虽然不专门关注山体本身,但确实对山体资源产生积极作用。例如,《联合国防治荒漠化公约》[①]在其序言中承认,荒漠化对非洲、中亚和外高加索拥有山地生态系统的干旱地区的影响。《生物多样性公约》[②]的目的是保护生物多样性,可持续地利用其组成部分,公平和平等地分享利用遗传资源所产生的利益。因为山体生态系统往往是生物多样性丰富的地区,所以保护山体生态系统也是同样重要的。还有《联合国气候变化框架公约》[③]在序言中指出"脆弱的山区生态系统"特别容易受到气候变化的影响。再往前寻踪,早期的一些公约也与山体有关,包括 1972 年《保护世界文化和自然遗产公约》中很多列入《世界遗产名录》的是山体。1968 年《保护自然和自然资源的非洲公约》也是涉及与山体相关的农业问题,如水土流失和土地利用规划。然而,这些公约对可持续山体管理的贡献仅限于它们所涉及的具体方面。

① 《联合国防治荒漠化公约》是联合国制定的防治荒漠化公约,全称为"联合国关于在发生严重干旱和/或沙漠化的国家特别是在非洲防治沙漠化的公约"。该公约于 1994 年 6 月 17 日在法国巴黎通过,1996 年 12 月 26 日正式生效。截至 2005 年 4 月 26 日,该公约共有 191 个缔约方。

② 《生物多样性公约》是一项保护地球生物资源的国际性公约,于 1992 年 6 月 1 日由联合国环境规划署发起的政府间谈判委员会第七次会议在内罗毕通过,1992 年 6 月 5 日,由签约国在巴西里约热内卢举行的联合国环境与发展大会上签署。该公约于 1993 年 12 月 29 日正式生效。

③ 《联合国气候变化框架公约》是联合国大会于 1992 年 5 月 9 日通过的一项公约。同年 6 月在巴西里约热内卢召开的由世界各国政府首脑参加的联合国环境与发展会议期间开放签署。1994 年 3 月 21 日,该公约生效。

(二)区域性专项山体协定:《阿尔卑斯山公约》

目前存在的专门针对山体的唯一具有法律约束力的文书是1991年在奥地利萨尔茨堡通过的《阿尔卑斯山公约》,该公约于1995年生效。它最初的签署方有奥地利、法国、欧洲共同体、德国、意大利、列支敦士登和瑞士,后来斯洛文尼亚和摩纳哥分别于1993年、1994年加入。到1999年,所有9个缔约方都批准了该公约。《阿尔卑斯山公约》其实是一项框架协定:主要是一般性和原则性的规定,而更具体性的规定需要在《附加议定书》中加以细化规定,以便有效实施。迄今为止已缔结了几项《附加议定书》:(1)1994年在法国尚贝里签署了3项议定书,涉及山体农业、自然保护和景观养护、土地利用规划和可持续发展;(2)1996年在捷克布拉格签署了2项关于山体森林和旅游业的议定书;(3)1998年在斯洛文尼亚的博德布尔多签署了2项关于土壤养护和能源的议定书;(4)2000年在瑞士卢塞恩又签署了2项关于运输和争端解决的议定书。

《阿尔卑斯山公约》也是一项旨在促进阿尔卑斯山地区可持续发展和保护的国际条约。该公约强调了对阿尔卑斯山地区生态、经济、社会和文化等多方面的综合管理和保护。生态方面,致力于保护阿尔卑斯山的生物多样性、森林、水资源和土壤等自然资源,减少污染和应对气候变化的影响。经济上,推动可持续的产业发展,如生态旅游、可再生能源利用等,以实现经济增长与环境保护的平衡。社会领域,关注山区居民的生活质量和福祉,保障他们的权益，促进区域内的公平发展。文化方面，重视传承和保护阿尔卑斯山地区独特的文化遗产和传统。《阿尔卑斯山公约》现有“可持续旅游”“山地农业”等9个工作平台，颇具影响力。例如，得到该公约大力支持的阿尔卑斯山俱乐部山地运动村协会，就是可持续旅游的典范。其宗旨是保护高山美景，拒绝旅游基建，发展以大自然为原型的可持续旅游，为游客提供优质服务的同时，致力于保护当地的文化和自然价值。

《阿尔卑斯山公约》被视为世界其他地区发展山体协定的一个模式。目前正在制订类似的范围广泛的协定，其准备或设计的阶段各不相同，包括：(1)阿尔泰山脉地跨中国、哈萨克斯坦、蒙古和俄罗斯联邦。在这方面，1998年通过了一项意向议定书，其中4个国家认识到它们对保护和发展阿尔泰地区的共同责任，认识到有必要改进经济发展。(2)高加索山脉横跨亚美尼亚、阿塞拜疆、格鲁吉亚和俄罗斯联邦。相关国家承认高加索是地球上最重要的山区生态系统之一，特别是因为其丰富的生物和地貌多样性。本公约从地理、生态和社会角度出发，以高加索地区完整为原则。(3)喀尔巴阡山脉横跨捷克共和国、匈牙利、摩尔多瓦、波兰、罗马尼亚、斯洛伐克、乌克兰和塞尔维亚。区域各国考虑制定一项公约，以综合方式促进该区域的可持续发展，同时考虑到诸如旅游、农业和运输等部门的需要。

2000年，在欧洲委员会的全面统筹与规划框架内，建立在较早时期所提出的《欧洲山体区域生态宪章草案》的基础之上，精心制定了一项具有深远意义和广泛涵盖面的《欧洲山区公约草案》。

这一草案并非孤立的产物，而是在充分总结和反思先前宪章草案的经验与不足后应运而生，为后续的公约制定奠定了基础，提供了初步的思路和方向。然而，随着时间的推移和现实情况的变化，新的需求和挑战不断涌现。因此，新的《欧洲山区公约草案》在内容上更加丰富和完善，不仅关注山体的生态保护，还将目光拓展到山区发展的多个维度。

在这个公约草案中，对山区的可持续发展战略进行了深入的探讨和规划，包括但不限于山区的经济发展模式、社会基础设施建设、文化传承与保护以及当地居民的生活质量提升等方面。同时，对于山体的自然资源管理，如森林资源、水资源、矿产资源等，也制定了更为细致和严格的规定，以确保资源的合理开发与利用，实现生态与发展的平衡。此外，该草案还强调了跨区域合作的重要性，鼓励不同国家和地区的山区之间相互交流经验、共享技术和资源，共同应对全球性气候变化、生物多样性减少等问题给山区带来的影响。并且，为了保障公约的有效实施，该草案还提出了建立专门的监督机制、评估体系以及奖惩制度，以督促各方切实履行公约所规定的责任和义务。总之，这一公约草案的制定，是欧洲在山体和山区管理领域的一次重要探索与创新，有望为全球其他地区的山区发展和保护提供参考。

《阿尔卑斯山公约》的实施通过各国之间的合作和协调来实现，包括建立共同的监测和评估机制，制定具体的行动计划，并鼓励公众参与，以提高人们对阿尔卑斯山保护和可持续发展的意识。例如，奥地利、德国、意大利等公约缔约方在旅游开发中，严格遵循公约要求,限制游客数量,建设环保型基础设施,以减少对山区生态的影响。同时,各国共同开展科研合作,监测冰川融化、动植物栖息地变化等情况,为保护措施的制定提供科学依据。《阿尔卑斯山公约》对其他山区的可持续发展具有以下多方面的启示。

第一,跨区域合作。启示其他山区打破行政区域的限制,加强不同地区之间的合作与协调。例如,建立共同的管理机构、制定统一的规划和政策,以实现资源共享和协同发展。不同山区可以相互借鉴经验,联合开展生态保护项目、共同开发旅游资源等。

第二,综合管理理念。强调对山区的生态、经济、社会和文化进行综合考量和平衡发展。这提醒其他山区在制定发展策略时,不能只关注经济增长,而要全面考虑生态保护、居民生活质量以及传统文化的传承。比如在发展山区经济时,注重引入绿色产业,同时保护当地独特的民俗文化。

第三,公众参与。公约注重公众在山区发展和保护中的作用,鼓励居民和社会组织积极参与决策过程。其他山区可以学习这一点,建立有效的公众参与机制,如举办听证会、开展社区讨论等,以增强决策的民主性和科学性。例如,通过宣传教育,提高山区居民对可持续发展的认识,鼓励他们参与环保活动。

第四,生态保护优先。突出了生态保护在山区发展中的重要地位,为其他山区树立了典范。这意味着要建立严格的生态保护制度,加强对自然资源的监测和管理,如制定严格的森林砍伐限制、水资源保护法规等。

第五,可持续旅游发展。为山区旅游开发提供了可持续的模式。其他山区可以参考其经验，控制游客数量、规范旅游设施建设，推动生态旅游和文化旅游的发展，减少旅游活动对环境的负面影响。例如，开发具有当地特色的徒步旅行路线，同时加强对游客行为的规范和引导。

第六，产业多元化。鼓励山区发展多元化的产业，不仅仅依赖传统的农业和林业，还注重发展可再生能源、特色手工艺品等产业，以增强山区经济的抗风险能力。其他山区可以探索适合自身的特色产业，如发展山区特色养殖、利用风能或太阳能等可再生能源。

总之，《阿尔卑斯山公约》为全球其他山区的可持续发展提供了宝贵的经验和参考，帮助它们在保护生态环境的基础上实现经济和社会的繁荣。

(三)国际环境法的一般原则

除了上述公约中有涉及山体的规定外，还有一些适用于山体生态系统的国际环境法一般原则。一项是各国有义务管理其自然资源，以免对其他国家或国家管辖范围以外地区的环境造成损害。[①] 另一项是各国有义务本着伙伴精神进行合作[②]，这可能适用于管理两个或两个以上国家共有的山脉。

在国际环境法中，适用于山体保护的一般原则主要包括以下

① 参见《关于环境与发展的里约热内卢宣言》原则2。
② 参见《关于环境与发展的里约热内卢宣言》原则7。

几个方面。

第一，可持续发展原则。强调在满足当代人需求的同时，不损害后代人满足其自身需求的能力。对于山体而言，这意味着在进行开发利用活动时，要充分考虑山体资源的有限性和生态系统的承载力，确保山体的生态功能和资源能够长期维持。例如，在规划山体的矿产开采时，不仅要考虑当前的经济利益，还要考虑开采后对山体生态的恢复和长期影响。

第二，预防原则。要求在可能造成严重或不可逆转的环境损害之前，即使科学上尚未完全确定因果关系，也应采取预防措施。在山体保护中，这意味着对可能威胁山体稳定和生态平衡的活动进行提前评估和防范。比如，在山体附近建设大型工程前，要进行充分的地质勘察和环境影响评估，以预防可能引发的山体滑坡、泥石流等灾害。

第三，损害担责原则。规定造成环境污染和破坏的主体应当承担治理污染、恢复环境的费用。如果山体因企业的开采活动或其他污染行为受到损害，相关企业应承担修复和治理的成本。例如，某矿业公司因开采导致山体植被破坏和水土流失，该公司应承担进行植被恢复和水土保持工程的费用。

第四，共同但有区别的责任原则。承认各国对保护全球环境都负有共同的责任，但同时应根据各国的经济发展水平、历史责任等因素，在责任的承担上有所区别。对于山体保护，发达国家可能需要在技术和资金方面提供更多支持，帮助发展中国家加强山体管理和保护能力。比如，发达国家可以向发展中国家提供先进的山体监测技术和设备，协助其建立有效的山体保护机制。

第五，公众参与原则。鼓励公众参与环境保护决策和监督过程。在山体保护方面，公众可以通过参与规划制定、监督企业行为、举报违法行为等方式发挥作用。例如，当地居民可以参与山体保护规划的听证会，提出自己的意见和建议。

这些原则相互关联、相互补充，为国际社会在山体保护方面的合作和行动提供了重要的法律和道德基础。

二、域外国家山体相关立法

山体保护相关协定的签署，充分彰显了各国在区域和分区域各级层面对主要山体生态系统保护与可持续发展的共同关切。由于许多山体山区跨越国界，因此经常需要国际协定和行动来阐明和使国际山体政策目标正规化。然而，实际的山体保护和发展措施主要是通过国家立法在国家主权范围内进行的。

域外国家与山体有关的立法仍处于起步阶段。到目前为止，只有十几个国家通过了详尽的或部门性的与山体有关的法律。此外，一些国家也在地方一级制定了山体立法。例如，俄罗斯联邦的北奥塞梯－阿兰共和国，其 1998 年 12 月 30 日关于山区领土的法令。在意大利，大多数山区在 1996 年至 2000 年颁布了山区法。

本书通过对各国山体和山区的立法梳理分析，发现这些立法在法的目的、适用范围、体制框架、管理政策等方面有许多相似之处。

(一)俄罗斯

1. 法的目的

由于山体具有独特的自然、经济和社会特征,1998 年俄罗斯联邦的北奥塞梯 – 阿兰共和国关于山区领土的法令立法目的是解决山体的气候变化、环境条件复杂、生态系统脆弱等问题。在其宗旨中平衡了为山体的发展建立社会、经济和法律基础的必要性,同时考虑到保护和合理利用山体的自然资源。

2. 法的适用范围:山地划界

山体立法中一般应当通过对"山"进行界定,从而来界定山体法律的适用范围。考虑到各地山体的巨大差异性和多样性,如果制定一个全球普遍遵守并且适用的详细的山体定义是不切实际的也是不可取的。因此,山体的概念往往在各国的山体单行法或者是地方山体立法中进行界定,立法者需要考虑各种因素来定义山体和确定山体的边界,包括自然特征(海拔、地形、气候、植被)以及人文因素(粮食安全、土地利用机会和高原—低地相互作用的限制)。[①]

北奥塞梯 – 阿兰共和国关于山区领土的法令中目前使用的山体定义标准(以海拔或地势为标准)被认为是最有意义的,因为在某些海拔地区,山体海拔高处的地理条件和平坦的土地差别是很

① 参见贾欢、顾明月:《论山区概念的法律界定》,载《长春大学学报》2010 年第 4 期。

大的。因此,往往是高度因素,决定了对山体要采取专项法律是必要的,而不能简单适用土地法相关的法律规定。同时,俄罗斯山体相关立法也将其他山体气候、植被等特殊条件与地形标准相结合,以更好地划分山区。北奥塞梯－阿兰共和国的法律除了将“山区”定义为日常人类活动受海拔和气候等环境条件影响的空间外,还明确规定了这些地区的边界。

3. 相关资源法律的协调

立法者在制定山体专项法律文件时,必须考虑到这些立法与相关生态环保管理,以及有关资源立法之间的密切联系。因此,山体专项立法与应用必须与之很好地协调,包括但不限于有关农业、环境、土地利用规划、水、采矿、林业和保护区等部门法律。北奥塞梯－阿兰共和国的山体法律对此有明文要求,山体法在各节中规定,必须与俄罗斯联邦和共和国的其他有关法律保持一致。

4. 执法机构的设置与安排

山体法律的体制机制因各国的特点而异,特别是在行政制度、财政手段、经济、社会和其他条件方面。一般采取两种主要办法:一个是设立特设行政机构,以满足山体的特殊需要;另一个是对现有行政机构的最佳利用,并对其任务或结构做出可能的调整。专门处理山体问题的机构包括具有行政权力的政府机构和支持政府并促进山体保护和发展的非政府组织。

（二）法国

法国立法保护山体和山区的历史已经有近 50 年[1]，开发和提高法国国家山体的价值已经成为国家发展的重要组成部分。早在 1974 年，法国就发表了第一篇关于山脉的报告。一年之后，它又得到了布罗卡德报告的补充，该报告的题目是“使山脉能够生存”（Pour que vive la montagne）。这些文件强调有必要为山区提供更好的保护，并优先防止山区人口外流。1977 年，山脉被赋予了一个全球实体的地位，那就是集生态、农业、林业和旅游功能于一体。

法国针对山体的立法，主要集中在 1985 年颁布的《山体和山区发展保护法案》（第 85－30 号法案）。这部法案意义重大，它取代了 1977 年《国家山体和山区保护和管理发展指示》，明确要求政府积极作为，确保欧洲共同体在相关政策制定中，充分考量《共同体农业政策和区域发展决定法》所设定的目标。

自 1985 年通过以来，第 85－30 号法案经历了多次修订。现行版本包含 102 篇文章，共划分为 7 个标题，涵盖了从总体原则到具体领域的规定。不仅如此，法国《地方总则》《农村法》《环境法》《森林法》等法律，也针对山体保护与发展作了补充规定。例如，在《农村法》中，涉及山区农业发展与土地利用的相关规范，与第 85－30 号法案中关于山区农业扶持与合理规划用地的部分相呼

① 1977 年 11 月 22 日第 77－1281 号法案：《国家山体和山区保护和管理发展指示》。

应,共同保障山区农村经济的可持续发展;《环境法》里有关生态保护、污染防治等条款,在山区则体现为对山体生态系统的保护,防止因不合理开发导致生态破坏,与第85－30号法案中保护山体生态的目标一致;《森林法》中对于山区森林资源的管理、保护与培育的规定,更是与山体保护紧密相连,因为森林是山体生态系统的重要组成部分,这些法律之间相互配合,从不同角度完善了法国对于山体保护与发展的法律体系。同时,《城市规划法》等为区域管理和发展提供了指导方针。因此,法国山体法也采用了专项立法和分散式立法的方式制定了许多与山体保护相关的不同的法律文本。主要内容包括以下几个重要方面:

1. 山体划定

法国的山体法律是根据海拔、坡度和障碍的标准来定义山体和山区,但是高度参数的确定取决于该地区是在大陆还是在海外领土。此外,法律明确规定了该国的山脉边界主要取决于海拔。1961年以来,法国山体划界的标准并未发生很大变化,也采取地理上海拔的界定方法,规定山体及山区包括直辖市至少80%的区域在海拔600米,或在不同的海拔最高点和最低点之间的耕地不小于400米。关于山区的界定是,如果某些市不符合上述海拔标准或耕地海拔差异,但其经济与符合前一节规定条件的邻近市有密切联系,也可被划为山区。颁布的法令界定了每一个山区范围。在法国城市区域,每一个山区和与其相邻的区域形成一个单一的地理、经济和社会实体,构成一个范围。目前,法国的大城市里有7个山脉。

2. 山体机构

法国的山体立法中设立了国家山地开发、管理和保护委员会以及地方山地开发、管理和保护委员会，对中央和各地方山脉执行管理等具体职能。

国家山体委员会。该委员会确定了以开发、管理和保护山体以及促进山区公共活动而进行协调为工作宗旨。该委员会还就保护山体的优先次序和利用国家规划和发展基金的资源向山区提供援助的条件发表意见。每年国家山体委员会都会收到一份关于中央政府在每个山脉投资计划的进展报告。国家山体委员会由总理或规划部长担任委员会主席。该委员会由59名成员组成，代表与山脉有关的所有部门，特别是国家、区域和地方选举的代表、咨询机构、专业和工会组织、协会、农村经营者。该委员会每年最少举行一次会议，如认为任何人对该委员会的工作有用，可传召他出席该委员会的聆讯。该委员会设有一个由17名成员组成的常设委员会，成员从其成员中任命，协助主席拟订联委会的工作方案。它监督执行该委员会提出的各项建议和提议，并可传唤它认为对其工作有用的任何人出席听证会。

地方山体委员会。在法国，共有6个主要山脉。每一个都有一个委员会，其组成和运作由法令规定，并可根据有关山脉的具体特点加以调整，即中央山区（第85－995号法案）；北阿尔卑斯山（第85－996号法案）；南阿尔卑斯山（第85－997号法案）；科西嘉岛（第85－998号法案）；比利牛斯山脉（第85－999号法案）；山丘沃斯金（第85－1001号法案）。地方山体委员会由中央政府的代表担任主席，中央政府任命主席来保证山体的协调，主席通常是地区长官。地方山体委员会由各区域、各部门、各直辖市或直辖市集团、领事公共实体、国家和区域公园、社会和专业组织以及参与山脉开发、管理和保护的协会的代表组成。与国家山体委员会一样，地方山体委员会也以制定并促进其特定山体的发展和保护，提出建议、意见和建议，协调范围内的公共活动为主要目的和宗旨。

3. 专项资金

1995 年国家建立了山体的规划和发展基金，主要筹集两大类资金：一类是为山体规划和山区发展而设立的资金，另一类是为调整矿区和农村规划而设立的资金。在山体委员会的统一管理下，国家基金的资源在国家政府和地方部门之间共享。总部的拨款由地方部门的负责人作为地方山体管理协调员根据地区管理专员提出的建议进行分配，并在收到相关山体委员会的意见后分配。中央政府代表将有关地方山体拨款分配的决定通知有关地区委员会和总理事会主席。地区委员会和总理事会主席要向中央负责提交有关这些决定执行情况的年度进度报告。同时地方在使用中央政府为地方投资公共工程和建筑物提供的拨款时，必须考虑到山体和山区保护的限制。

4. 权利义务

山体立法中的权利义务部分，主要规定了禁止性行为，为了保护农田，禁止在山坡上建造建筑物。除了保护农田外，还对山区的城市发展作出了更广泛的规定。例如，为了使农村土地利用合理化，山体及附近的新的旅游综合体中的所有建筑都必须“与现有的城镇和村庄保持一致”。[①] 鉴于山体生态系统的脆弱性，法案还规定“保护生态和生物平衡，保护遗址和景观，修复现有建筑物以及促进文化遗产”必须作为国家山地和山区政策的目标之一。根据环境法规，实施这些政策指南的直接方法之一是在山区创建区域性自然公园。还必须针对森林、水和土壤采取其他保护措施。

为了保护山体上覆盖的森林，法案规定，森林与山体有着密切的关系，为山体提供帮助，增强森林保护符合普遍利益。同时，根据不同山体所保护林地和森林的困难程度不同，保护效益也有所不同。出于保护目的，需要“保护林地或其扩充的范围来保护山区或山坡上的土地”时可以禁止在山体森林中进行土地清理的许可。在特殊的保护山体地方，原则上禁止清除林地和森林，除非获得特别豁免。

5. 总结

总之，法国第 85 - 30 号法案引入的法定制度从多角度反映了山体和山区的具体条件和需求。首先，根据与海拔相关的标准明确界定山区，并辅以该国每个山脉的特殊标记。该法案还设立了专门机构，负责山区和山脉的规划、咨询和管理。其次，该法案将国家自然规划和发展基金的一部分资源用于促进山区资源活动。自通过以来，第 85 - 30 号法案的几项规定已纳入各种法典，这些法典与该法案一起构成了法国的山体法律。这为法国山体和山区

① 参见《城市规划法》第 L145 - 3 条，以使农村土地利用合理化(Romi，2001)。

的管理和发展创造了有利的法律框架。

(三)意大利

1948年生效的《意大利宪法》对于山体和山区的贡献具有独一无二的特殊性,要求必须赋予山体和山区特定的法定优势。[①]正是这一宪法规定,奠定了自20世纪50年代以来意大利与山体和山区有关的各种法律的制定基础。之后,在加强山体保护方面基本上有两项补充法案:1971年第1102号法案颁布了关于山体发展的新规定,1994年第97号法案颁布了关于山区的新规定。大多数地方也有自己的地方山体立法,山区也有自己的山区立法。

1. 山体和山区划定

意大利的立法者也赞同对"山"的概念作出精确的定义,可以更容易地规定有关山的法律规定的适用地域范围。立法中使用的定义山脉的标准也主要基于海拔。1952年关于树林、森林和山体的第991号法案中规定:将海拔600米以上区域占比达80%及以上的直辖市,以及区域内海拔落差至少600米的地区,划定为山体和山区(第1条)。

2. 山体制度——分权制度框架

继1971年第1102号法案之后,山体体制框架的特征是权力

① 《意大利宪法》第44条规定,为了合理利用土地和建立公平的社会关系,法律对土地私有权加以必要的约束,规定各区农业地带的土地私有权的限度,鼓励并迫使改良土壤,改革大庄园,重组生产单位,扶助中小土地所有者。法律规定各种有利于山区发展的措施。

的分散,大量的权力下放给了当地和其他地方的自治当局。之前,支持山体保护的行动主要来自国家层面,尽管形式松散,但也构成了管理山体和山区的政策。根据 2001 年修订的《意大利宪法》,各地区有权在非中央政府管辖范围内以及中央和区域政府共有管辖权的领域内颁布法律。[①] 关于山区管理,1971 年第 1102 号法案引入了一种特殊形式的地方政府,即山区社区,该社区在增强山区资源方面具有中心地位。

3. 山林开发

资金制度。1994 年第 97 号法案规定国家山林资金应用于山林地区的经济、生态、社会和文化的建设和发展。该资金来源于欧盟、中央政府和其他公共实体组织。一般或特殊的拨款也由中央政府向地方政府发放。资金的来源分为自治省份和地区,这些省份和地区从他们自己的预算中拨出额外的经费建立本地区的山林资金。这是立法中规定的自治省份和地区关于山林资金分配标准并且其应承担的义务。

4. 山林环境保护

一些关于山林环境保护的一般性规定是在第 1102 号法案和第 97 号法案中。第一法案规定,公民如果长期(至少 20 年)承包未开发或采伐的山林土地使这些荒山、荒地变为森林、畜牧地或自然保护区,即使开发失败,只要对于水土保持和自然环境的保护有

① 《意大利宪法》第 117 条规定,在国家法律所规定的基本原则的范围内,区可对下列事项颁布立法性规则,但这些规则不得与国家利益和其他区的利益相抵触:……矿山和泥煤矿;农业和林业……

必要性,那么当地政府将按市价进行回收。第二法案规定,山体保护首要目标是发展社会经济,但必须以环境保护和发展为优先衡量标准,尤其注重山体资源与水资源的平衡,注意保护自然文化遗产、山体风光美化,同时尊重发展和环境的保护。

5. 总结

意大利关于山林的立法,是世界上山林立法中最古老的,并在过去的50年中不断发展和完善。它为区域政府提供广泛的立法权,区域政府经常通过颁布针对当地山体和山区的区域立法来保护山体和山区。意大利立法中也用激励公民团体的方式去开发、管理、利用山区的自然资源。最后,意大利强调应给予山体环境保护,尤其是以激励的形式保护那些没有植被覆盖的土地,保持水平衡和自然资源的储备。

(四)瑞士

与上述几个国家不同,瑞士没有单一的山体法,而是颁布了一系列涵盖了山体保护制度的文本。由于该国土地几乎完全是山地和山区,因此多年来,通过了许多法律文本规范山体、山区的发展和保护。立法中保护的主要措施通常是经济手段,通常采取为山体和山区提供资金的形式为山区提供福利。

瑞士的山区政策着手将保护自然与人民享有适当经济发展的权利联系起来。联邦和各个州都追求上述目标,并将这些目标反映在联邦法律和州法律中。关于山区投资的1997年第901号联邦法是关于鼓励山区发展的主要立法。其目的是提高山体和山区的经济竞争力,促进山区潜力的开发,保护其社会文化特征,保证其可持续发展并加强山区各区域和区域之间的合作。

1. 山体划界

瑞士的山体划分参考两大因素:气候和土地配置。根据存在植被的时间段来评估气候条件,并考虑日照时间、阴影投影、海拔和降雨等要素,然后根据土地的坡度和使用农具的可能性评估土地的形态。山体分界分为三个阶段:联邦农业局确定山区边界。该局向联邦政府进行汇报。该局将分界线置于地形图,由电子和纸质方式产生,构成农业生产地籍登记处。(第 901 号联邦法第 4 条和第 5 条)这些地形图必须由以下机构保存:全国办公室、各州办公室、各市辖区办公室。

瑞士山体立法实质上是由几部联邦和州的法律文书共同构成。这些文书有一个共同的目标:保证山体适当的发展。当地高山的具体特点和环境,以及山体周边相对不稳定的生活环境,导致瑞士在山体和山区的法律规定中规定了要兼顾经济和社会效益,以及依靠金融方式[投资融资的援助(主要形式是贷款)]促进山体发展的激励机制。尽管瑞士山区具有丰富的生态资源,但其环境保护在山区立法中是偶然的,因此,山区环境保护措施在特定的山区法律中并不那么突出,而是散立在涉及自然环境的更广泛的立法中。

2. 山体保护机构

有关山体保护的法律文本中未建立特定的山体管理机构。因此,还是主要依靠既有的环保资源部门以及相关资源管理机构实施法定职责。

瑞士是联邦国家,联邦和各州共同承担自然资源管理和环境保护的责任。根据《瑞士联邦宪法》,联邦必须考虑到各州和市镇的特殊特征(第46条和第50条),致力于自然资源的可持续保护(第2条)。各州执行联邦未被授予的所有职能(第3条)。联邦和各州必须共同努力,在自然与人类对自然的利用之间建立可持续的平衡(第73条)。联邦法律在这方面的执行是各州的责任,除非联邦拥有特定权力。市政当局行使州法律赋予的权力(第50条)。

山体相关立法阐明了每个政府的管辖权。第901号联邦法表明了联邦和各州在山体管理方面的权力:各州负责实施该法案,而联邦必须监督其实施情况(第22条和第23条),联邦和各州都应提供财政援助。

瑞士各个协会也特别关注山体保护,这些协会大多以可持续利用山体资源为核心目标,致力于将山体作为自然生态系统与经济发展空间加以保护,同时积极推动山区居民生活条件的改善,助力实现生态、经济与民生的协同发展。

3. 专项资金

联邦政府建立资金用于资助山体建设。各州还可以根据自己的立法设立特别基金。例如,纳沙泰尔州已经做到了这一点,该州根据其1999年的州法设立了一个州基金,以援助山区,并引入了联邦投资援助法。伯尔尼州也曾做过同样的事情,1997年通过类似的法案成立了州投资援助基金。其他援助组织也提供了一些资金。例如,向山区社区提供名为“山区发展和发展措施”的专项资金,以执行重大区域项目。

4. 山地保护

瑞士相关资源法中只有少数规定涉及山体的环境保护。有的法令规定,必须按照自然规划,开展山体任何的开发工作,同时要按照自然和景观保护以及环境保护的要求进行。同样,法案追求的目的之一是通过为基础设施计划和项目提供贷款来促进山区的可持续发展。

除了这些具体规定,该国现行的环境和自然资源(森林、水、土壤等)立法中也有更普遍适用于保护山体环境的措施。

三、域外实践总结

梳理现有的国家和地区与山体相关法律文件来看,具有一些共同的特点,主要有以下几点。

1. 以山体保护和可持续发展为立法目的。世界大多数已出台的山体专项立法的首要目标是促进山体的保护和可持续发展。除了上述的国家之外,还有很多国家山体立法都遵循一个目标。例如,1985 年的法国山体立法中规定了山体的开发、管理和保护目的是“帮助当地居民及其民选官员掌握发展路径并参与发展决策,从而实现山区与其他地区在收入水平、生活条件上的均衡,同时充分尊重山区人民的文化认同”。同样,在乌克兰,1995 年山地移民法的目的是改善居住在山地移民点的公民的生活条件,并促进这些移民点的社会和经济发展。最后,1997 年瑞士投资援助法的目标之一是通过分配基础设施发展资金来促进山区的可持续发展。总之,在可持续发展首要目标的总导向之下,各国根据本国山体实际情况适当加以调整。

2. 山体的立法界定主要以海拔为标准。覆盖范围取决于在山体立法中如何定义山体和山区,大多数是使用海拔作为主要标准。上述几个国家对山体海拔的界定普遍较高,基本在五六百米以上,目的是通过保护山体来保护更大范围的山区的环保和发展。除此之外,像美国佐治亚州的法律中对山体下定义也是以海拔为界定标准,但"山"的概念扩展到区域海拔高于1000米(有时800米),但也会随具体情况发生改变,如坡度、地理位置、环境、经济和民族特性,土壤质量和农业土地,人口结构参数和迁移的趋势等情况。保加利亚和其山体的划分也采用类似的标准。

3. 一般会规定对山区开发的行政责任的分配,实行中央和地方两级分管制。国际上目前自然资源所有权主要存在自然资源国家所有和自然资源统治者所有两种情况。但二者有着一定的本质相同,国家所有往往代表的就是统治者所有,如我国的全民所有即国家所有。但是二者也存在一定的差别。自然资源国家所有,相比较来说国家对自然资源所有权采取了更为严格的管理措施;自然资源统治者所有,如国王所有,其实国王也仅仅是表面名义上所有,真正的享有者是政府,如英国。当然还有一些长期实行市场经济的国家,会将自然资源的所有权配置给不同的所有权主体,相对来说管理难度大,这就需要经济制度和法律制度的配套完备,比如美国就是采用这种方式。从国家体制的角度观察,中央集权制国家对自然资源往往实行集权管理，上下级政府保持一致，这种模式下的国家对自然资源的利用和保护更加严格，日本是这种模式的代表。而联邦制国家具体分为中央集权联邦式和分权行使联邦式两种类型。前者有很大的自然资源管理权，对自然资源管控得十分严格，比如印度；后者的典型代表则是美国。

4. 专项资金用于保护和管理山体。山体经济发展专项资金，是指国家或地方财政安排的山体和山区经济发展专项资金。该资金统筹用于各地山体和山区经济发展方面。通过专项资金、贷款、补贴、贴标签等激励措施，促进山体和山区经济和管理活动。

5. 山体立法不是孤立的，要寻求相关资源法，保护山体和山区的森林、土壤和水资源。同时，尊重山体的文化特征也是一些法律所追求的目标。只要地方制定的法律能够满足山体和所覆盖地区的山区人民的特殊需要，就能最适合有效地发挥其管制作用。例如，在 1999 年的格鲁吉亚法律中，一个明确的目标是满足当代山区人民以及未来几代人的需要，目的是促进山区社区的社会经济发展，同时保护山体环境。

第五章 重点关注：山体资源国家所有权的权力边界

国家对全民所有自然资源资产行使所有权并进行管理和国家对国土范围内自然资源行使监管权是不同的，前者是所有权人意义上的权利，后者是管理者意义上的权力。这就需要完善自然资源监管体制，统一行使所有国土空间用途管制职责，使国有自然资源资产所有权人和国家自然资源管理者相互独立、相互配合、相互监督。[①]

——习近平

① 《习近平谈治国理政》，外文出版社 2014 年版，第 85 页。

边界，顾名思义是边缘和界限，在自然资源管理的视域下是为了保护自然而约束人类行为，人类应当遵守的各种规则与底线。尤其是遇到要解决自然资源资产的开发合理利用与生态保护发生冲突时，解决方式秉承的基础是先思考这种自然资源资产的界限是什么。既然被称为界限、边界，这就是一种底线，底线不能被突破。底线思维是公共管理行为中的一种较为积极且带有全局观念的重要思维方式，对于加强全民所有自然资源资产管理具有重要指导意义。[①] 但要保持好、保护好底线需要思考谁有权力管护底线不被突破，更为关键的是底线在何处。

关于权力的边界，具体来说又包括横纵两个方面：一是横向水平方向国家能管什么和不能管什么；二是垂直方向国家能够延展到什么样的社会组织层次。[②] 自现代国家建立与发展以来，一方面，国家职能和国家权力呈现出扩张发展趋势：横向上国家职能不断扩充，纵向上国家权力不断向下深入。另一方面，学术界，特别是法学界一直在强调用法限制权力的边界，限制权力的无限膨胀。

---

① 参见自然资源部：《院士专家谈〈全民所有自然资源资产所有权委托代理机制试点方案〉》，载澎湃新闻网 2022 年 4 月 15 日，https://www.thepaper.cn/newsDtail_forward_17633017。

② 参见唐士其：《治理与国家权力的边界——理论梳理与反思》，载《湖北行政学院学报》2018 年第 6 期。

即国家权力边界的划定代表着扩展国家权力和限制国家权力两种力量博弈的结果。

设定边界的意义在于:第一,保护行政相对人的利益,使之不受权力滥用的伤害。权力有了边界,不仅是约束了行政主体的权力,同时也能够使相对人知晓权力的行使条件、规则,一方面可以在行政主体权力超出边界时捍卫自己的权益,另一方面也能主动适应并尊重公权力的边界。第二,保护行政执法人,使之规范行使权力。权力有了边界,对于执法的人,就有了执法的尺度,防止自己越界,从而避免因权力行使不当引起的不利后果。从另外一个角度来看,权力的边界清晰,对行政主体和相对人双方都是保护,行政主体在边界内依法行政,免受被追究责任的法律风险。第三,保护社会公共利益,使公权力的设立、适用、行使、监督有序可循,这能够有效地发挥公权力调节私权的无序发展,维护社会公共秩序和公共利益。

一、山体资源国家所有权权力划定边界的必要性

(一)权力的局限性

当今社会必须配备强有力的公权力去解决各种各样繁杂的利益冲突,也要政府公权力来保持良好社会风尚和社会秩序。与此同时,因为公权力与生俱来具有极强的自身扩张需求,因此必须被设定边界。法国启蒙思想家孟德斯鸠曾言:“一切有权力

的人都容易滥用权力,这是一条千古不变的经验。有权力的人直到把权力用到极限方可休止。”另一位法国启蒙思想家卢梭则提出了社会契约论的观点,他认为国家权力是基于公民让与了其全部的“自然权利”而获得的,在其著作《社会契约论》中有论述“任何国家权力无不是以民众的权力(权利)让渡与公众认可作为前提的”。两位启蒙思想家的思想精髓不约而同地提到了一个核心问题,就是要界定公权力行使的边界。在现在这个尊崇法治、法治土壤还需要不断培养的社会之中,特别要不断地反思。只有厘清公权力行使的边界,禁止公权力行使领域的随便扩大,才能够有效避免公权力的自由扩大。① 因此,我们既要划分公权力之间的边界,也要划清公权力和私权以及公共利益的边界。没有限制的私权必定被滥用。乱用的结果就是严重损害其他权利(力),包括其他主体的私权、公共权益以及公权力。

公权力与私权利往往存在行使与限制、让渡与缩进的此消彼长的关系。当社会发展处于正常情况时,私权就占据优势,获得充分运用,公权力必须给私权留有大量存在和自由行使的空间。但当社会关系处于不稳、异常状态时,私权就应该让与或受限制。容许公权力干预,其实是为了更好地保障私权利。如果这时公权力受到过多限定,则会伤害更广泛传统意义上的私权维护。

---

① 参见阮传胜:《公权力与私权利的边界》,载中国共产党新闻网,http://theory.people.com.cn/n/2012/1112/c49152-19553545.html。

划定权力边界也是政府机构职能转变的核心命题。划定政府与市场的边界、逐步厘定政府与社会的关系,放掉该放的权力,管住该管的事,包括为公民打造优美的生态空间,提供全面的公共服务,当矛盾发生时维护公平正义,基本建设适应市场经济发展的有限政府,是行政改革以及政府职能转变的核心命题和关键出路。[①] 国家所有权可能造成较高的行政成本。它的产生与实施不仅有着收入再分配的特性,并且将影响资源分配效率。由于国家所有权执行也处于信息不完全情况下,因此,即使出发点很好的公共政策也有可能导致无效率的结果,因此更需要理性地权衡取舍。[②] 在宪法与法律构筑的制度框架下,政府应明确权力边界、积极履职。唯有如此,方能建成造福人民的有为政府,这既是法治建设的必然要求,也是全社会的共同期盼。公权力就是指国家公权力行政机关以及责任人以保障公共福利为目的,在工作当中占有的支配权。这是国家行政机关根据公共性信念所享有和行使的强制管理权以及衍生出的监督权、处罚权等。

公权力和私权间的连接是公共利益。一旦公权力必须干预私权时,需要也只能以公共利益为原则。公权力行政机关一定要为了维护社会纪律和公共利益,才可以在一定范围和一定程度上干预私权,否则就是侵害私权。私权的行使务必局限在公共利益上,

---

① 参见韩志金:《人民日报点睛:权力必须限定边界》,载人民网,http://opinion.people.com.cn/n/2013/0529/c1003-21654616.html。

② 参见汤吉军、张壮:《交易成本视角下自然资源国家所有权的行使分析》,载《经济体制改革》2016年第1期。

不可以危害公共利益,否则,公权力能够对其干预。区划公权力与私权界限的最基本法理可以归纳为:对公权力,法律法规不可以没有授权,即法无授权不得为。就私权来讲,法无禁止便是权利,法无禁止不可罚,私权不能滥用。维护公权力与私权利平衡与协调,促成规则、秩序与自由的相一致,是社会主义构建和谐社会的价值目标和必然趋势。

(二)避免权力冲突

在对自然资源国家所有权的行使上,“九龙治水”反映的就是政府之间、政府职能部门之间的利益之争,从根本上说是国家权力越界的体现。因此,国家权力的边界如果无限扩张势必会侵害私权利或公共利益。一切权力都是有隐性的需求性、侵犯性、扩张性、诱惑性。行政权是一类实体权力,有扩展和损害的危险性。一旦它没有边界,不会受到监管和牵制,必定被随意乱用。仅有立起“权力界限”的边界线,把权力关入制度的笼子里,坚持依法公平应用权力,才能够从源头上避免权力乱用,让权力的使用者依法用权,不逾矩。一方面,要高度重视党员领导干部尤其是领导人员的优良传统文化教育,塑造“当政为廉、做官勤为先”的代表。另一方面,基层纪检委员要充分调动自身的工作职责与作用。对害怕担责、推卸责任的干部,要用制度纠正其权力。要对权力编织管束的权力监督规章制度之网,还得厘清权力运行的义务界限。要时刻警示权力部门,严以律己、讲规矩、廉洁自律,避免滥用权力。务必健全行政部门监督制度,规范行政执法主体,明确职责和权力,从根源上处理多头执法、反复稽查、交叉执法难题,用法律规范和流程牵制权力,让享有行政权力的人在法律的规定范围之内行权,最大程度降低权力腐坏,权力务必受限制,这就需要被设立边界。从无限政府部门到有限政府,是一场深刻变革。国务院机构改革和职能转变计划方案为确立政府行政管理权限、建设有限政府实施了一剂“妙方”。

(三)预防权力腐败

虽然从理论上来说,权力来源于权利的让渡,但在实践中,经常存在权力与权利对峙的情况。目前,企业只要通过申请获批了许可证,便能够零付费地利用自然资源,之后再出售,取得高收益。然而政府、政府部门代表国家所本应享有的所有权权益并没有得到任何的补偿,仅有税收,与国家代表全民本应享有的利益相去甚远,最终损害的是公众的利益。[①] 在这种情况下,地方各级政府只在履行管理者的权力,名义上是所有者的代理人,但是没有收益权,那么就会影响工作效率,也会缺乏积极性,最终导致公众利益下的自然资源管理效率较低。同时,部分政府工作人员就会通过手中的权力进行寻租从而换取利益。因此,自然资源国家所有权未能有效发挥并获得保护的一个主要原因就是中央和地方政府之间的关系没能很好地处理,以及地方政府之间的自然资源利益分

① 参见汤吉军、张壮:《交易成本视角下自然资源国家所有权的行使分析》,载《经济体制改革》2016 年第 1 期。

配关系。

国家所有权权力边界的确定是国家所有权权力行使的前提。绝对的权力会导致绝对的腐败。在法治社会里,未确定边界的公权力是难以想象的。“所有权力都应得到制约,而依赖权力自身进行自我限制是难以真正做到的,这就要求在权力的边界设置约束条件。所以,解决权力冲突问题的关键是如何划清各主体之间的权力边界。”①

在山体资源国家所有权的权力行使过程中如果权力失去制约,极有可能使整个社会甚至是国家陷入资源管理的混乱之中。山体资源的权力边界具有多方面的重要意义。首先,明确权力边界有助于确保山体资源的合理开发和利用。如果权力界限模糊,可能导致过度开发或无序开发,损害山体的生态平衡和资源价值。例如,若没有清晰的规定,多个开发商可能会为了经济利益争相在山体进行不合理的建设,破坏植被和地貌。其次,它有助于保障公共利益。明确的权力边界可以防止私人或个别利益集团垄断山体资源,确保广大民众能够享受山体带来的生态服务、景观价值和文化传承等公共福利。比如,避免某企业独占一座具有重要生态和文化价值的山体进行排他性的开发。再次,它有利于提高管理效率和减少管理冲突。各部门和各级政府清楚知道自己的职责范围,能够避免在管理

① 李琼、梅世雄:《权力冲突与权力划界——权力边界视域下的转型社会权力冲突及其解决》,载《南京政治学院学报》2011 年第 5 期。

过程中出现推诿扯皮、重复管理或管理空白的情况。比如在山体的旅游开发中，如果旅游部门、环境部门和当地政府权力边界清晰，就能高效协同推进项目，而不会因为职责不清而导致项目停滞。复次，明确的权力边界有助于加强法治建设和规范市场秩序，使山体资源的开发和利用有法可依、有章可循，减少非法开采、滥砍滥伐等违法行为的发生。例如，在矿产资源的开采中，如果权力边界明确，就能有效遏制非法采矿行为。最后，它对于维护社会公平正义也具有重要意义。确保在山体资源的开发和保护中，各方的权益得到公平对待，避免因权力滥用而导致的利益分配不均和社会矛盾。比如在山体周边的土地征收和补偿中，如果权力边界清晰，就能保障被征收者的合法权益，减少社会纠纷。

综上所述，明确山体资源的权力边界对于实现山体资源的可持续发展、保障公共利益、提高管理效率、维护法制和社会公平具有不可忽视的重要意义。科学、合理厘清山体资源国家所有权权力主体的行政权力边界十分重要。

二、山体资源国家所有权权力边界的划定方法

“边界”这一概念具有复合性，涵盖权力与权利、权力与权力、权利与权利之间的界限。具体而言，行政权的边界有：行政权与立法权、司法权等他项权力之间的界限；行政权与市场、社会组织等所涉权利之间的界限；行政权与私权之间的界限；行政权与其他行

政权之间的界限(见图4)。行政权的边界是依据各种各样的权力关系和权利关系进行确立的,总体来说,通常包括宪法传统意义上的立法权和行政权的界限;①行政法意义上的"法无规定不能作为,法有规定不能不作为"的法律界限;公法的权力不可侵害私法权利的界限。对于公共组织享有的自治管理权限,行政权应当保持界限,不能踏入。行政权与公民私权的边界是这些权力界限中的底线,公民基本权利是行政权不可侵犯的边界,除非以公共权益为目的,私权利做出让与。要进一步厘清政府与市场界限,处理政府缺位、不到位以及越位的关键性问题,促进"放管服"改革的有效展开。

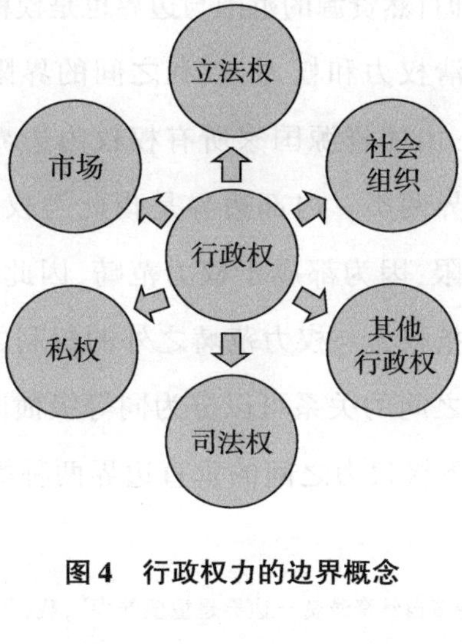

图4　行政权力的边界概念

① 参见徐艳群、彭水兰等:《关于我国行政强制执行体制的几点思考》,载《法制与经济(下旬)》2013年第4期。

在山体资源方面,和其他自然资源一样,有学者认为要厘清两个边界:一是厘清全民所有山体资源资产边界。这是创新山体资源所有权委托代理机制的重要前提。但要清楚的是,所有权委托代理不仅要体现狭义的物权权责与义务,还要反映广义的资源安全、经济安全、生态安全等国家总体安全的权责与义务。因此,二是厘清山体资源空间边界、经济边界、法律边界和管理边界,完善不同层级政府履行不同尺度、不同范围和不同对象的自然资源资产所有者职责。[①] 也有的学者认为,从现行立法规定情况分析,我国国有自然资源本身的范畴与边界在总体上是模糊的;山岭和森林等资源不是国家唯一所有,分属国家所有与集体所有,而两类所有权之间的权利客体即自然资源的范围与边界也是模糊的。[②]

本书建议厘清权力和权力、权利之间的界限问题。与上述两者关系相对应,山体资源国家所有权权力边界又可以分为内部边界与外部边界两类。内部边界是指此类权力与彼类权力,即权力之间的界限,因为都属于权力范畴,因此称为内部边界;而外部边界则是指权力与权力范畴之外的权利之间的界限。内部边界根据权力之间的关系可以分为同等级横向权力之间的水平边界与纵向上下级权力之间的垂直边界两种类型[③];外部边界

① 参见沈镭:《厘清自然资源资产边界是重要前提》,载《黑龙江国土资源》2022年第4期。

② 参见王克稳:《论我国国有自然资源的范围》,载《南京社会科学》2018年第10期。

③ 水平边界指的是同级政府部门之间的权力边界;垂直边界指的是上下级行政机关之间的边界。

依据权力对象的不同可以分为公权力对私权力①的边界和公权力对私权利的边界。②

(一)内部边界——纵横权力的划分

内部边界主要指行政体系内部行政权力之间的边界,即行政主体之间的权限划分。行政组织法中的行政主体权力边界包含上级政府与下级政府之间、上级政府职能部门与下级政府职能部门之间、上级政府与下级政府职能部门之间的权限划分。其中以前两项为关键。厘清行政权力之间的边界,目的并非要固定各行政主体之间的权力资源分配模式,而是要达到规范权力资源配置,将权力的分配规则化,根本上是推进依法行政。虽然《宪法》《民法典》规定了国家对山体资源的所有权,由国务院代为行使,但更多地表现为山体资源的资源管理权,并由不同级别的地方政府部门管理。但是如何在上下级政府和同级政府之间进行权利和权力的分配,目前还没有明确界定。因此,这不仅导致山体资源产权主体规定不明确,而且山体资源配置管理出现一定的混乱。合理划分中央与地方政府纵向管理边界,确定山体资源资产委托代理主体和内容,在总体上要按照人口、环境、资源相协调,社会、经济、生态

---

① 瞿灵敏在《认真对待私权力:概念界定、类型划分与法律规制》一文中提到,受主体平等、私法自治等私法理念的遮蔽,存在于私主体之间的权力现象一直未能引起学界的重视。事实上,私权力遍在于私法诸领域之中。私权力既不同于公权力和私权利,与社会权力也存在范围上的差别。根据权力来源的不同,可将私权力划分为法定私权力、意定私权力和事实性私权力。

② 参见潘爱国:《论公权力的边界》,载《金陵法律评论》2011年第1期。

效益相统一的根本原则,建立地方政府代理履行所有者职责制度体系。①

1. 划清垂直权力的边界

由于山体资源国家所有权要按照国家统一的要求实行委托代理机制,其中就包括地方政府代表上级政府行使完整山体资源所有权权能。山体资源资产的开发利用和保护,对地方经济社会发展和生态安全具有重要影响。合理划分中央与地方政府纵向管理边界,确定山体资源资产委托代理主体和内容,在总体上要按照人口、资源、环境相均衡以及经济社会生态效益相统一的原则,建立地方政府代理履行所有者职责制度体系。地方政府代理履行全民所有自然资源资产所有者职责,在处置配置资源时,要符合生态保护红线、资源利用上限、环境质量底线等要求,严格保护各类重要生态空间(重点是国家公园、湿地、海洋等),推动城镇化、现代农业发展和生态安全科学规范合理地布局,保证所有权人和监管人的职责之间互相独立又彼此配合和彼此监督。②

与此同时,我国地域幅员辽阔、山川众多,各地山体资源条件存在的差异较大,当地政府作为委托代理人行使资源的所有权不

① 参见沈镭:《厘清自然资源资产边界是重要前提》,载《黑龙江国土资源》2022年第4期。

② 参见自然资源部:《院士专家谈|〈全民所有自然资源资产所有权委托代理机制试点方案〉》,载澎湃新闻网2022年4月15日,https://www.thepaper.cn/newsDtail_forward_17633017。

但克服了管理信息的不对称问题并且有益于管理效益。[①] 因而，对国家所有的山体生态资源，要不断加强中央与地方两方面的主动性和积极性，尽快制定中央和地方各级分级行使所有权的权责清单，推行集中统一与分级行使有机配合的管理机制。同时也要在中央与地方管理权的分级上明确界分。因此，必须对山体资源资产所有权的行使进行有效的限制和约束，特别是在地方政府履行山体资源国家所有权权能时要注意，控制和避免可能出现的权利或权力滥用。划清分级权力界限，要科学把握中央与地方的关系。

中央和地方在行使山体资源权力上划分的基本准则应当是：关系到国家的国防安全、生态安全、经济安全的山体资源所有权由中央政府直接行使。行使的范围主要包括战略性山体资源、国有重要山体、生态功能重要的山地以及跨行政区的自然保护区山体、国家公园的山体。同时，中央行使山体资源所有权的产权收益必须上缴到国库，由国家财政统一支配，从而实现全民能够共享国家所有即全民所有的自然资源资产收益。由地方政府承担的相应管理权要逐级下放，并依据地方生态环保水平和山体资源受损程度分配应有的财政支出责任。由中央与地方共同承担的行政权和其他事权，应依据山体资源的受影响程度和受利益范围，区分中央与

① 参见中央编办二司课题组：《关于完善自然资源管理体制的初步思考》，载《中国机构改革与管理》2016 年第 5 期。

地方的权力责任。顺应“简政放权、放管结合、优化服务”的改革需要，可由地方政府代理行使对包括黏土、砂石等在内的山体资源资产的审批权限。但是，中央政府在赋予地方政府财权、人权和事权时，应确保建立健全监督机制，进而保证全民所有的权益不流失。①

在中央和地方分级行使所有权的过程中，尤其要注意地方政府行使的边界问题。特别是当赋予地方政府完整权能并能够行使时，要防止权利和权力滥用。现实生活中充满着各种诱惑和道德风险的考验，中央和地方政府间的信息不对称有时足够使滥用权利与权力得以实现。而且地方政府往往为了追究地方经济的发展，或行政主体工作人员为追求私利，违法违规规划或审批相关山体开发和破坏行为，因此，必须着重对地方政府山体资源资产所有权的行使进行管束和限制。地方政府代理履行全民所有自然资源资产所有者的职责，在处置配置资源时，要符合生态保护红线、资源利用限度、环境质量等底线边界要求，严格保护各类重要生态空间（重点是国家公园、湿地、海洋等），构建合理而又科学的城镇化格局、农业布局、生态安全格局，确保所有者职责、监管者职责互相独立、互相配合以及互相监督。②

① 参见马永欢、吴初国等：《完善全民所有自然资源资产管理体制研究》，载《中国科学院院刊》2019 年第 1 期。

② 参见沈镭：《厘清自然资源资产边界是重要前提》，载《黑龙江国土资源》2022 年第 4 期。

2. 划分水平权力的边界

当然,这与我国自然资源的产权边界存在模糊状况密不可分。山体资源、森林资源、矿产资源、土地资源之间常存在边界不清晰的问题。

过去我国的自然资源管理职能分配的划分是依据自然资源的种类进行区分。长期存在自然资源的管理权交叉、重叠,或者是空白缺位。例如,国家发展和改革委员会承担组织编制主体功能区规划职责,住房和城乡建设部承担城乡规划管理职责,自然资源部负责国土规划和土地规划,生态环境部负责流域污染防治规划和饮用水水源地环境保护规划,水利部负责组织编制防洪规划,国家明确的重要江河湖泊的流域综合规划,由此形成了典型的"九龙治水"格局。①

明晰不同管理部门在资源利用与生态保护修复职责的管理边界,彻底解决主体不明、权责交叉、权益混淆等问题。② 权力法定依行政法上的法律保留原则,行政权的行使必须有法律依据,即依法行政。同样,地方政府依据行政协议受托行使行政权时,也必须在《行政处罚法》、《行政强制法》、《行政许可法》以及《政府信息公开条例》等相关行政法律法规规定的权限范围内行使,这与国务院、自然资源部的自行行使以及依照法律法规授权的组织行使公

① 参见郭威、卓成刚主编:《自然资源管理体制改革研究》,中国地质大学出版社 2020 年版,第 19 页。

② 参见沈镭:《厘清自然资源资产边界是重要前提》,载《黑龙江国土资源》2022 年第 4 期。

权力是相同的。[①] 此问题的具体解决方案是通过权力清单制度进行职责划分。

3. 关注自然资源部门与生态环境部门之间的职能边界

自然资源部的职能主要是为统一行使全民所有自然资源资产所有者职责，统一行使所有国土空间用途管制和生态保护修复职责，着力解决自然资源所有者不到位、空间规划重叠等问题，实现山水林田湖草沙整体保护、系统修复、综合治理。生态环境部的职能主要是为整合分散的生态环境保护职责，统一行使生态和城乡各类污染排放监管与行政执法职责，加强环境污染治理，保障国家生态安全，建设美丽中国。

山体和其他环境要素相似，主要面临的环境资源问题一个是污染，另一个是破坏。在山体资源的管理和保护过程中，即在行使山体管理权的情形下，这两个问题应当分属不同的行政机关进行管理。按照目前的资源管理体系，山体环境污染问题应当由生态环境部负责，如建筑垃圾、工业垃圾以及其他固体废物垃圾在山体上的堆放行为就应当由生态环境部进行监管并实施相应的处罚权。如果是山体资源破坏问题，则属于自然资源部门的权属范围，如非法开山采石、乱挖滥采，这都属于自然资源部门应当予以监督和执法的范围。当然，在实践中可能存在污染与破坏并存的情况，如某些主体既有非法采矿行为，又有尾矿随意堆砌行为，从而对山

① 林旭霞、纪圣驹：《矿产资源国家所有权委托代理行使机制研究》，载《福建师范大学学报（哲学社会科学版）》2022 年第 2 期。

体造成损害。由于此行为既有对山体的污染,又有对山体资源的破坏,因此在确认自然资源部门和生态环境部门的执法权时存在一定困难,因为此时二者存在交叉。因此,在职权的分配和权力边界的划定上就要特别关注。

(二)外部边界——为了权利的权力

1. 权力与公民私权利的边界——公民不涉及他人利益和社会公共利益的合法权利

公民私权利的边界就是公权力止步的地方。关于公权力的边界,即对私权利的保护,在宪法中就存在基础的保障制度。《宪法》第 12 条规定:"社会主义的公共财产神圣不可侵犯。国家保护社会主义的公共财产。禁止任何组织或者个人用任何手段侵占或者破坏国家的和集体的财产。"第 13 条规定:"公民的合法的私有财产不受侵犯。国家依照法律规定保护公民的私有财产权和继承权。国家为了公共利益的需要,可以依照法律规定对公民的私有财产实行征收或者征用并给予补偿。"

自然资源引发的很多问题说到底是资源配置所导致的,良法善治目标的达成,要求自然资源相关法律制度能够充分保障资源配置的公平正义。在自然资源治理领域,治理法律机制系以自然资源权益及其保障为逻辑起点,实现自然资源治理中"权力—权利"互动下的"保护—利用"平衡制度诉求。自然资源国家所有权虽然强调公共权益的保障,但是不等于可以将权力的范围设定得过于宽泛。[①] 权利追索是分配公平正义的利益诉求,权利平等是分配公平正义的价值基础,公平共享是分配公平公正的实现进路。[②] 一方面不能将本应当属于公民自由使用或者依照分配而合法使用的自然资源纳入国家所有权的范围,另一方面也不能将国家所有权与个体所有权等同,不能毫无边界地享有排除其他一切主体干涉的法律效力。因为对财产权利的过度保护,出现国家所有权"与民争利"的情况,形成了对自然资源国家所有权的普遍讨论和不同类型的理论学说。[③] 权利的良好运行又离不开权力的有效保障。如何确保山体资源管理效率的同时实现山体资源权益的分配公平,使山体保护法律制度从"权力—权利"互动的基本格局出发,需要发挥法制的保障和规范作用来约束"权力—权利"。萨克斯教授在其所作《自然资源法中的公共信托原则:有效的司法干预》一文中阐述,某些自然资源"对每个公民来说天生就是如此重要,以至每个公民对它们的自由利用往往表明社会是所有公民的社会而不是奴隶的社会"。因此,要保护公众的这些权利就需要特别谨慎,以防止任何个人或组织获得控制它们的权力。[④]

但是公权力在特定的情况下可以限制私权利的行使,这个特

① 参见张牧遥:《数据参与自然资源治理:从管理效率到分配公平》,载《社会科学论坛》2022 年第 4 期。

② 参见聂磊:《分配公平正义问题再探——基于公民权利视角》,载《现代经济探讨》2009 年第 12 期。

③ See München Kommentar zum BGB. Vorbemerkung zum 903. Aufl. 6. Gaier. München. 2013 Rn. 1.

④ 参见李雨佳:《论自然资源特许物权设立中公权力的作用机制》,载《青海社会科学》2023 年第 2 期。

殊情况只能是为了公共利益。例如,为了山体保护而实行的封山禁牧、封山育林等政策可能会影响合法的个人权益。山地保护法律主要是保护山体资源的自然性、生态性、系统化,以及依赖其存在的资源权为目的的法律法规。实践中,主要采取对山体开发利用的限制和禁限制度,这通常对既有合法权益造成不可回避的冲击。例如,《三亚市条例》规定了特殊区域的退果还公益林制度,即要求在特定山体区域不能继续种植果树,而要让位于林木的种植。三亚的芒果树、龙眼树、荔枝树、桉木等很多经济树木是 30 年前在政府大力号召发展果业下栽种的。现阶段,这种经济林木因为各种各样人为因素,毁坏山体边坡,变成了危害城市环境生态景观的阻碍。因此涉及相关事宜不但包含退果还公益林,也包括拆除山体上之前存在的合法房屋建筑和收回国有土地使用权。①

自然资源的公权力性质并非排斥市场手段和私人对资源物的所有权。需要指出的是,将自然资源的国家所有权理解为宪法和行政法上的立法权与管理权,并不意味着排斥市场手段,强调公权力无比强大,以蛮横的命令式的行政手段去干预市场,排斥个人对自然资源物的所有权及交易,重返计划经济时代的"全权国家"模式,也不意味着所有的主体只要没有经过国家的特别许可就不能获得或使用自然资源,如呼吸空气、享有取水权等。

首先,如前所述,根据《宪法》第 9 条的授权,国家取得了自然

---

① 参见杜群:《三亚市山体保护地方立法的拓展和生态法治创新——〈三亚市山体保护条例〉述评》,载《南海法学》2017 年第 2 期。

资源所有权,但不能因此就限制私权利主体对该项资源的占有和合理使用,如空气的使用权、公共河流的取水饮用权等。这些基本的生存权利不能因为国家享有所有权而被剥夺。同时,国家对自然资源享有的所有权也不同于普通的所有权,无法实现所有的所有权权能,如处分权。国家代表全民所有,无权实施转让,出售所有权,因此国家所有权的行使是有边界的,以私权利的基本生存需要为边界,以私权利和合法使用为边界。

其次,国家如果通过行政许可或者特许的方式将自然资源的使用权进行出让获取收益,那么私权利主体在合法取得了使用权后,只要不有违法律的禁止性规定,如不存在破坏性开采、越界开采矿石、随意堆砌尾矿等破坏山体资源、损害山体环境的行为,就可以自由行使自然资源的使用权并获得相应的利益。此时国家不能再以享有所有权和行政管理权而予以干涉。

再次,国家在行使国家所有权时要依法行使,在法律的框架下,以保护自然资源的价值实现为目的,依法行政、依法授权。没有法律限制,权利肆意行使会造成比私权利滥用更严重的后果和影响,因此此处国家所有权的行使要以法律规定的授权为底线和边界,不能越权行使权力。

最后,由于国家最终代表的是全民利益,是公共利益,一旦私权与公共利益出现冲突时,国家作为自然资源所有权人的意义也更典型地体现出来,就是要维护公共利益,如封山育林制度。但此时私主体的合法使用权受到损害,因此国家要通过生态补偿以弥补私主体的合理损失。

总之，自然资源国家所有权的行使是以保障公民权益为主要目的的，在行使的过程中也要始终坚持这一原则。所以权力的底线就是在法律的授权范围内，一般情况下绝不允许触碰到合法的私权益，除了这一突破是因为公共利益，但是要给予合理的补偿。

当然，坚持自然资源国家所有权私权唯一说的学者有着“将之划为公权，民事权利的运行规则、救济方法就全都派不上用场”的担心，担心公共机构将纯粹公用物用来谋取私利的现象将更难以有效遏制。[①] 但是这种情况的发生实际上与国家享有所有权以及用公权力行使所有权无关，因为双重属性的分析和制度设计能够有效地解决这个问题。而且，特别要注意的是，如果仅仅将国家所有权理解为私权利，那么当自然资源遭到侵害时，可能因为无法分清政府的角色定位而面临资源的管理不力，最终导致自然资源的损害。

2. 权力与社会公益权的边界

山体资源国家所有权的一个重要体现就是要满足和保护公众对山体资源的非排他性共同享有和基本生活需要。权力的行使要具备正当性，这里的正当性应当指的是公益性。因为自然资源本身就具有公有性和公益性，因此“自然资源的全民所有决定了自然资源国家所有权权能的有限性，无论在英美法系还是大陆法系，政府只能为了公共利益目的行使所有权，不能为了私

① 参见崔建远：《自然资源国家所有权的定位及完善》，载《法学研究》2013 年第 4 期；孙宪忠：《根据民法原理来思考自然资源所有权的制度建设问题》，载《法学研究》2013 年第 4 期。

益目的进行处分”[1]。因此,政府行使自然资源资产所有权,必须满足保护和增进公共利益的目标。

权力要关在笼子里,这里的“笼子”就是边界,这是由公权的特性和私权的保护需要决定的。行政执法权是国家行政机关代表国家为维护公共利益和公共秩序行使的公权力,以国家力量为保障的强势公权力,具有法律授权性、公共利益代表性、强制行使性、与私权利相比的优越性等特点。基于以上特点,行政执法权的设定、实施、行使程序必须以法律法规的规定为依据,否则公民的合法权益很可能会因行政执法权的随意性被侵害。相对于公权,私权体现为个性化、复杂化、易起冲突、易受侵害等特征。私权和私权之间发生冲突时,在一个公正的司法体系和制度框架下,势必会通过法治的途径得以有效解决。因而,在法治国家中,当公权与私权发生矛盾时,怎样管束公权、维护私权都应由法律法规明确规定,甚至有必要由宪法进行维护。

总结来看,权力的边界范围要适度。边界过大,必然挤压私权利的空间,使之不得自由和发展;边界过小,公权力的保护力度不足,将导致私权泛滥、无序发展,由此带来社会秩序的混乱,导致彼此伤害。由此,权力的边界不宜过大也不宜过小,应与私权的存在状态相适应,并随着私权的发展变化。权力的边界既要保证能有效管住权力,又要保证权力能够正常运行。自然资源国家所有权

① 王克稳:《论自然资源国家所有权权能》,载《苏州大学学报(哲学社会科学版)》2018 年第 1 期。

行使必须符合公法上的管制要求。《关于统筹推进自然资源资产产权制度改革的指导意见》中也提出，要健全自然资源资产产权体系与国土空间规划和用途管制相衔接，这就意味着国家对于行使自然资源所有权担负着公法上的义务和职责[①]，包含符合国土空间规划、用途管制、生态环境治理、环境整治、公平交易等监管政策。因而，对此类资产的所有权具有限制和约束的功能。

为了维护社会公益和公共利益，国家权力的适度扩张是有其合理性的。“国家权力的扩张”并不是一个完全带有贬义的词汇，但国家权力扩张的最直接的后果就是对私权的限制和剥夺，所以无论是国家权力的实施者，或是普通社会主体，都必须牢牢把握国家权力的界限。[②] 法是对权力控制的最优也是唯一选择，尤其是法律，它对权力的控制有着其他规范不可及的优势地位，因此用山体资源专项立法文件来控制权力行为是实现山体资源国家所有权权力边界法治化的最佳选择。重点是要用法的形式具体规定不同山体资源管理主体对权力的监督权利和方式，以此打造廉洁高效的政府组织。

国家所有权的超边界行使易造成对不涉及他人利益和公共利益的个人自由的侵犯。国家存在的正当性，应是维护国民生命和财产安全，促进社会公益增长。对那些能够通过自由市场机制和

① 参见邓海峰：《生态文明体制改革中自然资源资产分级行使制度研究》，载《中国法学》2021 年第 2 期。

② 参见王灿发、冯嘉：《从国家权力的边界看“气候资源国家所有权”》，载《中国政法大学学报》2014 年第 1 期。

行业自律实现良好自我监管的管理社会事务,公权力不可以也不应当予以干涉;而对那些无法高效管理并实现社会规范有序的公共行政事务,公权力理应积极主动解决。因此,关键在于所有权与使用权的边界划定,明确山体资源国家所有权主体、客体及内容的范围,细化用途管制和监督管理制度。

第六章 路径探索：山体资源国家所有权权力行使制度的构建

要用最严格制度最严密法治保护生态环境，加快制度创新，强化制度执行，让制度成为刚性的约束和不可触碰的高压线。[1]

——习近平

① 中央全面依法治国委员会办公室：《中国共产党百年法治大事记（1921年7月—2021年7月）》，人民出版社、法律出版社2022年版，第297页。

山体资源作为人类赖以生存和发展的基础物质，对其进行有效管理、统一规划和开发，是我国在自然资源保护和管理的长期实践过程中的经验总结，是对自然生态演变规律、地球上生物的多样性原理以及生态系统平衡的充分认识和理解，是实现包括山体资源在内的所有自然资源可持续发展的需要。对于山体资源国家所有权，乃至上位概念自然资源国家所有权之属性的学说讨论不是最终目的，研究属性的根本目的在于如何解决自然资源国家所有权在实践中所遇到的困境。然而解决之道，不能仅停留在对国家所有权性质的追问上，而是基于其属性和功能定位，进而建构行之有效的行使机制。①

一、山体资源国家所有权的权力行使在立法上的语句表达

如上文分析，山体资源本身有着经济价值和生态价值双重属性，与之对应的山体资源国家所有权的“权”就包含着权利与权力双重属性，其中权力行使的内涵在山体立法中直接表述为“山体保护”。山体保护本身涉及多种保护手段，理论上也关系到多个学科

① 参见席志国：《自然资源国家所有权属性及其实现机制——以自然资源确权登记为视角》，载《中共中央党校（国家行政学院）学报》2020 年第 5 期。

的研究。例如,地质学上主要是研究山体的地质结构、岩石类型、地质演化过程等,为山体的稳定性评估和地质灾害防治提供基础。生态学的角度则侧重关注山体生态系统的组成、结构、功能和动态,以及生物多样性的保护。水文学角度,在于探究山体在水资源形成、储存和运移中的作用,以及对流域水文过程的影响。土壤学方面则在于分析山体土壤的特性、形成过程和肥力状况,为植被恢复和土地利用提供依据。景观学则是从美学和景观设计的角度,保护和提升山体的景观价值。从建筑学的角度来看,山体保护是指基于可持续利用的原则,对山体资源进行保护,可以进一步划分为山体的刚性规划、对山体的特许授权使用、保护山体的水土资源、依赖山体的野生动植物的多样性保护、山体生态安全以及山体景观格局保护等。山体保护的目的是最大限度地降低城市基本建设对自然生态环境的破坏,改善城市居民生活环境,使公众更走近自然、享受资源,使城市更有竞争力和经济收益,发挥出生态服务与游憩作用,发掘隐性的生态发展潜力,复建健康的生活生态系统,产生人类与自然和谐统一的生态格局。[①] 在环境科学中,山体保护属于一种工程技术活动,包括使用若干技术方法和手段保护山体以及修复已经破损山体,重在综合考虑山体保护中的各种环境问题,如污染防治、生态平衡维护等。然而,从政府管理的角度来看,随着我国生态文明建设的推进,各级政府生态保护的意识不

① 参见赖剑青、张德顺:《浅谈城市扩展过程中的城市自然山体的保护及对策》,载《安徽建筑》2012 年第 4 期。

断提升，在保护山体的过程中所采用的手段也不再仅仅依赖于科学技术手段，而是采取包括科技、法律以及经济等多元化手段的综合管理手段。如前文所述，我国虽然尚无国家层级的山体专项立法，也无统一的山体保护法律定义。但我国地方山体立法中已经对山体保护的内涵进行了表述。整理地方立法中关于“山体保护”的界定（见表5）有助于更好地理解山体资源国家所有权中权力的行使内涵。

表5　地方立法中关于“山体保护”的界定

来源	关于“山体保护”的界定
《恩施条例》	山体保护是指对城市规划区山体保护专项规划和法定图则确定的山体的地质地貌、自然景观、人文景观等进行保护，使其保持完整性的活动
《十堰市条例》	山体保护是指采取综合措施，避免或者减轻人为活动对山体以及山体植被的破坏，维护和恢复山体自然生态的活动
《江门市条例》	山体保护是指对山体的地质地貌、自然景观、人文景观等方面进行保护的活动
《泸州市条例》	山体保护是指采取综合措施，防止或者减轻人为活动和自然灾害对山体、山体植被的破坏，维护和恢复山体自然生态的活动
《烟台市条例》	山体保护是指对山体的地质地貌、生态系统、自然景观、人文遗迹等方面的保护
《汕尾市条例》	山体保护是指采取综合措施，避免或者减轻人为活动对山体以及山体资源的破坏，维护山体的地质地貌、自然景观、人文景观，恢复自然生态的行为
《六盘水市条例》	城市山体保护是指对城市山体的地质地貌、生态系统、自然景观、人文遗迹等方面的保护

续表

来源	关于“山体保护”的界定
《莆田市条例》	本条例所称的山体保护是指对山体的自然资源、人文景观、生态环境实施保护
《资阳市条例》	山体保护,是对第 3 条第 1 款所列山体的地质地貌、自然生态、人文景观等进行保护和修复
《三明市三元区条例》	山体保护是指采取综合措施,避免或者减轻人为和自然因素对山体的破坏,有效防治地质灾害和水土流失,维护和修复山体自然生态的活动
《铜仁市条例》	本条例所称山体保护,是指对山体的生态系统、自然景观、人文遗迹等方面的保护
《景德镇市条例》	本条例所称城市山体保护,是指依照相关法律法规,采取规划、管理、修复等综合措施,防止或者减轻人为活动和自然因素对城市山体及其生态的破坏,保持城市山体自然景观和生态功能的活动

可以看出,各地立法对山体保护下定义的方法主要是将山体保护的落脚点放在了保护的客体方面,包括山体的自然生态、地质地貌、自然景观、人文景观、人文遗迹等。其中部分山体立法中对山体保护的定义在明确保护客体的基础上还补充了山体保护应采取的手段和管理措施,以及采取事先预防、事中保护管理和事后修复治理的全过程的保护方式。但部分立法中对山体保护的定义还失之偏颇。首先,对预防山体破坏造成的后果表述过于局限,山体及其附着的资源是多样而又复杂的,不是仅限于山体本身和山体所附着的植被的被破坏,因为附着于山体的自然资源不是仅有植被资源,如水资源和土壤资源也有相当大的数量同样要依附于山体而存在。同样地,还应当包括山体地质方面的保护以及人文景

观等。当然受立法条文篇幅的限制,不可能也不应将山体被破坏的后果一一列举。其次,山体保护的保护对象也不应当只局限于已经破坏的山体,本着预防为主的原则,更应当关注对未被破坏或者有被破坏可能性的山体的保护。

综上,山体资源国家所有权的行使在法律上的语句表达为"山体保护"。从法律的角度对山体保护进行定义,应当是山体保护主体为了预防或减轻人为原因对山体和山体资源进行的破坏,保护和修复山体和山体资源,而采取的综合性的管理手段和措施等一系列活动。通过一系列的法律法规、政策和规范性文件所确立的规则和措施,对山体的自然形态、地质结构、生态系统、文化遗产以及与之相关的资源进行维护、保障其完整性和稳定性,预防和制止任何可能对山体造成破坏、损害或不合理开发利用的行为,并确保山体的生态、经济和社会价值得以持续发挥和传承。

具体来说,这一定义至少包含以下几个关键要素:对山体自然形态和地质结构的保护,禁止未经许可的开山炸石、挖掘隧道等可能改变山体原有形态和破坏地质结构的活动;生态系统的维护,涵盖对山体上的植被、动物栖息地、水资源等生态要素的保护,限制过度采伐、非法捕猎、污染水源等行为;文化遗产保护,如果山体具有历史、文化或考古价值,如古老的石刻、宗教建筑等,法律应确保其得到妥善保护和传承;防止不合理开发利用,包括对在山体进行的建设项目、矿产开采、旅游开发等活动进行严格的规划和审批,要求其符合环境保护、资源可持续利用等原则。

因而研究山体资源国家所有权的权力行使归根结底要厘清山

体资源国家所有权的三要素：保护的主体、保护的客体以及保护的内容。

二、山体资源国家所有权权力行使的主体

山体资源国家所有权行使，即对山体资源的管理和保护，首先要解决的是权力主体，即谁来行使，谁有权行使，谁有权管理和保护的问题。关于这个问题，首先要追溯到自然资源国家所有权主体的确立上。在自然资源国家所有权的主体讨论上我国法学界存在三种主要的学说。

（一）抽丝剥茧：自然资源国家所有权主体学说的去粗取精

公法法人所有权说。该学说首先否认了“国家所有权的统一性和唯一性学说”。唯一性学说的内涵是只有能够代表全体人民意志的国家才是国家所有权的主体，而且是唯一的主体。公法法人所有权说认为，唯一性学说有着很严重的问题：国家所有和全民所有不能同义，无论是理论上还是实践上都会存在诸多悖谬之处以及利益冲突，因此应当废除唯一性学说，而以公法法人所有权理论取而代之。① 在公法法人所有权说理论下，认为应当采纳德国民法学中的“公法法人财产所有权”理论，从主体、客体、内容和责

① 参见孙宪忠：《“统一唯一国家所有权”理论的悖谬及改革切入点分析》，载《法律科学（西北政法大学学报）》2013 年第 3 期。

任等各方面都做到明确化。这具有法律制度上的优势,能够有效保障公共财产。有学者持反对意见,这是完全没有必要的,因为在实践中当具体的财产使用遭受他人损害时,无须背后的所有权人站出来承担责任,而是由具体占有使用这一财产的主体承担保护这些财产的责任。也有学者同样反对这种学说,认为公法法人所有权说没有弄清楚国家所有和政府所有二者之间的关系,将这两者关系造成了混淆。特别是"政府"本身就涵盖不同级别的多级政府,而公法法人所有权说容易导致不同级别政府所有权界限不清的局面。①

"国家所有+人大代表+政府管理"说。此种学说的主要观点是,根据人民主权理论,权力机关即人民代表大会才具备代表全体人民行使政治上的主权和经济上的主权的资格。准确地说行政机关并非人民的代表机关,我国的根本政治制度是人民代表大会制度,人民代表大会或人民代表大会常务委员会才是人民的代表机关,而行政机关是执行机关,所以它不能代表人民行使国有资产的所有权。但是,全国人民代表大会属于国家的权力机关,享有对国家有重大意义的事项做出决策的权力。而行政机关是国家的执行机关。因此,我国《民法典》规定了国有财产由国务院代表国家行使所有权②。

---

① 参见席志国:《自然资源国家所有权属性及其实现机制——以自然资源确权登记为视角》,载《中共中央党校(国家行政学院)学报》2020年第5期。

② 《民法典》第246条规定:"法律规定属于国家所有的财产,属于国家所有即全民所有。国有财产由国务院代表国家行使所有权。法律另有规定的,依照其规定。"

"国家所有+政府代表+人大监督"说。该学说首先同意政府代表自然资源国家所有权的理论学说,但在此基础上进一步提出"在政府行使自然资源国家所有权的情况下,若缺乏作为权利主体的人民的民主监督,自然资源国家所有权就极易成为政府谋取地方利益和部门利益的工具[①]"。国家所有权的行使者必须接受人民的监督。[②]

政府作为代表主体行使国家所有权,同时具备自然资源国家所有权的所有者代表与管理者的双重身份,因此,其作为所有者的受托人的身份已经确定。因为,无论是从本书第二章中关于对山体资源的双重属性界定论述,还是山体资源国家所有权权属性质的厘清,都证明了自然资源国家所有权的权力主体是全民即国家,而国家是一个抽象的概念,因此自然资源国家所有权必须由一个具体的主体来代表行使,那么无论是从合理性上还是对《民法典》的认同上,都已经确认了政府的代表身份。但是政府的行政职责是非常庞杂的,随着2018年自然资源部的设立,政府又将这项权(利)力委托给自然资源部行使。但无论是政府还是自然资源部行使权力(利),这种行使更多地体现在权力的行使之上。权力必须被监督,否则容易滥用,因此自然资源国家所有权的行使也不例外,有必要接受第三方的监督。

① 叶榅平:《自然资源国家所有权行使人大监督的理论逻辑》,载《法学》2018年第5期。

② 参见屈茂辉、刘敏:《国家所有权行使的理论逻辑》,载《北方法学》2011年第1期。

但我们必须明确的是,上述关于自然资源国家所有权权力的主体学说的讨论要达到的真正目的以及最终目的应当是如何更好地保障自然资源国家所有权制度的有效运行,如何构建设定不同的主体,保证主体之间相互制约和监督,从而实现自然资源所有权国家行使的目的。

(二)实践维度:自然资源部门的职权考量

2018 年,国务院做出体制改革方案,组建了自然资源部,这是我国自然资源管理制度的创新和突破。由新设立的自然资源部肩负两项职责,又被称为“两统一”。所谓“两统一”,简单来说就是“所有者职责+有限管理职责”。所有者职责是指统一行使作为全民所有的自然资源资产的资产所有者职责。有限管理职责就是统一行使国土空间的用途管制职责和生态保护、生态修复职责。特别是要以“自然资源所有者不到位”“空间规划重叠”等问题作为关注重点及解决难点,进而实现山水林田湖草沙的整体性保护、有效预防、综合治理以及生态修复。对山水林田湖草沙进行统一管理和统一保护和修复,由一个部门对自然资源进行统一管理是非常必要的。

自然资源部的成立意义十分重大。成立自然资源部是我国进行行政管理体制改革迈出的有力一步,更是改革体系当中重要的组成部分,是自然资源国家所有权得以有效行使的必由之路,也是建设生态文明、保护生态环境的必然要求。

从管理体制角度来看,首先,结束分散管理,整合了此前分散在多个部门的自然资源管理相关职责，打破“九龙治水”局面，建立起集中统一高效的管理体制。其次，促进协同配合，消除部门间的职责交叉、推诿扯皮等问题，使不同类型自然资源的管理能在统一框架下协同配合，提高管理效能。最后，优化决策机制，集中管理和统筹规划有利于从国家层面进行更科学合理的决策，避免因部门利益导致决策偏差。

从资源保护与利用角度来看，首先能够强化资源保护，有利于对山水林田湖草沙等自然资源进行整体保护、系统修复和综合治理，扭转以往重开发轻保护、生态系统破碎化等问题。其次，明确了自然资源保护的主体责任，对各类自然资源统一监管，增强了保护力度和执行效率。再次，促进合理利用，对自然资源进行全面调查监测和确权登记，摸清家底，为科学合理规划和利用资源奠定基础。最后，制定统一的自然资源开发利用标准和市场规则，促进资源节约集约利用和市场健康有序发展。推动自然资源资产化管理，从价值角度衡量自然资源利用效率和效益。

从规划与空间管控角度来看，首先，规划统筹，将各类空间规划（土地利用总体规划、城乡规划、主体功能区规划等）进行有机融合，实现“多规合一”，形成统一规范的空间规划体系。其次，空间管控，明确生态保护红线、永久基本农田、城镇开发边界等控制线，构建科学合理的国土空间开发保护格局。最后，实施保障，保障规划的权威性和严肃性，能够更好地“一张蓝图绘到底”，从规划、审批、监管等环节进行全流程管控。

从经济社会发展角度来看，首先，保障可持续发展，为经济社会的可持续发展提供坚实的自然资源基础和生态环境保障，促进人与自然和谐共生。其次，提升国家治理能力，是国家治理体系和治理能力现代化建设在自然资源领域的重要体现和实践。最后，助力生态文明建设，自然资源部作为生态文明建设的关键部门，对推动生态文明体制改革、建设美丽中国起到核心推动作用。

从法治建设角度来看，首先能够推动立法统一，有利于整合和完善自然资源相关法律法规体系，解决过去部门法规各自为政、相互矛盾等问题。其次，规范管理秩序，使自然资源管理有法可依、执法必严，促进管理的规范化、标准化和法治化。

习近平总书记明确指出："国家对全民所有自然资源资产行使所有权并进行管理和国家对国土范围内自然资源行使监管权是不同的，前者是所有权人意义上的权利，后者是管理者意义上的权力。"[①]同时提示我们务必要理清楚的一个问题就是，所有者权利是一种物权，主要是管理好自然资源的有效使用。而监管者权力是一种行政权力、政治权力，主要是对国家领土范围内的自然资源行政监管的权力。上述的权力和权利存在本质上的不同。我国《宪法》明确规定"中华人民共和国的一切权力属于人民"，实行"生产资料的社会主义公有制"。因此，必须肯定的一点，也是达成共识的一点是，享有占有权，即占有国家生产资料的同时能够对生产资料进行管理的权力（所有者权利）和对国家主权范围内的

① 中共中央文献研究室编：《十八大以来重要文献选编》（上），中央文献出版社2014年版，第507页。

自然资源进行行政管理的权力(监管者权力),这两项管理权力都属于人民即属于国家所有。[①]

自然资源管理制度创新是一门学问,如何找到一条既能符合世界各国资源管理的主流趋势和有效方式,又能遵从“时空有异律”,适合我国国情的切实可行的道路,是自然资源管理改革的一项难题,也是必须解决的问题。要把自然资源管理制度创新融入生态文明体制机制改革这一系统工程之中,使之成为促进绿色发展的重要催动力。创新自然资源管理制度,首先就是要创新主体问题,即自然资源管理权的行使主体的确定。解决的有效路径就是成立自然资源部统一协调管理,从根本上改变自然资源的分散管理模式。这项改革的关键是在统一行使自然资源权属登记制度的基础上,将各个自然资源管理相关部门的职能进行优化整合,并明确统一行使管理权的自然资源部门的职权边界。但是实践中仍存在自然资源部门与生态环境、水利、住建等部门职能界限不清、交叉执法、推诿扯皮或者执法空白的现象,这不利于及时制止、有效查处违法行为。因此,国家仍需进一步明确职责边界[②],加强与自然资源相关职能部门的沟通协调,进一步明晰自然资源与生态环境、农业农村、水利、林草、交通等相关领域行政执法的履职界

① 参见邱少俊、吕宾:《正确区分“所有者权利”与“监管者权力”——关于履行“两统一”职责的思考》,载中国自然资源经济研究院网 2019 年 5 月 17 日,http://www.canre.org.cn/info/1124/85327.htm。

② 需要说明的是,2019 年 12 月,自然资源部办公厅印发《自然资源部行政处罚事项清单》,明确了土地、矿产、城乡规划、测绘处罚事项共 121 项,供地方自然资源部门参照执行,有效解决了部分职权界限问题。

限，做到不越位、不缺位，各部门协同配合，有效打击违法违规行为；推动完善法律法规制度，结合相关自然资源单行法的制定、修订及国土空间规划立法等工作，从法律层面减少法律竞合、法律冲突等现象，填补制度空白，从源头上避免交叉执法和执法空白；为了能够使有限的自然资源得到最充分且合理地利用，就应当不断完善自然资源用途管制制度。这项改革的关键是要把握自然资源用途管制的"度"，明晰谁来实施用途管制，界分"管"与"不管"的边界，还要充分关注科学技术手段在自然资源用途管制中的合理运用。①

2019 年开始由自然资源部门代理行使国有自然资源的所有权人职责②，承担山体资源调查和登记、有偿使用、合理开发利用等职责，并监督管理山体开采等工作。在宏观上，应当根据当地实际情况通过制定山体保护专项规划对山体进行管理，充分发挥山体资源的多种功能，在微观上要强化对山体使用、发展全过程的监督和管理。自然资源部门的主要职责如前文所述，主要体现在"两统一"上，但如果具体分解来看，至少应当包括四个主要身份：全民

① 参见施志源：《绿色发展与环境资源法律制度创新》，法律出版社 2018 年版，第 204 页。

② 《国务院机构改革方案》：一、关于国务院组成部门调整（一）组建自然资源部。将国土资源部的职责，国家发展和改革委员会的组织编制主体功能区规划职责，住房和城乡建设部的城乡规划管理职责，水利部的水资源调查和确权登记管理职责，农业部的草原资源调查和确权登记管理职责，国家林业局的森林、湿地等资源调查和确权登记管理职责，国家海洋局的职责，国家测绘地理信息局的职责整合，组建自然资源部，作为国务院组成部门。自然资源部对外保留国家海洋局牌子。不再保留国土资源部、国家海洋局、国家测绘地理信息局。

自然资源资产所有者+全域国土空间用途管制者+自然生态系统保护修复者+地方经济社会发展保障者,和与之相适应的四项职责(见图5)。

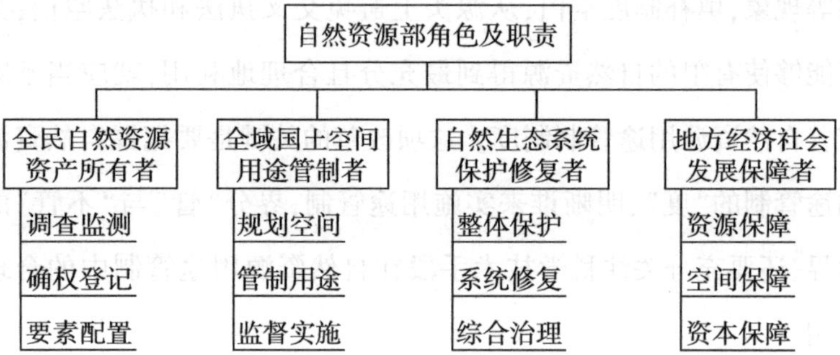

图5　自然资源部角色及职责框架

1. 全民自然资源资产所有者

统一行使全民所有自然资源资产所有者职责,是自然资源部门的一项基本职责。首先,自然资源部门权利(力)来源是全民所有,即国家所有;其次,国家是一个抽象主体,因此国家所有权由国务院来代表行使;最后,国务院又授权自然资源部具体代表统一行使全民所有者职责。地方各级人民政府根据国务院委托或法律授权代理行使所有权,地方各级自然资源部门是地方政府履行所有者职责的具体执行主体。集体所有的自然资源,其权利主体是集体经济组织,因此自然资源部门就应当对集体经济组织在行使所有权的事中和事后负有监管责任。按照上述定位,自然资源资产所有者职责主要包括三个方面。

一是调查监测。行使所有者、管理者职责,要掌握自然资源资产家底。通过调查掌握现状,通过监测掌握动态。自然资源调查主要是查清自然资源有哪些类型,属于哪个分类项下,自然资源的分布状态,被利用情况,权利归属等状态。调查范围包括土地资源、矿产资源,还有后续增加的森林、草原、水资源等。针对山体资源,自然资源部门的调查监测权包括但不限于以下方面:(1)地质结构与稳定性监测。评估山体的地质构造,包括岩石类型、地层分布、断层和褶皱等,以了解山体的内在稳定性。监测山体的滑坡、崩塌、泥石流等地质灾害隐患,通过安装传感器、定期巡查等方式,获取变形数据,及时预警潜在风险。(2)生态系统调查。清查山体上的植被类型、覆盖度和物种多样性,了解森林的生长状况和生态功能。监测山体中的动物栖息地和种群分布,评估生态系统的完整性和健康状况。(3)土地利用与规划。调查山体周边及内部的土地利用现状,包括耕地、建设用地、林地等的分布和面积。为合理的土地利用规划提供依据,避免无序开发对山体造成破坏。(4)水资源监测。监测山体内的溪流、泉水、地下水等水资源的流量、水质和水位变化。评估水资源的涵养能力和供应潜力,为水资源的保护和利用提供数据支持。(5)矿产资源勘查。探测山体中可能存在的矿产资源,如金属矿、非金属矿等。掌握矿产资源的储量、品位和分布情况,为矿产资源的开发和管理提供决策依据。(6)文化与历史遗迹调查。发现和记录山体上的文化遗产、古遗址、石刻等历史遗迹,为文化保护和传承提供基础资料。通过这些调查监测工作,自然资源部门能够全面了解山体的状况,制定科学合理的保护和利用政策,实现山体资源的可持续管理和生态环境的有效保护。例如,针对某个山区,自然资源部门通过长期的调查监测,发现一处山体存在滑坡隐患。基于此监测结果,及时采取了工程治理措施,避免了可能发生的灾害,保障了周边居民的生命财产安全。又例如,通过对山体生态系统的调查,发现某物种栖息地受到威胁,从而划定了特定的保护区域,促进了物种的保护和繁衍。

二是确权登记。行使所有者、管理者职责,要确认自然资源资产的权利归属。通过确权确认权属、解决争议,通过登记明晰产权、固化权利。确权登记所涉及的主要权利包括确认自然资源的所有权、自然资源的占有使用权、自然资源的经营收益权以及自然资源的担保物权(主要是抵押权)等。不动产登记的范围包括房屋、公路、桥梁等人为建设形成的资产。自然资源部门对山体资源的确权登记的权限包括:明确产权归属,确定山体资源的所有权、使用权等权利归属,避免产权纠纷,保障相关权利人的合法权益;促进合理利用,这有助于明确责任主体,激励权利人合理开发和保护山体资源,提高资源利用效率;加强管理监督,为自然资源部门对山体资源的管理和监督提供依据,规范开发利用行为,防止无序开发和破坏;保障生态保护,明确保护责任,这有利于实施生态保护措施,维护山体的生态平衡和环境质量。

工作流程至少包括调查摸底,即对山体资源进行全面调查,包括地理位置、范围、自然状况、利用现状等;山体权属审核,审核申请人提交的权属证明材料,核实权利归属的合法性和真实性;公告公示,将拟确权登记的山体资源相关信息进行公告,接受社会监督和异议;注册登记,对审核通过、无异议的山体资源进行登记注册,颁发权属证书。在确权工作中应当做到精准测量,运用先进的测绘技术,精确界定山体资源的范围和边界。同时要梳理山体资源的历史权属变化情况,确保确权登记的准确性和连续性。严格按照相关法律法规和政策要求进行确权登记,确保程序合法、合规。还要协调利益关系,妥善处理好不同权利人之间的利益关系,保障公平公正。

三是要素配置。行使所有者、管理者职责,要严把自然资源资产配置关口。首先,要坚持自然资源最大节约化原则,依照“节约资源、保护环境”基本国策,将节约集约贯穿工作始终;其次,要坚持市场化原则,贯彻“市场在资源配置中起决定性作用”的方针,全面推行市场配置、有偿使用的制度;最后,要坚持法定化原则,严格执行相关法律法规,依照法定程序配置自然资源资产。主要内容包括以下几个重要的层面:

第一,土地要素配置。(1)供地管理。如果山体范围内有可建设用地,严格控制供地规模和节奏,根据产业发展和生态保护的综合需求合理供地。对于涉及山体的基础设施建设项目,优先保障土地供应。(2)土地用途管制。明确山体区域内不同地块的土地用途,如山体中部分平坦区域可规划为生态农业用地等。严禁随意改变山体土地用途进行违规开发建设。

第二,矿产资源要素配置(若山体有矿产)。(1)开发管控。明确哪些区域的矿产可以适度开发,哪些区域的矿产要严格保护禁止开发。对开发的矿山企业,在采矿权数量、开采规模等方面进行科学配置。(2)矿业权交易。以市场化手段配置矿业权,通过招拍挂等方式出让矿业权。对矿山企业后续履行生态修复等义务进行明确和要素关联。

第三,生态要素配置。(1)生态补偿。建立山体生态补偿机制,如果因公共利益需要对山体生态资源进行利用或限制开发,可以对相关主体给予生态补偿资金、项目等补偿。(2)生态修复任务配置。明确山体生态修复责任主体,如因开发导致山体破坏的企业要承担修复责任。如果是历史遗留问题,政府可配置专项资金、组织专业队伍进行修复。对山体修复的阶段性生态指标,如植被覆盖率提升、水土流失减少等进行量化配置。

第四,资金要素配置。包括财政投入。政府财政预算安排专项资金用于山体资源调查、保护设施建设、生态修复等。引导社会资本通过政策优惠等鼓励社会资本参与山体旅游开发、生态农业等项目建设,吸引资金投入。

第五,管理要素配置。(1)部门协同。明确自然资源部门与生态环境、林业、水利、旅游等部门在山体资源管理和利用方面的职责分工和协同机制。(2)绩效考核。对涉及山体资源管理和保护的相关部门、地方政府等设置绩效考核指标,如山体生态质量改善指标、违规开发查处指标等,推动管理责任落实。

2. 全域国土空间用途管制者

除了享有自然资源所有者的权利,作为全域国土空间用途管制者,关键的职责就是统一行使所有国土空间的用途管制职责。所谓国土空间是指管辖范围内的地域空间,用途管制是指对国土空间利用行为进行强制性管理。按照上述定位,国土空间用途管制者职责主要包括三个方面。

一是规划空间。行使管制者职责,必须以土地资源空间布局作为管制的依据。根据国土空间整体规划,划定三个区域和三条保护线,也被称为“三区三线”。三个区域包括:生活区域、生产区域以及生态区域;三线包括:永久性的基本农田保护线、生态红线和城镇开发保护线。通过控制性详细规划从中观上确定各功能区的利用方向、发展定位、空间布局等,通过修建性详细规划从微观上确定每一寸国土空间的用途、使用条件等强制性要求。在规划层面还包括空间规划和专项规划。空间规划是要明确山体在国土空间规划中的功能分区,如明确哪些山体属于生态保护区域,哪些山体可以适度进行开发建设等。对山体周边的建设开发范围进行界定,引导城市建设、产业布局等与山体景观风貌相协调。为山体保护和利用划分不同的等级区域,如核心保护区、一般保护区、适度开发区等。专项规划,包括制定山体资源保护专项规划,明确保护目标、措施、阶段性任务等。对于有旅游等开发价值的山体编制开发利用专项规划,规划旅游线路、服务设施布局等。

二是管制用途。行使用途管制职责,要依据国土空间规划进行审查审批。通过建设项目用地预审与选址、规划条件确定、农用地转用和土地征收、土地划拨或招拍挂出让、矿产勘查许可、采矿权许可、建设用地规划许可、建设工程规划许可等审批手段,使各类生活、生态、生产活动依照规划审批的结果来开展。具体来说,还包括以下管制用途:从生态保护的角度,将部分山体用途划定为生态保护区,禁止或严格限制任何可能损害生态平衡的活动,如大规模的开发建设、采矿、砍伐森林等,以维护山体的生态系统服务功能,包括水源涵养、土壤保持、气候调节和生物多样性保护。从旅游开发的角度,对于具有独特景观和文化价值的山体,在保护生态的前提下,规划适度的旅游开发。这可能包括建设旅游步道、观景平台、游客服务设施等,但必须遵循严格的环境影响评估和容量控制,以避免游客活动对山体生态和景观造成破坏。从农业与林业用途角度,允许在适宜的山体区域开展农业和林业生产活动,如种植经济作物、营造生态林或经济林。但会对种植品种、种植方式和开发强度进行管制,以防止水土流失和生态破坏。从矿产资源开发的角度,对于山体中的矿产资源,进行科学评估和规划。在确保安全和环境可持续的前提下,有条件地批准开采,并对开采方式、开采量和后续的矿山修复提出严格要求。从基础设施建设角度,修建道路、输电线路、通信基站等基础设施时,需要经过严格的选址和设计审查,尽量减少对山体的破坏,并采取必要的生态恢复措施。从科研与教育用途角度,支持科研机构和学校在山体开展地质、生态、环境等方面的科学研究和教育活动,但要求遵循相关的规定和保护原则,不得对山体资源造成不必要的干扰和破坏。从文化与历史保护角度,若山体存在文化遗产、历史遗迹或传统村落等,将其纳入保护范围,管制任何可能损害文化和历史价值的活动,同时推动合理的文化传承和展示利用。通过这些对山体资源的用途管制,自然资源部门能够实现山体资源的合理利用、生态保护和可持续发展的综合目标。

三是监督实施。行使管制者职责，要对国土空间规划执行情况进行全程监管。通过土地矿产卫片执法、国家自然资源专项督察、自然资源执法监察、国土空间规划监督检查等措施，以及“天上看地上查网上管”等手段，对违反自然资源开发利用和国土空间规划的行为及时制止、依法查处、严厉打击。① 展开来说，在山体资源开发和保护中，管制者职责应当包括：(1)开发利用监督。定期检查山体资源开发项目是否符合审批规划，包括开发的范围、方式和强度等。例如，审查采矿活动是否超出许可区域，建筑工程是否侵占山体保护范围。核实开发利用过程中是否采取了必要的生态保护措施，如植被恢复、水土保持工程等。监督资源开发利用的经济效益，防止国有资产流失和资源浪费。(2)生态保护监督。监测山体的生态指标，如植被覆盖率、生物多样性、水土流失状况等。评估生态修复项目的实施效果，确保受损山体得到有效恢复。查处破坏山体生态的违法行为，如非法砍伐、盗猎、非法倾倒垃圾等。(3)土地利用监督。核查山体范围内的土地使用是否符合土地利用规划，是否存在违规改变土地用途的情况。监督山体周边的建设用地是否节约集约利用，防止土地闲置和低效利用。(4)矿产资源监督。检查矿山企业的开采活动是否遵守矿产资源开发的相关法律法规，包括开采工艺、资源回收率等。监督矿山地质环境治理恢复基金的计提和使用情况，确保矿山地质环境得到有效治理。

① 参见山西经济日报：《像保护大熊猫一样保护耕地——运城市规划和自然资源局纪念第31个全国“土地日”掠影》，载网易网2021年6月26日，http://www.163.com/dy/article/GDDCGFB205508W4F.html。

(5)执法监督。加强对山体资源相关违法行为的巡查和打击力度,建立常态化的执法机制。与其他部门协同执法,如与公安、环保、林业等部门联合行动,形成执法合力。(6)公众参与监督。建立信息公开制度,及时向社会公布山体资源保护和开发利用的相关信息,接受公众监督。受理公众的举报和投诉,对反映的问题及时调查处理并反馈。总之,自然资源部门通过多种方式的监督,确保山体资源的合理开发、有效保护和可持续利用。

3. 自然生态系统保护修复者

统一行使国土空间生态保护修复职责,是自然资源部门一项新的职责。主要是对生态系统进行保护修复,使生态系统不受损害或受损后再恢复到原来的状态。作为保护修复者,自然资源部门更多体现的是建设性,与生态环境部门的监督性有关联又有区别。按照上述定位,生态系统保护修复者职责主要包括三个方面。

一是整体保护。这意味着要对生态系统进行全面、系统的考量和保护,不能仅仅关注其中的某一部分或某一要素。要将生态系统视为一个有机的整体,包括其中的生物群落、非生物环境(如土壤、水、空气等)以及它们之间的相互作用和关系。例如,在保护一片森林生态系统时,不仅要关注树木的生长和保护,还要考虑到森林中的动物、微生物、土壤的肥力和水分保持能力,以及森林与周边气候、水文等的相互影响。对于河流生态系统,整体保护不仅涉及河道本身的水流、水质,还包括河岸带的植被、湿地,以及河流所滋养的周边土地和生物多样性。在草原生态系统中,除了草原植被,还要考虑到草原上的牲畜放牧量、地下水资源、土壤侵蚀状况等诸多因素的综合影响。通过这种整体保护的方式,可以更好地维持生态系统的结构和功能完整性,提高其稳定性和适应性,从而更有效地应对各种自然和人为干扰,保障生态系统的健康和可持续发展。

行使保护者职责,应该做到两个“坚持”。

始终坚持“十分珍惜和合理利用土地、切实保护耕地”的国家基本政策。这一政策是保障国家粮食安全、维护生态平衡和促进可持续发展的重要基石。“十分珍惜”意味着要充分认识到土地资源的有限性和不可再生性。土地是人类生存和发展的基础,每一寸土地都具有不可替代的价值。例如,在城市发展中,要避免盲目扩张,严格控制建设用地规模,珍惜每一块可利用的土地。“合理利用土地”要求根据土地的特性和用途,进行科学规划和分配。比如,根据土壤肥力和灌溉条件,合理安排农业种植结构;对于工业用地,要考虑交通、环境等因素,实现土地资源的高效利用。“切实保护耕地”更是重中之重。耕地是粮食生产的关键,关乎国家的粮食安全和社会稳定。为了切实保护耕地,要严格落实耕地保护制度,加强对耕地的质量监测和提升。[①] 例如,禁止在耕地上进行非法建设和非农活动,推广保护性耕作技术,增加土壤有机质含量,提高耕地的生产能力。同时,要加大对违法占用耕地行为的打击力度,通过法律手段和严格的执法监督,确保耕地数量不减少、

① 参见孙晓莉:《吉林伊通满族自治县生态农业经济的可持续发展路径》,载《农业工程技术》2019 年第 23 期。

质量不降低。比如,对违规占用耕地建设的项目,坚决予以拆除和恢复原状。

始终坚持“禁止利用、尽量少用以及保护性利用”的基本原则。进一步采取禁止放牧、禁止开垦、轮换种植、保护性开发和保护性种植等手段,从根本上对生态系统进行有效保护。“禁止利用”是对于那些具有极高生态价值、极度脆弱或者珍稀濒危的自然资源,采取绝对禁止开发和利用的措施。比如,对于某些濒危物种的栖息地、特殊的生态保护区等,要严格禁止任何形式的人类活动干扰,以确保这些区域的生态系统得以自然恢复和稳定存续。例如,一些国家公园核心保护区内,严禁任何商业开发和人类进入。“尽量少用”则是在面对一些虽然并非绝对禁止利用,但过度使用可能会对生态造成较大影响的资源时,要尽可能地减少开发和使用的程度。比如,对于一些非可再生的矿产资源,在开采过程中应严格控制开采量,尽量延长其可使用的时间,同时降低对周边环境的破坏。以煤炭资源为例,应通过提高能源利用效率、发展清洁能源等方式,减少对煤炭的依赖和开采。“保护性利用”强调在利用自然资源的过程中,要将保护生态环境放在首要位置。这意味着在进行开发活动之前,必须进行充分的环境影响评估,制定科学合理的保护措施和开发方案。例如,在发展生态旅游时,要控制游客数量,建设必要的环保设施,确保旅游活动不会对当地的生态造成破坏,反而能够促进当地居民对生态保护的重视和参与。

二是系统修复。行使修复者职责,要及时修复因为生态自然退化以及生态保护不到位而导致的生态系统被损害的现实状况。

生态自然退化是一个不可避免的过程,但人类活动的不当干预往往会加速这一进程。例如,气候变化可能导致干旱加剧,使草原生态系统逐渐退化。而生态保护不到位,如过度放牧、滥砍滥伐等行为,更是直接对生态系统造成了严重破坏。当面对这种损害时,修复工作应当迅速且有针对性。对于因水土流失而受损的山地生态系统,可能需要采取植树造林、修建梯田等措施来固土保水。对于因水体污染而功能失调的水生态系统,要加强污水治理,改善水质,恢复水生生物的生存环境。像一些曾经遭受严重污染的河流,经过关停污染企业、建设污水处理厂以及河道生态修复工程,水质得到明显改善,鱼类等水生生物重新丰富起来。在修复受损的生态系统时,还需要综合考虑各种因素,运用科学的方法和技术。同时,要建立长期的监测和评估机制,以确保修复工作的效果和可持续性。在坚持“山水林田湖草沙”共同体的基本生态理念之下,实施包括但不限于防御和治理水土流失、国有土地绿化、绿化矿山、防治地质灾害,以及采取治理土壤污染和水污染有效治理等措施,对自然生态系统进行修复。

三是综合治理。行使保护修复者职责,要采取综合措施对生态空间进行恢复和治理。从根源上入手,在源头上进行预防和保护,对已经受损的生态环境进行修复和整治,实现预防、保护、整治和修复等多元措施,从而从整体上对生态系统的生态和经济双重效益进行提升。综合措施意味着需要整合多种手段和方法,形成协同效应,以实现生态空间的有效恢复和治理。首先,要进行全面的生态评估。深入了解生态空间的现状、受损程度、主要问题及成因。例如,对于一片遭受森林火灾的区域,需要评估过火面积、烧毁的树种和植被类型、土壤受损状况等。在此基础上,制定针对性的规划方案。这可能包括重新造林计划、土壤改良措施、水资源管理策略等。比如,对于荒漠化的土地,可以规划种植耐旱的植被,同时建设灌溉设施,合理调配水资源。在恢复和治理过程中,要运用多种技术手段。例如,生物技术,引入适合当地生态的物种,促进生态系统的自我修复能力;工程技术,如修建护坡、拦沙坝等,防止水土流失;信息技术,通过卫星遥感、地理信息系统等,实时监测生态空间的变化。同时,加强生态保护的宣传教育也至关重要。提高公众对生态保护的认识和参与度,形成全社会共同保护生态空间的良好氛围。例如,组织志愿者参与植树造林活动,开展生态保护科普讲座等。其次,还需要建立健全相关法律法规和监管机制,确保恢复和治理工作的顺利进行,并防止新的破坏行为发生。

4. 地方经济社会发展保障者

为经济社会发展提供自然资源要素保障,是自然资源部门的一项重要职责。经济社会是基于生产要素发展的,有了充分的自然资源和国土空间保障,经济社会才能持续、高质量发展。按照上述定位,经济社会发展保障者职责主要包括三个方面。

一是资源保障。行使保障者职责,要为经济社会发展提供资源要素保障。通过土地统征储备、矿产资源储备等措施,掌握自然资源一级市场,根据发展需要将土地、矿产等资源投放市场,为经济社会发展创造最基本的物质条件。

二是空间保障。行使保障者职责,要为经济社会发展提供空间要素保障。通过科学划定“三区三线”、科学规划三生空间、科学控制城市规模、及时优化规划和调剂计划等措施,为经济社会发展提供充足而集约的国土空间。

三是资本保障。行使保障者职责,要为经济社会发展提供资本要素保障。通过资源价值评估、资产抵押登记,将资源显化为资产、资产转化为资本;通过土地使用权出让收入、矿业权出让收入、自然资源领域税费收入、城乡建设用地增减挂钩收益等,提高财政可用财力的贡献份额。

纵观世界各国,实现自然资源国家所有权所采取的方式不胜枚举。有的国家[①]通过确立国家在民法上的法人地位,开设国有公司,根据国家给予的许可权,完成对自然资源开发和利用活动,完成自然资源的国家使用权,国家通过行政许可和管理进行监督。《印度尼西亚宪法》第33条要求:凡是那些能够对人民的基本生活产生影响的生产和经营部分必须在国家的管理和控制监管之下。同时,关于自然资源的使用权也必须是在国家的监管之下行使,从而保障公众利益实现的最大化。其实,这从本质上看,和我国《宪法》中所规定的“全民所有”存在相似之处。[②] 还有之前提到的美国,该国是通过公共信托制度借以实现对于自然资源国家所有权的行使。无论哪个国家,行使自然资源国家所有权的行政机关所

① 如丹麦、西班牙以及巴西等国家。

② 参见李国强、李雨佳:《公私法接轨的自然资源国家所有权的规制逻辑》,载《社会科学战线》2021年第5期。

享有的“权”都同时存在“双重属性”。因此,与之相对应的,行政机关在行使自然资源国家所有权的“权”时势必划分为两种形式:一是行政机关依其私权作为受委托人行使自然资源国家所有权,二是行政机关作为自然资源管理者依据行政部门公权力行使自然资源国家所有权。

(三)创新探索:山长制的改进与完善

对于自然资源的管理虽然设立了自然资源部门实行总体协调、统一管理,但是如上文所述,自然资源种类繁多,自然资源部门本身的职能相应地也纷繁复杂,因此对于每个单项自然资源,应当具体设立负责主体,做到上下级有效衔接,以责任制倒逼行政主体的负责。山体资源作为自然资源的一种,是生态系统的重要物质组成部分,也是不可或缺的生态资源要素,要关注它的非可再生性。而近年来各种项目开发建设、随意开采、任意堆砌等多种破坏和过度索取的行为,导致山体资源问题日益严重,亟须给予高度关注和立法保护。

20世纪中叶以来,发达国家对自然资源管理体制进行了较大的调整,由综合管理逐渐代替过去的资源分类管理,这与我国始终坚持的自然资源整体性观点是一致的。从20世纪90年代开始,互联网信息技术发展迅猛,在世界范围内渐渐盛行以政府的整体性、协同办公性、新兴的全方位的公共服务性等一系列基础理论引导政府部门改革行动。就是要做到在完备的法律制度规定下,将属于相同种类的服务集中在一个政府部门进行统一协调管理。以国家公园管理体制为例，以美国和挪威为典型代表，它们主要是实行一种垂直性的管理，当然也不是中央政府垄断所有的管理权，其他政府部门以及一些民间机构，如第三部门也会分担一些管理权，对中央政府的管理进行一定的协助。[①]

1. 山长制的产生与发展

“绿水青山就是金山银山”的“两山理论”揭示了生态环境保护和经济发展二者的辩证统一关系。[②] 而“山长制”则是对“两山理论”最直接的回应和有效践行。山长制是继“河长制”“湖长制”“林长制”后出现的，以管理山体生态，责任到人的山体资源管理新模式。山长制是以国家机关党政领导负责制为核心基础，以山体为单位划分责任区域，实行山长管山，确保山体有人看、有人管、有人护、有人担责。通过山长制，将山水林田湖草沙的综合治理，构建一个从山到水的立体化、全方位的生态环境保护体系。山长制必须坚持“政府主导、属地管理、分级负责、部门协作、社会共管”的原则，切实加强山体保护。山长制的有效运行需要构建政府主导、职责明确、分级负责、部门联动、协调有序、监督有力、全民共管的山体生态管理责任体系。

山长制首先在西安提出，目的是保护秦岭的生态环境。山长制是指以秦岭保护网格化管理为基础，建立由市级领导担任一级

---

① 参见宋马林等：《自然资源管理体制研究》，经济科学出版社2020年版，第143页。

② 参见罗君：《基于“两山理论”视角下重庆南岸区山长制发展对策》，载《中国集体经济》2021年第12期。

“山长”,沿山 6 个区县的有关领导担任二级“山长”,按照西安市辖区 48 个峪口划分责任区域,完善自上而下、层层压实责任的管理体系,把每一座山、每一个峪口都全方位地管起来。其目的是保护秦岭这一重要的生态安全屏障。

恩施于 2020 年开展“山长制”,建立了市、乡(镇、办事处)、村(居委会、社区)、宗地四级“山长制”管理体系,并分级组建“山长制”办公室,同时配备了宗地信息员 118 名,管护宗地面积 44.0267 平方公里,全年宗地信息员信息费 149,690.78 元。通过明确和落实各级山长及信息员的职责,进一步明确核心控制区、一般保护区和协调区,依法规范用地,做好山体修复与绿化、依法打击破坏山体行为、调处山体权属纠纷、加强野生动物保护管理等工作,全面摸清山体现状,完成 278 块山体保护公示牌及 1562 根山体保护界桩的安装。

山东枣庄市山亭区 2021 年 7 月印发全面实行山长制工作方案,建立覆盖区、镇(街道)、村居(社区)三级的山长制责任管理体系,成立工作领导机构,分级设立山长,建立联席会议制度和护山员制度等。

河南省在 2020 年 12 月开始全面系统地采用“网格化”模式,探索山体保护和生态保护的有效途径。[①] 由县、乡两级党委、政府主要负责人担任本辖区总山长和山长,县、乡两级的自然资源局和

① 参见王月霞:《织密防护网　守好山和田——自然资源管理“一网两长”制的宝丰实践》,载《资源导刊》2021 年第 12 期。

自然资源所的工作人员和党员干部下沉到各个乡镇和各个村，担任网格员，辅助山长管田护山，产生共治、“双重推动”责任体系，创建“全员参与、全覆盖”聘用制。需要关注的是，为保证“一网两长”制度的高效执行，全国各地还以基层政府主要负责人为组长，由具体分管自然资源工作的副职负责人带领，创建了由山体保护相关部门分管领导参加的山体保护联席会议制度。例如，河南三门峡市，2022 年 1 月 1 日起施行《三门峡市条例》，其在实施“河长制”基础上，体制机制不断完善和创新，为“山长制”建立提供实践基础。

目前已经出台的 25 部地方山体专项立法中有 1/3 规定了“山长制”，主要集中在 2019 年之后，从 2019 年 7 月颁布的《镇江市条例》开始，共有 6 部地方法规规定了“山长制”（见表 6）。

表 6　地方立法中的“山长制”

依据	山长制内容	公布时间
《镇江市条例》	第 29 条第 1 句　建立市、县级市（区）、镇（街道）三级山长制，明确山体保护工作责任人及其职责，统筹做好山体保护相关工作	2019 年 7 月
《烟台市条例》	第 5 条第 1 款　山体保护实行山长制，分级分区组织领导山体保护相关工作	2019 年 12 月
《汕尾市条例》	第 10 条第 1 款　山体保护实行山长制网格化管理，确定责任人，明确山体保护职责，并向社会公布	2019 年 12 月
《六盘水市条例》	第 11 条第 3 款　一类保护城市山体推行山长制，分级组织实施城市山体保护相关工作	2020 年 10 月

续表

依据	山长制内容	公布时间
《莆田市条例》	第12条第1句　建立市、县(区)、镇(街道)三级山长制,明确山体保护工作责任人及其职责,统筹做好山体保护监管等工作	2021年4月
《三门峡市条例》	第26条第1款第1句　建立山长制,明确山体保护工作责任人及其职责,统筹做好山体保护相关工作	2021年11月

可以说,山长制已经陆续在全国各地开展,越来越多的地方开始推行山长制,并且不断完善相关制度和措施。在责任体系方面:一般形成了从地方政府主要领导担任总山长的各级山长体系,明确了各级山长的职责和责任范围,从区县级到乡镇村级等,层层压实责任。在工作任务方面:不断细化和明确山体保护范围的划定和边界标识设立等工作。持续加大对破损山体的治理修复力度,包括明确治理主体责任、编制修复计划等。加强绿色矿山建设要求和监管,规范矿业开发。建立多部门联合执法机制,强化对破坏山体行为的打击和查处。借助科技手段,如监控系统等加强山体保护监测和管理等。山长制在全国多地不断发展和完善,在保护山体生态环境、合理开发利用资源、推动地方生态和经济协调发展等方面正发挥着越来越重要的作用,并且其制度体系和实践措施也在随着实践和时间推移不断优化和丰富。

2. 山长制的内涵及必要性

山长制,是指由各个级别的政府第一负责人,即行政首长担任山长的职务所形成的一系列制度。这项制度的目的主要是加强领导干部在山体资源管理和保护方面的责任意识,绷紧责任弦。因此,该项制度重在明确各级领导的山体监管责任,对现有的山体管理体制和制度的具体有效地落实。实行山长制,可以集中政府的管理权行使。

山长制作为一种创新的生态保护管理机制,具有丰富的内涵。首先,山长制强调责任明确。通过设立各级山长,将山体保护的责任具体落实到个人,确保每座山、每个区域都有专人负责,避免出现责任模糊和管理漏洞。其次,山长制注重系统治理。山长制不仅关注山体的植被保护、矿产资源管理,还涵盖了水土保持、生物多样性保护、生态修复、灾害防治等多个方面,对山体生态系统进行全方位、综合性的治理。再次,山长制突出统筹协调。整合各相关部门的力量,如自然资源、林业、环保、水利等部门,形成工作合力,共同推进山体保护工作。例如,在处理山体非法采矿问题时,不仅需要自然资源部门打击非法采矿行为,还需要环保部门评估采矿对环境的影响,水利部门关注采矿对水资源的破坏,各部门在山长的统筹协调下协同作战。复次,山长制强调生态优先。将保护山体生态环境置于首位,在开发利用山体资源时,必须以不破坏生态平衡为前提,推动绿色发展。最后,山长制还注重长效管理。通过建立常态化的巡查、监测、评估机制,及时发现问题并解决,确保山体保护工作的持续性和有效性。总之,山长制的内涵在于通过明确责任、系统治理、统筹协调、生态优先和长效管理等方面的综合施策,实现山体生态环境的有效保护和可持续发展。

设立山长制是做好山体保护工作的必由之路。第一,山长制必然会加强山体生态系统保护。山体生态系统具有独特的生态服务功能,如涵养水源、净化空气、维持生物多样性等。但由于人类活动的干扰,山体生态系统面临着诸多威胁,如森林砍伐、非法采矿、过度放牧等。山长制的设立能够强化对这些破坏行为的监管和制止,切实保护山体生态系统的完整性和稳定性。例如,某些地区因非法采矿导致山体植被破坏、水土流失严重,设立山长后可以加强巡查和执法,及时制止这种破坏行为。

第二,整合资源与协调管理。山体保护涉及多个部门和领域,包括自然资源、林业、环保、水利等部门。在以往的管理模式中,容易出现部门之间职责不清、协调不畅的问题。山长制能够整合各方资源,明确责任分工,加强部门之间的协调合作,形成保护山体的强大合力。例如,在处理山体滑坡等地质灾害时,需要自然资源部门进行评估、水利部门治理水患、林业部门恢复植被,山长制可以统一协调各部门的工作。

第三,保障山区经济可持续发展。山区往往依赖山体资源发展经济,如林业、矿业、旅游业等。但过度开发或不合理利用会导致资源枯竭和环境恶化,影响经济的可持续发展。山长制有助于科学规划和合理利用山体资源,推动山区经济的绿色发展。例如,通过山长制合理规划旅游线路和设施,既能促进旅游业发展,又能减少对山体的破坏。

第四,增强公众生态保护意识。山长制的实施能够提高公众对山体保护的关注度,加强生态保护的宣传教育,增强公众的生态保护意识和责任感。例如,通过山长带头开展保护山体的宣传活动,引导当地居民和游客自觉爱护山体环境。

第五,应对自然灾害风险。山体的不稳定状态可能引发滑坡、泥石流等自然灾害,对人民生命财产安全构成威胁。山长制可以加强对山体地质灾害的监测和预警,提前采取防范措施,降低灾害损失。例如,定期组织对山体的地质勘查,及时发现隐患并进行治理。

总之,设立山长制对于保护山体生态、促进经济发展、保障人民安全以及推动生态文明建设都具有不可替代的重要作用。

3. 山长制的主要任务

山长制作为一项管理和保护山体的重要制度,设立的宗旨和目的在于促进各级政府和相关部门树立明确的责任意识、迅速的管理回应以及刚性的监管力度,坚决遏制各类违法破坏山体资源行为,确保每一寸山体有人看、有人管、有人护、有人担责,保障经济社会绿色高质量发展。山长制目前的组织形式为成立山长制工作领导机构;明确各级山长主要职责;建立联席会议制度;建立信息共享制度。山长制的主要任务包括以下内容。

(1)规划领导作用。规划是保护山体,充分有效利用山体,防止山体被破坏的最初的方式,处于管理权的首发项。通过山长制加强对山体规划的谨慎调查、摸查底线、登记确权,做到刚性的山体规划,并且要与相关的包括土地规划、森林规划、水利规划等资源规划相协调,避免不同规划间出现冲突。在前期规划的基础之上编制《山体保护专项规划》和《山体保护法定图则》,这是下一步对山体保护实行分区分级的针对性有效管理的前提条件。

山长作为统筹者,能够从整体上把握山体保护与发展的方向,综合考虑山体的生态状况、资源禀赋、社会经济需求等多方面因素,制定全面、科学、长远的规划。例如,在规划中明确不同区域的功能定位,如生态保护区、适度开发区、旅游发展区等,使山体的利用和保护更加合理有序。在规划中要协调多方利益。在山体的开发与保护过程中,涉及众多利益相关者,如当地居民、企业、政府部门等。

山长能够协调各方利益,平衡生态保护与经济发展之间的关系。例如,在规划中为当地居民提供参与生态旅游等产业的机会,同时确保企业的开发活动符合环保要求,实现多方共赢。

山长要引领科学决策。凭借专业知识和丰富的经验,山长能够在关键问题上做出科学决策。他们依据翔实的调研和数据分析,决定山体保护的重点项目、资源开发的规模和方式等。例如,在面对是否批准某一大型采矿项目时,山长能够综合评估其对生态环境的影响、资源的可持续性以及对当地经济的贡献,做出明智的决策。

山长还要推动政策落实。山长负责将上级的政策方针转化为具体的行动计划,并确保其在基层得到有效执行。他们监督各项措施的实施进度和效果,及时解决出现的问题。例如,推动山体植被恢复工程的实施,确保按时、高质量地完成绿化任务。

(2)保障规范用地。对项目建设用地实施严格管理,首先要坚持非必要不占用山地、山林的原则。确需必要,要保证批准的山体在使用的过程中严格遵守相关法律法规,包括:

山体专项规划。山体的法定图则等相关规范和标准严格在限度内开发和使用。山长可以参与并推动山体区域用地规划的制定,充分考虑山体的生态功能、地形地貌以及周边环境,确保规划的科学性和合理性。例如,明确哪些区域适合建设、哪些区域需要严格保护,避免在生态脆弱或重要的水源涵养地进行不合理的开发建设。同时要节约用山,集约用山,如果涉及采矿、用林,还必须取得采矿许可以及林木使用许可证等。强化用地规划,监督用地审批,严格监督用地审批流程,确保每一个涉及山体的用地项目都经过严格的审查和评估。对于不符合规划、可能破坏山体生态的项目,坚决不予批准。例如,防止一些企业为了短期利益在山体附近违规建设污染性工厂。

加强执法巡查。组织定期的执法巡查,及时发现和制止违规用地行为。山长可以协调相关部门,加大巡查力度和频率,对未经批准擅自占地、破坏山体植被进行建设等行为进行严肃处理。

推动土地集约利用,倡导在山体周边区域进行集约用地,鼓励合理布局建设项目,提高土地利用效率。例如,通过合理规划产业园区、集中建设配套设施,减少土地浪费。

促进生态修复与用地平衡。对于因历史原因造成山体周边的土地破坏,山长可以推动生态修复工作,并在修复过程中保障用地的规范和合理调整,实现生态保护与土地利用的平衡。

宣传教育。通过宣传土地管理法律法规和政策,提高当地居民和企业的规范用地意识,让大家了解保障规范用地对于山体保护和可持续发展的重要性。

总之，山长在保障规范用地方面，通过规划、监督、执法、宣传等多种手段，为维护山体生态和土地资源的合理利用发挥着关键作用。

(3)矿产开采。山体开采需要以下手续：首先，当事人需要到自然资源部门办理如《矿界批复储量核查审批报告》《开采利用方案批复》等相关手续。其次到环境保护、水土保持等部门进行安全生产评价。之后再根据已批准的相关手续，由国土资源管理部门颁发采矿许可证。之后根据已颁发的《采矿许可证》进行开采设计方案及安全专篇设计审查，根据已批准的安全专篇设计审查报告。

山长在矿场开采方面发挥着重要的监管和引导作用。

严格开采审批。山长参与矿场开采项目的审批过程，依据山体的生态承载能力、矿产资源的储量和质量等因素，严格评估开采的必要性和可行性。确保只有符合环保标准、资源合理利用原则以及山体生态保护要求的矿场开采项目能够获得批准。

监督开采过程。定期对正在进行开采的矿场进行巡查和监督，检查开采企业是否按照批准的方案进行作业，包括开采范围是否超出许可、开采方式是否环保、是否采取了有效的生态保护和修复措施等。一旦发现违规行为，及时要求整改或予以处罚。

推动绿色开采技术应用。鼓励和引导矿场采用先进的绿色开采技术和设备，以减少对山体和周边环境的破坏。例如，推广充填采矿法，减少地表塌陷；采用高效的选矿技术，提高资源利用率，减少废弃物排放。

促进生态修复。要求矿场企业在开采过程中同步进行生态修复，或者在开采结束后按照规定完成生态恢复工作。山长监督修复方案的制定和实施，确保山体的植被、土壤和水资源得到恢复和改善。

协调利益关系。平衡矿场开采带来的经济利益与山体生态保护、当地居民生活环境之间的关系。在保障合法合规开采的同时，充分考虑周边居民的利益诉求，解决因开采可能引发的矛盾和问题。

加强安全教育。督促矿场重视安全生产，加强员工的安全教育培训，制定并执行严格的安全规章制度，降低事故发生的风险，保障矿工的生命安全。

综上所述，山长在矿场开采中扮演着重要的角色，对于实现矿产资源的合理开发与山体生态保护的协调发展具有关键意义。

（4）监督和实施修复山体。对自然原因或者人为原因导致的山体破坏，要依照"谁破坏，谁修复"的原则，监督破坏者及时、全面地修复山体。对于不修复的可以委托第三方进行修复，向加害方收取费用。对于拒不修复或者修复不到位的破坏者可以给予相应的行政处罚。山长在监督和实施修复山体方面发挥着关键作用，具体表现如下：

制定修复计划。山长组织相关专业人员对受损山体进行全面评估，包括山体的地形地貌、土壤状况、植被破坏程度、水土流失情况等，根据评估结果制定科学合理、具有针对性的修复计划。

资源调配与整合。协调各方资源，确保修复工作所需的人力、物力和财力及时到位。例如,争取政府的专项资金支持,调动企业和社会力量参与,整合林业、环保、水利等部门的资源和技术力量。

监督修复进程。定期对修复工程进行现场检查,对照修复计划和标准,检查施工进度、工程质量以及各项措施的落实情况。及时发现问题并提出整改意见,确保修复工作按计划推进。

技术指导与创新。关注山体修复的新技术、新方法,为修复工程提供技术指导和支持。鼓励采用生态友好型的修复技术,如植物修复、土壤改良技术等,提高修复效果和生态效益。

生态监测与评估。建立山体生态监测体系,在修复过程中及修复完成后,对山体的生态状况进行长期监测,评估修复效果。根据监测结果调整修复措施,确保山体生态功能逐步恢复和提升。

公众参与和教育。加强对山体修复工作的宣传,提高公众对山体保护和修复的认识,鼓励公众参与监督。组织志愿者活动,增强公众的环保意识和责任感。

综上所述,山长通过全面的组织、协调、监督和指导,有力地推动了山体修复工作的顺利进行和有效实施。

(5)处罚破坏山体行为。严格检查破坏山体、非法开采矿产资源、非法占用使用山林土地、非法采伐采挖树木、非法野外用火、非法倾倒建筑渣土垃圾等各类破坏山体生态环境的违法犯罪活动。每年至少开展一次针对破坏山体违法犯罪行为的专题研判,有针对性地开展专项行动。同时给予严格的处罚措施。山长制在处罚破坏山体行为方面发挥着重要作用,主要体现在以下方面。

明确处罚标准。山长依据相关法律法规和地方政策，制定明确、具体且可操作的处罚标准。针对不同程度的破坏山体行为，如轻度的乱砍滥伐、非法采矿，到严重的山体爆破、大规模破坏植被等，设定相应的处罚力度和方式。

加强巡查与监测。组织专门的巡查队伍或利用先进的监测技术，如无人机巡查、卫星遥感监测等，增加对山体的巡查频率和覆盖范围，及时发现破坏山体的行为。一旦发现，立即启动处罚程序。

严格执法与处罚。对于确认的破坏山体行为，山长协调相关执法部门，严格按照既定的处罚标准进行处罚。这可能包括罚款、责令停止违法行为、限期恢复原状、追究刑事责任等。例如，对于非法采矿导致山体严重破坏的企业，除了高额罚款外，还可能要求其承担生态修复的全部费用，并对相关责任人进行刑事追责。

建立信用惩戒机制。将破坏山体行为的主体纳入信用体系，对其进行信用惩戒。这可能影响其在金融信贷、项目审批、市场准入等方面的资格和待遇，增加其违法成本。

公开曝光与教育。对典型的破坏山体行为及其处罚结果进行公开曝光，起到警示作用。同时，通过宣传教育，让公众了解破坏山体行为的危害和后果，增强公众的环保意识和监督意识。

总之，山长制通过严格的处罚措施，有效地遏制了破坏山体行为，保护了山体的生态环境和资源。

(6)处理山体权属纠纷。山长还有一项重要的任务就是对于因为山体开发和保护过程中发生争议和纠纷的行政相对人之间进行调查处理，能调解的调解，无法通过调解解决的依法由其他行政主体或司法主体通过诉讼程序解决，争取把争议控制在最小的范围内。山长在处理山体权属纠纷时发挥着重要作用，主要体现在以下几个方面。

深入调查了解。山长会组织相关人员对涉及纠纷的山体进行详细的调查，包括查阅历史档案、走访当地居民、了解土地流转情况等，全面掌握山体权属的来龙去脉。

依法依规判定。依据国家和地方的法律法规、政策文件，以及相关的土地管理规定，对山体的权属进行客观、公正的判定。确保处理结果有法可依，避免主观臆断和随意裁决。

协调各方利益。召集涉及纠纷的各方当事人，倾听他们的诉求和意见。通过沟通协调，平衡各方利益，寻求一个既能解决纠纷，又能最大限度满足各方合理需求的解决方案。

组织调解协商。主持调解会议，引导当事人通过平等协商的方式解决纠纷。在调解过程中，向当事人解释法律规定和政策要求，促进相互理解和让步，达成和解协议。

引入专业力量。在处理复杂的山体权属纠纷时，山长可能会邀请法律专家、土地评估机构、公证机构等专业力量参与，提供专业的意见和评估，增强处理结果的权威性和公信力。

加强宣传教育。利用处理纠纷的机会，向当地群众宣传山体保护和土地权属的相关法律法规，提高群众的法律意识和产权观念，防止类似纠纷的发生。

监督执行协议。如果当事人达成了和解协议,山长负责监督协议的执行情况,确保各方按照协议履行义务。对于不履行协议的一方,及时采取措施予以督促。

综上所述,山长通过一系列的措施和方法,能够有效地处理山体权属纠纷,维护社会稳定和山体资源的合理利用。

4. 山长制存在的问题

(1)山长事务多、专业性弱。由于山长制的设权中,各级山长皆是各级政府的党政"一把手"。一方面,其工作非常多、任务繁重、精力有限,往往需要从其他部门借调人员协助其工作;另一方面,客观地说,山长的工作涵盖了众多方面,包括但不限于生态保护、资源管理、土地规划、纠纷处理等。为了胜任山长这一职责,山长通常需要具备一定的专业知识和技能,如了解生态学、地质学、土地管理等相关领域的基本原理和方法。虽然,在实际工作中,山长也会不断接受培训和学习,以提升自己在山体保护和管理方面的专业素养。但是,因其本身并不具备山体、林业、土地、矿业等相关专业知识,因此对于山体管理中一些专业性强的指导工作着实困难。

(2)职责不明晰。山长制是一项制度,是一整套体系和部门的协调配合工作制度。因此,山长制涉及的部门众多,各级山长及工作人员要同时接受上级山长和垂直上级部门的双重领导。即使有的地方有相关文件明确了山长的工作目标、工作任务以及工作责任,但人员岗位职责设定不清晰,导致相关的行政部门职责划分边界不清。由于职能存在交叉、重叠或者空白,行政机关之间多部门共同执法时协调不通顺,部门之间无法做到有效联动。

(3)经费不足。从各个已经实行山长制的地方来看,资金经费不足是山长制面临的一个既现实又普遍的问题。造成山长制经费不足的原因是多方面的。一方面,山体保护和管理工作往往涉及较大的区域和众多复杂的任务,需要投入大量的人力、物力和技术支持,而财政预算在分配时可能未能充分满足实际需求。另一方面,山体保护可能不像其他一些重点领域那样能获得充足的专项拨款,导致资金来源相对有限。山长制的治理资金一般源于政府的专项资金,来源单一化。即使政府已经对山长制投入了一定程度的财力、物力和人力,然而因为山体管理和保护的任务涉及面很广、治理任务量繁多、任务重,所以历史遗留的资金问题也比较严重,因此,目前政府对于山长制的投入力度与山长制治理的现实需要之间还是存在比较大的差距。[①]

经费不足会带来一系列的影响。首先,可能限制了山长工作的有效开展,例如,无法配备足够的巡查人员和设备,难以进行全面及时的山体监测和保护。其次,会影响相关保护和修复项目的实施,导致一些已经规划好的山体修复工程因为资金短缺而拖延或无法进行。最后,可能影响对山长及相关工作人员的培训和激励,不利于提高他们的工作积极性和专业水平。

① 参见罗君:《基于"两山理论"视角下重庆南岸区山长制发展对策》,载《中国集体经济》2021 年第 12 期。

(4)配套设施不完备。由于山体的地势比较复杂,有的面积又很广阔,因此山体监管者有时需要临时休息、歇脚等处所,但据调查,这样的处所数量还是远远不够的,甚至有很多处所条件比较艰苦。山长制配套设施不完备是其推行过程中可能出现的一个情况,主要体现在以下几个方面:首先,在监测设施方面,可能缺乏先进的技术设备,如高精度的遥感监测设备、智能化的传感器等,导致无法及时、准确地获取山体的生态数据和变化情况,影响对山体状况的有效监控和评估。其次,在防护设施上存在不足。例如,山体周边的防护栏、护坡等设施建设不完善,无法有效防止水土流失、山体滑坡等灾害的发生,增加了山体受损和人员伤亡的风险。再次,交通和通讯设施的不完备也会给山长制的实施带来困难。山区道路状况不佳,可能导致巡查和救援工作受阻;通信信号覆盖不全,使山长及工作人员在山区内难以保持及时有效的沟通。最后,用于山体修复和保护的专业设备,如植树造林的机械设备、土壤改良的工具等配备不足,会影响山体修复工作的效率和质量。

(5)监督和考核制度不配套。山长制不是一项简单的制度安排,是需要一整套系统的工作体系。山体本身空间广阔、蕴含各种资源,因此涉及的行政主体众多,山长制如果只靠行政主体自觉履行职权,而不接受监督肯定是无法起到作用的。目前已经制定并实行了山长制的城市,基本在山体主要路口或重点路段通过安放山长公示板进行信息公开、接受社会监督。但是监督的渠道和流程并不畅通。山长制的考核制度虽然设置了考核对象、内容和结构，但由于都是系统内的自我监督与考核，因此考核结果的客观性有待考量。山长制在监督和考核方面可能存在以下不足。

监督机制不完善。缺乏常态化、规范化的监督流程和标准，导致监督工作的随意性较大，难以全面、深入地发现问题。例如，监督频率不固定、监督内容不明确，使一些潜在的山体破坏行为未能及时被察觉。

考核指标不科学。考核指标比较笼统或单一，不能准确反映山长工作的实际成效。例如，仅仅关注山体植被覆盖率等少数指标，而忽视了山体生态系统的综合健康状况、资源合理利用等重要方面。

考核主体不全面。考核主体可能主要局限于政府内部部门，缺乏社会公众和第三方服务机构的参与，导致考核结果的客观性和公正性受到质疑。

结果运用不充分。对于考核结果，可能没有与山长的奖惩、晋升等切实挂钩，使考核缺乏足够的激励和约束作用。例如，优秀的山长未能得到应有的奖励和晋升机会，而工作不力的山长也未受到相应的处罚。

这些不配套的情况会带来一系列不良影响：降低山长制的实施效果，由于监督和考核不到位，山长的工作积极性和责任心可能不足，影响山体保护和管理工作的质量；损害政府公信力，不科学、不公正的监督和考核制度可能让公众对山长制的有效性产生怀疑，从而影响政府在生态保护方面的形象和公信力。

5. 完善方案

(1)配备山长制系列专项工作人员。山长制能否得到良好的实施和发展与山长制相关的专项工作人员的业务水平有着密切的关系,可以说是山长制能否顺利开展的重要因素之一。就目前而言,各级山长制系列工作人员仍存在着山体管理和保护所涉及的专业知识欠缺、治理能力不足等问题。解决的办法是:第一,完善山长制的专项人才招聘和引入制度。可以面向社会,公开招聘或者引进与土地学、地理学、地质学以及环境资源法等相关专业人才,形成山长制专业化人才队伍,更好地提升整体工作人员的专业能力和素养。第二,完善人才培养制度,可以依托当地的科研机构、院所以及高校开展专业培训,这也是提高工作人员对于相关法律法规的掌握和相关专业技能的有效途径。第三,建立具有长效性的人才激励制度,在激励制度中可以将专项人员在山长制工作中的工作业绩,同工资薪酬以及岗位晋级等人事相关内容对应,进而能够从根本上鼓励和激发各级山长与工作人员在山长制工作中的工作积极性。完备的专业人才配备也可以使山长能够及时抓住工作重点和主要矛盾,解决主要问题。当然,山长可以借助专业团队和专家的力量,如林业专家、地质工程师、环保顾问等,共同应对各种专业性较强的问题。同时,通过与其他地区山长的交流和经验分享,也能够不断积累实践经验,提高解决实际问题的能力。虽然不能要求山长在每个专业领域都达到专家水平,但他们在综合协调和整合各方专业资源方面的能力,对于有效推进山体保护和管理工作具有重要意义。

(2)实行部门联动及明确责任制。山长制除了强化山长领导及工作人员自身责任制外,严格执法、严惩山体违法行为也是实现山长制实施目的的应有之义。建立以生态公安、生态检察、生态法院与环保部门、自然资源部门、城管部门、住建部门为主要成员的执法联动机制,对破坏森林植被、烧山、偷挖盗采、搭建违法建筑等破坏山体的违法行为做到第一时间发现、第一时间查处,对破坏山体生态环境违法行为严格执法。

山长制中党政领导是第一权利(力)人,当然也是第一责任人。因此,需要完备的山长制度设计,包括确立山长的管理权限,不断建立和完善一系列相关的责任制度,如山长巡查制度、山长考核评价制度、山长责任制度、山体相关信息公开公示制度、山长联席会议制度以及山长工作监督制度等。各个山长和有关部门的负责人也需要明晰权责界限、优化细化权责。山长制主要负责机构,一般称为山长办,应以监管、考评、协调、组织为其基本职能,与自然资源、住建、林草等职能单位厘清权力边界,防止职能缺口,也防止职能交叉与重合。

(3)保障专项经费投入。经费是山长制工作有效开展的必要保障,单靠财政投入并不能从根本上解决专项资金严重不足的问题。因此,应当探索多元投融资的渠道。

首先,还是要以政府主导为前提,保证政府财政资金的专项投入。还应适当加大财政投入力度,附加各项扶持政策和扶持资金。健全财政预算体制。对财政困难、补贴资金政策贯彻落实困难的街道、社区和城镇,要科学合理地分配资金补贴占比。应有固定的资金投入保障体系,保证山长制的良好运行。当然,在资金应用上,要严格监督和管控,做到财尽其用,依据绩效目标细化评价指标体系,保证资金投入效益最大化。

其次,对山长制给予政策支持,利用政府的财政补贴、减免税费等方式合理引导民间资本投资到节能环保产业,制定政策优惠,激励多元化主体参与到山体资源的广泛治理之中,产生多种多样的资金供应方式。

最后,探索多元化的筹资渠道,如吸引社会资本参与,通过公益捐赠、政府和社会资本合作模式等方式引入资金。依据当地的实际情况和经济发展需求状况,各级政府应当通过指引金融机构以及提高投放治理的信贷资金投放量和投放力度来实现政府融资能力的提升。

(4)完善山体管理基础设施。加快投入并建成用于山体资源保护管理和巡查的设备与设施,确保其尽快投入运行。提升包含消防安全物资储备和消防管网等在内的护山亭和护林亭以及护山场地数量,增设山长公示牌等。加强规划和设计,根据山体的特点和保护需求,科学合理地配置配套设施。同时,山体保护既是管理工作也是技术工作,有赖于技术的保障与促进作用,加强与科研机构和企业的合作,引入先进的技术和设备。因此,还应当充分借助互联网技术、大数据应用以及地理信息系统定位等一系列人工智能现代信息技术,这对于山体保护、管理以及行政部门监测和执法等工作有极大的帮助和促进作用;建立健全设施维护和管理机制,确保已有的配套设施能够正常运行和有效使用。

(5)健全监督和考核制度。建立健全监督体系,明确监督的职责、流程和标准,加强日常监督、专项监督和随机抽查相结合,确保监督工作的全面性和有效性。制定科学合理的考核指标,综合考虑山体生态、资源利用、灾害防治、公众满意度等多方面因素,构建全面、细致、可量化的考核指标体系。引入多元化考核主体,鼓励社会公众、环保组织、专家学者等参与考核,提高考核的透明度和公正性。强化考核结果运用,将考核结果与山长的绩效奖励、职务晋升、问责追责等紧密挂钩,形成有效的激励和约束机制。例如,可以引入公众满意度调查作为考核的重要指标之一,并将考核结果在政府网站上公开,同时对工作表现突出的山长给予表彰和奖励,对工作不达标的山长进行问责和整改,这应当会取得一定的效果。

三、山体资源国家所有权权力行使的客体:保护的范围

山体资源国家所有权行使的终极目的是保护山体资源和生态环境的可持续发展。首先就要明确保护的山体资源范围到底是什么,范围有多大,哪些山体需要严格保护,哪些山体可以做生态补偿,哪些山体可以适当开发,哪些山体要作为城市发展空间的预留。针对不同的山体采取不同的保护策略。这就需要通过确权明确权力保护的范围以及做好档案记录。

(一)确权登记和档案管理

自然资源统一确权登记是构建自然资源资产产权制度的一项基础工作,贯穿于生态文明建设的全过程。党的十八届三中全会提出自然资源统一确权登记的改革任务,要求对水流、森林、山岭、草原、荒地、滩涂等自然生态空间进行统一确权登记。[①] 经过十年多的探索,自然资源确权登记从无到有,从构想到建立,从理论到实践,从试点到铺开,制度框架已基本建立,重点区域自然资源确权登记稳步有序推进。[②]

自然资源部等有关部门于 2019 年 7 月联合印发了《自然资源统一确权登记暂行办法》,这一办法标志着我国翻开了自然资源确权登记的时代新篇章。[③] 要开展自然资源确权登记制度,需要满足的前提条件主要有三个明确:一是明确自然资源之间的边界;二是明确单项自然资源的范围和状况;三是明确自然资源之上的权利归属状况。只有明确上述三项内容,自然资源确权登记才能保证顺利开展并且达到确权的真正目的。该办法要求对水流、森林、山岭、草原等统一进行确权登记,推进确权登记法治化。

---

① 参见薛菁:《多元化生态补偿机制中政府与市场关系:演进机理与有效协同》,载《云南行政学院学报》2021 年第 1 期。

② 参见《我国近百个重点区域完成自然资源确权登记》,载中华人民共和国自然资源部网,https://www.mnr.gov.cn/zt/hd/dqr/d55gsjdqr/tbgz/202404/t20240424_2843392.html。

③ 参见许勇:《探明储量矿产资源确权登记有了明确要求》,载中国黄金网,https://www.gold.org.cn/zc1227/jd1227/202002/t20200228_187167.html。

山体或者山体资源属于自然资源之一，同样也成为自然资源国家所有权的权利(力)的客体，同样也可以通过确权登记的方式实现特定化，同时也必须有行政管理的监管。根据《自然资源统一确权登记暂行办法》的相关内容①可以总结出，开展自然资源统一确权登记前提和重点任务是要划清四个边界：(1)自然资源全民所有和集体所有之间的边界；(2)全民所有、不同层级政府行使所有权的边界；(3)不同集体所有者的边界；(4)不同类型自然资源之间的边界。经过归纳分析后，总结来看主要是两大边界问题：主体之间的边界和客体之间的边界。自然资源统一确权登记制度的设立目的，就在于要在明确界定我国国土空间领域内的各类自然资源资产的权利主体的前提下，明确划分资源客体的界限以及权利(力)主体间的界限。自然资源登记管理制度的功能主要在于将被登记的自然资源的客观状态，特别是其存在事实准确地标记在登记本上，并进行公示。这也是实现公权力管理的目的。

全国各地方从2019年开始相继对包括山体资源在内的自然资源进行确权登记。2020年9月西安市发布的《西安市自然资源统一确权登记总体工作方案》(以下简称《西安市方案》)对于其他城市自然资源确权登记制度的确立和开展具有很强的借鉴作用和指导意义。例如，在《西安市方案》中规定，全市范围内除自然资

① 《自然资源统一确权登记暂行办法》第4条规定："通过开展自然资源统一确权登记，清晰界定全部国土空间各类自然资源资产的所有权主体，划清全民所有和集体所有之间的边界，划清全民所有、不同层级政府行使所有权的边界，划清不同集体所有者的边界，划清不同类型自然资源之间的边界。"

源部和省自然资源厅直接开展确权登记之外的自然保护区、自然公园(包括森林公园、地质公园和湿地公园),以及其他所有属于全民所有的单项自然资源和具备完整生态功能的自然生态空间,都由市、区县政府进行统一的确权登记。《西安市方案》中还明确要逐步实现对山岭、水流、森林、草原、荒地等全部国土空间范围内的自然资源统一确权登记全覆盖。①

在《西安市方案》中也明确了清晰界定四类边界的重要性,是自然资源部门实现"两统一"职责的重要前提和能否顺利开展的基础条件。西安市在开展自然资源确权登记工作时采用的是全国统一的自然资源登记信息系统,并且根据全国统一标准进行登记工作,从而能够实现全国上下、各个地方的自然资源登记信息共享,进而便于各省、市、县区等确权登记工作的推进和开展,也便于统一管理。同时,登入统一的信息数据库还能够有效实现自然资源部门与生态环境等相关环境保护部门的信息共享和关联,互通有无,这对于自然资源的有效监督管理以及联合执法协同合作都有着重要的意义和作用。

采取自然资源登记簿的方式,其实属于一种法律上的技术手段,通过这种法律上具有效力的方式清晰记载自然资源的权属状态,实现自然资源的特定化,最终达到将自然资源国家所有权权利和权力客体特定化。当然档案的准确性需要科技的帮

① 参见《多地探索自然资源确权工作:山水有底账 保护有底气》,载中国新闻网,https://www.chinanews.com.cn/gn/2020/03-25/9136573.shtml。

助,例如,构建大数据监管网络。为山体找到法定“主人”,明确自然资源类型及权利主体是焦点也是难点。建立山体档案,按照“一山一档”原则,将山体生态资源、边界红线、高清卫星图片、管理人员、责任单位纳入档案记录,对永久性保护山体、城市公园、森林公园实行视频监控全覆盖,进入“生态云”平台进行重点管控。在山体明显位置设置公示牌(栏)公开山体保护属性,实行全民监督保护。

(二)分区分级差别化保护

山体资源像土地资源一样,有明显的空间差异性。根据环境资源学中生态规律中的时空有异律,即使是同一种资源,在不同的地区,它的分布形态、稀缺程度、受损程度都是有差别的。因此,若采取统一的管理模式和管理手段将会导致山体资源配置效率损失,同时生态脆弱的山体资源并未得到有效保护。因此,各地方山体保护专项立法对山体区域内的山体都实行了分区分级的差别保护政策。这也充分体现了立法者能够遵循矛盾特殊性的规律。根据各地山体的不同情况进行区别规定,精细化、差别化山体管理模式,实现对山体资源有针对性和有效的管理,是提高山体资源配置效率、保护山体生态环境的重要途径。对此,各地山体立法中不同的分区和分级差别式规定展现了地方性法规的地方特色(见表7),但应当注意防止地方保护和部门利益法治化。

表 7　地方山体保护法中的差别化保护

区分标准	分类	内容	依据
分区差别化	三区	按照生态区位的重要性和自然恢复能力，划分为禁止开发区、限制开发区、合理利用区三个功能区	《辽宁省条例》(已失效)
		简单的地理分类方法：中心城区山体绿线保护规划范围内和山体绿线外 30 米控制区域、30～100 米控制区域内和 100 米控制区域外	《双鸭山市条例》
	二区	核心保护区和一般保护区	《恩施条例》
		禁止建设区和限制建设区	《江门市条例》
		对山体进行分级保护，以国土空间总体规划确定的城镇开发边界为分级界限，位于城镇开发边界以内的山体区域为一般保护区，位于城镇开发边界以外的山体区域为重点保护区	《三明市三元区条例》
		城市山体保护专项规划应当根据区域位置、城市山体植被、生态功能等因素划定城市山体保护线，保护线范围内的城市山体按照核心保护区和一般保护区进行分类保护	《景德镇市条例》
分级差别化	一级二级	根据山体区域所在的位置、山体植被、生态功能等因素，将已经纳入全市保护范围内的山体进一步分为：一级保护山体和二级保护山体 一级保护山体包括： (1)相对高度大于等于 40 米、坡度大于等于 25 度的山体； (2)围绕市民集中生活区域附近的山体； (3)具备文化价值或者文物保护价值的山体； (4)附着珍稀自然植被的山体； (5)公路主干道、高速公路、河道以及铁路两旁沿线的山体，机场航线可视范围内的山体； (6)生态敏感区内形态完好、附着的自然植被状况良好以及具备隔离防护作用的山体	《十堰市条例》

续表

区分标准	分类	内容	依据
分级差别化		二级保护山体包括:规划保护范围内除一级保护山体之外的需要保护的山体 山体保护规划应当对一级保护山体和二级保护山体的具体范围作出明确界定	
	一级 二级 一般	山体保护共分为三个级别,分别是一级保护、二级保护和一般保护 一级保护山体的范围: (1)自然保护区、风景名胜区、地质公园、森林公园及其外围保护地带的山体; (2)城市范围之内的山体; (3)铁路、高速公路、机场专用道路两侧能见区域内的山体; (4)饮用水水源保护区内的山体; (5)历史文化名镇、历史文化名村、地质遗迹保护区、不可移动文物保护范围内的山体; (6)其他需要归入到一级保护的山体 二级保护山体的范围: (1)位于生态公益林区域内的山体; (2)国道、省道以及其他重要道路两旁能见范围内的山体; (3)环城国家生态公园、绿道两旁能见范围内的山体; (4)其他需要纳入二级保护的山体 一般保护山体是上述一级保护和二级保护以外的山体保护范围内其他山体	《枣庄市条例》
	一级 二级	根据山水格局特征、承载的历史文化价值和山体水体承担的功能将保护级别分为一级保护和二级保护	《岳阳市条例》
	一级 二级 三级	由市自然资源主管部门会同相关部门和县级市人民政府根据山体区域位置、生态功能、自然人文景观等多项要素进行综合评价,设立一级山体保护名录、二级山体保护名录和三级山体保护名录	《镇江市条例》

续表

区分标准	分类	内容	依据
分级差别化	一级二级	编制山体保护专项规划,应当根据山体的范围、资源特点、地质结构、风貌景观、生态功能等进行分析评价,将山体划分为一级保护区和二级保护区,明确分级保护措施	《泸州市条例》
		分级保护山体,划分的依据包括山体所处的区域位置、山体具有的生态功能和山体自然景观和人文景观价值等要素,将保护范围内的山体划分两级:一级保护山体和二级保护山体 一级保护山体的范围是: (1)自然保护区、风景名胜区、级别为省级以上的森林公园、公益林和生态公益林(国家级和一级省级)以及位于湿地公园范围内的山体; (2)具备重要景观节点的山体和文化价值的山体; (3)处于饮用水水源保护区、大型水库和湖泊集水区域、重要河流两侧的山体; (4)处于高速公路、高速铁路、国道沿线一公里能见区域内的山体; (5)其他重要山体 二级保护山体是指在山体规划保护范围之内除了上述一级保护山体之外的山体	《汕尾市条例》
		山体保护专项规划根据区域位置、生态功能、山体植被、自然人文景观等要素综合考量,将山体规划保护范围之内的山体划分为一级保护山体和二级保护山体	《资阳市条例》
		中心城区内山体实行分级保护,根据区域位置、生态功能、文化价值、城市景观、公园绿地等要素,将保护山体划分为一级保护和二级保护	《本溪市条例》
	重点一级二级	制定重点保护山体名录、一级保护山体名录和二级保护山体名录	《三亚市条例》

续表

区分标准	分类	内容	依据
分级差别化	重点一般	重点保护名录和一般保护名录	《济南市办法》
		实行山体保护名录制度。将山体保护名录划分两类：重点保护名录和一般保护名录 能够归入到重点山体保护名录范围的山体有： (1)位于旅游景区、自然保护区、风景名胜区、饮用水水源保护区范围之内的； (2)国有林场、森林公园、Ⅰ级保护林地以及一级国家公益林地所在地； (3)崩塌、滑坡危险区和泥石流易发区等水土流失严重、生态脆弱区域所在地； (4)文物保护单位、不可移动文物、地质公园、地质遗迹和历史文化遗产保护区所在地； (5)位于高速公路、国道、铁路沿线两侧五百米内的； (6)位于城市规划区内的 上述规定范围之外的山体可归入一般保护名录之中	《驻马店市条例》
		山体保护名录分为重点保护名录和一般保护名录 能够列入重点保护名录的山体包括： (1)位于自然保护区、风景名胜区、森林公园、湿地公园、地质公园、国有林场、饮用水水源保护区范围之内的； (2)景观原生独特的、自然形态完整的； (3)重要交通干线两旁的； (4)具有历史文化保护价值的； (5)对景观、生态或者居民生活具有重要影响的； (6)经评估后认为应予以重点保护的其他山体。 上述重点保护名录范围之外的山体则被列入一般保护名录	《烟台市条例》
	一类二类	将山体保护范围内的城市山体分为两类：一类保护城市山体和二类保护城市山体。划分的依据是城市山体保护名录	《六盘水市条例》

续表

<table>
<tr><th>区分标准</th><th>分类</th><th>内容</th><th>依据</th></tr>
<tr><td rowspan="2">分级差别化</td><td rowspan="2">重点
一般</td><td>实行山体保护名录制。对于山体保护名录范围内的山体，进一步划分为两个山体保护区域：重点保护区和一般保护区
符合下列条件之一的，划入重点保护区：
(1)景观原生独特，自然形态完整的；
(2)具有历史文化保护和军事价值的；
(3)对生态、景观以及居民生活产生重要影响的；
(4)易引发地质灾害、水土流失状况严重以及生态脆弱的；
(5)其他应当重点保护的区域
上述重点保护区之外的保护区域为一般保护区</td><td>《威海市条例》</td></tr>
<tr><td>实行山体保护名录制。综合考量各种因素的基础上进一步将山体保护名录划分为两类：重点保护名录和一般保护名录
能够纳入重点山体保护名录的山体有：
(1)属于城镇山体规划区范围内的；
(2)位于划定的生态红线范围内的；
(3)自然保护区、风景名胜区、国家公园、森林公园范围内的；
(4)饮用水水源一级保护区、重点流域干流一重山范围内的；
(5)国道、高速公路、铁路等交通沿线两侧一重山范围内的；
(6)重要的海岸线一侧一重山范围内的；
(7)历史文化名镇、名村、传统村落，以及不可移动文物保护范围内的；
(8)会对城市的整体景观格局产生重要影响的；
(9)其他需要重点保护的
上述被列入重点保护名录以外的山体应列入一般保护名录</td><td>《莆田市条例》</td></tr>
</table>

续表

区分标准	分类	内容	依据
分级差别化	重点 一般	实行山体保护名录制。考量各种因素进一步将山体保护名录分为重点保护名录和一般保护名录 能够纳入重点保护名录的山体范围如下： (1)处于黄河干流及其重要支流一定范围内的； (2)位于风景名胜区关键景区、饮用水水源一级保护区、省级以上自然保护地、国家重要湿地、一级国家公益林和Ⅰ级保护林地范围内的； (3)位于地质灾害危险区、严重水土流失区以及生态环境脆弱敏感区域范围内的； (4)位于国家地质公园、地质遗迹和历史文化遗产保护区域范围之内的； (5)位于国道、高速公路和铁路沿线两侧一定范围之内的； (6)对城市景观、生态安全以及城市的居民生活能够产生重要影响的； (7)其他根据法律法规规定需要列入重点保护名录的山体 上述规定范围之外的山体列入一般保护名录	《三门峡市条例》

《立法法》第5条明确规定，立法应当从国家整体利益出发，维护社会主义法制的统一和尊严。维护法制统一是贯彻实施立法法的应有之义。由于地方山体保护立法目前还没有上位法的依据和规范，所以还不会违背地方立法的“不抵触”原则。但当上位法缺失，则下位法之间难免会形成不统一的问题。因此在划分山体保护区域和对山体进行分级时要在综合考量多种要素的基础上，根据科学性的山体规划方法①，实行山体保护名录制，以山体保护名

① 划分的考量因素包括山体的人文或自然景观价值、区域位置重要性、水土保持重要性、生态系统典型或物种珍稀以及国家公益林等。

录作为开展山体管护工作的蓝本。但要注意名录不得随意变更保护区的范围,尤其是不得随意做扩大解释。为了保证山体名录的法定性和刚性,山体保护专门立法中需要阐明山体保护名录,特别是重点山体保护名录的相关制度,包括程序和实体两部分:程序上应包括山体重点保护名录的制定方式和制定审批流程;实体上应当明确山体名录的分级制度和适用范围以及保护范围。

综上,地方山体保护立法几乎都规定了对山体的保护实行差别化的管理和保护制度。差别化的依据主要有两类标准。

一类是分区差别化。即将山体划分为不同的区域实行不同严格程度的管理和保护。优点是将每片山体区域看成一个整体,划分为不同的区域,形成清晰的边界。根据各地方山体实际情况,在分区差别化方法中又具体分为:三区分类和两区分类。例如《辽宁省条例》(已失效)按照生态区位的重要性和生态自然恢复能力,划分为禁止开发区、限制开发区、合理利用区三个功能区,即采用三区分类。[①]《双鸭山市条例》采用的是简单的地理分类方法:山体绿线保护规划范围内和山体绿线外30米控制区域内、30~100米区域内和100米控制区域外。而《恩施条例》则采用的两区分类法,将山体保护范围分为核心保护区和一般保护区。《江门市条例》也采用的两区分类法,分为禁止建设区和限制建设区。

还有的理论提出可以分为生态核心保护区、生态缓冲区以及适

① 参见《辽宁出台国内首部青山保护条例 10月1日起实施》,载中国新闻网,https://www.chinanews.com.cn/df/2012/08-22/4125761.shtml。

度开发区。生态核心保护区通常是山体中生态系统最为原始、物种最为丰富、生态服务功能最为重要的区域,如山顶的原始森林、珍稀物种栖息地等。对这一区域采取最严格的保护措施,限制人类活动,禁止任何形式的开发和利用,仅允许开展必要的科研监测活动。生态缓冲区是位于生态核心保护区周边,起到缓冲和过渡作用的区域。可以允许适度的生态旅游活动,但需要严格控制游客数量和活动范围,限制基础设施建设,确保对生态环境的影响最小化。而适度开发区则包括山体的一些坡度较缓、生态承载力相对较强的区域。在这一区域,可以进行有条件的开发,如建设风力发电设施、开展生态农业等,但必须遵循严格的环境影响评估和生态保护要求。

差别化保护措施体现在:首先,保护力度不同。生态核心保护区的保护力度最强,而适度开发区相对较弱。其次,开发限制不同。生态核心保护区禁止开发,生态缓冲区限制开发,适度开发区有条件开发。最后,管理方式不同。生态核心保护区采用封闭式管理,生态缓冲区和适度开发区则采用更为灵活的管理方式,但都要基于严格的监管和执法。这种分区差别化保护策略的优点在于:能够实现生态保护与经济发展的平衡,在保护山体生态系统的同时,满足当地居民的发展需求。提高保护措施的针对性和有效性,充分考虑不同区域的生态特点和压力,采取最适合的保护方式。增强了保护工作的可操作性和可持续性,避免了“一刀切”的保护方式带来的诸多问题。

另一类是分级差别化。分级差别化的方法就是将山体按照生态重要程度、生态敏感度划分不同的等级或级别,从而有针对性地采取不同程度的保护方式。分级保护类似于列举式的定义方式，可以使法律规范所保护的山体对象更清晰、更明确、更具体。从而使执法和守法的目标更明确，更有的放矢，更能掌握权责和义务的边界。山体等级划分通常基于多种因素，以实现对山体的分类管理和保护。

常见的划分依据包括但不限于生态重要性、地质特征、文化价值以及景观价值。生态重要性是考量山体在维持生物多样性、水源涵养、土壤保持、气候调节等方面的作用。例如，拥有珍稀濒危物种栖息地、重要的水源地或对区域气候有显著影响的山体，可能被划分为较高等级。地质特征是山体的地质构造稳定性、岩石类型、地形地貌的独特性等。例如，具有特殊地质构造(如断层、褶皱)或独特的喀斯特地貌的山体可能具有较高等级。文化价值是指若山体具有历史文化遗迹、宗教圣地、传统民俗文化相关的重要场所等，则可能被赋予较高等级。例如，有古老寺庙、石刻或与重要历史事件相关的山体。景观价值则以山体的自然景观美学价值为标准，如山峰的雄伟、峡谷的幽深、森林的美丽等。风景特别优美、具有独特观赏价值的山体可能等级较高。

山体等级划分的标准有两种，一种是在法规的条文中直接列举分类标准。例如，《十堰市条例》中一级保护山体和二级保护山体的分类，《济南市办法》也是通过列举的方式将山体分为重点保护名录和一般保护名录。有的城市采用的是分级分区双重划分保护方法。首先，依据山体在城市生态功能、景观影响、生态空间、人文价值、历史保护价值以及生物多样性等方面所具备的影响力以及发挥作用的大小不同，将山体可以分为三个等级；其次，在不同等级内部,进一步根据山体所处的区域划分为控制区域和协调区域,针对不同的区域在开发建设中控制建筑物的高度。[①] 山体保护在一定程度上是防止城市基本建设容积的扩张。在国家土地财政的大环境下,无法按照理想化的目标去完美编制山体计划方案。在"突出主题、确保结构、形成系统的管理体系"前提下,尽量减少与城市发展趋势不平衡的矛盾,正确引导规划实施的可行性。在城市保护区域的划分中,重点保护一级山体和二级山体,依据必要性对每一个景观廊道进行分类。针对矛盾尤其凸显的山体空间模块,应进一步明确提出协调管控的办法,产生更加有效的可行计划方案。与此同时,对三级山体而言,要合理科学地开发利用,不能为了保护而导致所有的山体都被搁置。科学规范运用山体,保障基本建设符合并融入城市所需要的山地公园,是政府在保障人民基本生活条件之上,提升生活品质、追求绿色生态建设的重要措施。

另外一种是通过山体保护名录分级保护。例如,《三亚市条例》中将山体分为重点保护山体名录、一级保护山体名录和二级保护山体名录。不可否认的是,每座山的保护价值都是有差别。根据对山体的区分,如何控制重要性有差别的山体越来越明显了。依据山体在城市空间布局中的重要性、景观特点和城市生态环境保护,明确系统分区因素,对其城市全部山体的保护运用价值进行梳理和等级分类。

① 参见杨葳、王文奎等:《福州市山体保护规划研究》,载《规划师》2008 年第 8 期。

一级保护山体就是指坐落于城市中心地段，具有较高的绿色生态价值和人文价值，与城市紧密结合，具有重要社会价值以及景观价值的山体。

二级保护山体是指那些属于城市整体资源构成的重要因素，具有比较重要的绿色生态价值、社会价值的山体。

三级保护山体是指除了上述一级和二级保护山体之外的也是组成城市基本生态空间的要素，并且具有一定的景观价值的山体。

总结来看，在划分山体的区域从而进行管理的依据上看，可以参照目前山体立法内容、山体相关法学和自然科学的研究、各个城市山体的现实状况等因素，将城市山体划分为三大区域：禁止建设区、限制建设区和一般管控区或一般控建区。与三个区域相对应，分别实行建设项目开发建设活动的绝对管控、重点管控和一般管控（见表8）。

表8 山体的分区管理对策

禁止建设区	限制建设区	一般管控区或一般控建区
(1)核心自然保护区和风景名胜区、森林公园、列入野生动物保护名录的野生动物栖息地、上述野生动物的迁徙区域； (2)一级饮用水源保护区； (3)国有林地、绿地、文物保护地； (4)生态密集区、重要自然景观区、生态脆弱和生态敏感区等	(1)一般自然保护区和风景名胜区； (2)二级饮用水源保护区； (3)需要保护生态的区域、自然景观区域等	除禁止建设区和限制建设区之外的其他对于城市生态功能、景观价值也具有一定作用的区域

续表

禁止建设区	限制建设区	一般管控区或一般控建区
禁止从事任何开发建设项目活动，以下行为作为例外： (1)抢险救灾； (2)实施国道、公路、高速公路、铁路、重要河道、码头、桥梁、通信线路、电力线路、输油输气管道、水利项目等国家或城市重要基础设施及其配套设施的建设项目； (3)实施医院、养老院、疗养院、军事设施建设等被列入政府公益性建设项目； (4)实施被列入专项规划中的自然保护区、风景名胜区和历史文物保护区域的建设项目	(1)开山采石活动； (2)开矿(已经合法获得采矿许可证的除外)； (3)建造坟墓； (4)商品房开发； (5)新建、扩建工业建设项目； (6)新建、扩建酒店、宾馆、招待所、办公楼房、培训场所	易对生态环境、生态功能和景观造成破坏的所有开发建设项目

四、目标实现：山体资源国家所有权权力行使的内容

山体专门立法在制定设计时，应以自然资源法的法理和法律制度为基础。自然资源法是调整人们在自然资源的开发、利用、管理和保护过程中形成的资源权属关系、流转关系、管理关系以及其他社会关系的法律规范的总称。山体保护的专门立法也应当是规范人们在从事山体的开发、利用、保护和管理过程中形成的各种社会关系的法律规范的总称。在自然资源综合性法律中，理应重视自然资源具备的建设生态文明的重要作用，在制度的制定过程中，要重视环境效益和生态效益，当然也要兼顾对各类主体产生的经济效益。山体保护立法要注意协调与山体紧密相关的内外法律关

系,既要避免与外部法律的矛盾,又要保证内部结构一致。特别是山体保护立法在目标上要界定权利和权力的边界,在内容上要合理配置权利和权力的规范,这主要体现在对于山体保护的差别区分、权力机构的设立与职能、监督和保护机制等法律制度的设计上。

自然资源部法规司司长在谈话中阐明的主要观点为:要全力将自然资源的法治建设作为其部门最重要的工作任务。[①] 自然资源法治建设的核心内容是要构建自然资源法律制度体系,用法律制度来管理和保护自然资源,进而保障和推进生态文明建设发展。要以可持续发展理念为核心,依据十三届全国人大所做出的立法规划,在2021年后的3~5年,在自然资源相关的立法工作中在整体规划的基础之上突出重点,分清主次,分清轻重缓急,抓主要矛盾,做好自然资源立法的立、改、废各项工作,实行自然资源改革,立法先行。[②] 除了立法之外,对于自然资源管理工作,自然资源部也尤为重视,因为这涉及行政相对人的财产权益的实现,而且自然资源财产往往都是具有重大价值的财产。因此,自然资源部的重点工作内容之一还包括严格管理自然资源的行政管理和行政执法工作,即对于自然资源相关行政权力的运行实行严格规范,做到依法行政。每座

---

① 参见魏莉华:《新时代自然资源法治建设的新任务——写在第八个国家宪法日来临之际》,载新疆维吾尔自治区自然资源厅网,http://zrzyt. xinjiang. gov. cn/xjgtzy/mtxc/202112/033675178edd427a886c9fae93e04953. shtml。

② 继续深化“放管服”改革。坚持政企分开、政资分开、政事分开、政社分开,理顺政府与市场、政府与社会的关系,切实转变自然资源管理职能,最大限度减少对生产经营活动的许可,最大限度缩小投资项目审批、核准的范围,最大幅度减少对各类机构及其活动的认定,全面履行好保护资源、节约利用、用途管制和维护权益的职能。参见《法规司司长魏莉华:全力推进自然资源法治建设》,载中华人民共和国自然资源部网,https://www. mnr. gov. cn/dt/ft/201812/t20181203_2374393. html。

山保护的使用价值都是有差别，通过对山峰进行筛选，如何控制不同重要性的山峰的需求日益凸显。依据山体在城市空间布局中的重要性、园林景观特点和城市生态环境治理的主要任务，明确系统山体分区所考虑的主要因素，进而做好梳理和分类分区分级。

坚持用制度管理权限，用制度管理人员。要完善各种规范性文件的制定程序和流程，对于重大行政决策务必推行合法性审查和集体研究确定，明确管理决策行为的主体和权限，对于行政决策程序要进行严格规范和刚性的约束，避免人为变通行使程序；用制度设定行政决定权、行政执法权以及行政监督和管理权彼此制约，相互协调；进一步完善自然资源的行政监督管理制度，既包括对行政主体的监督也包括对行政相对人的监督制度，确保自然资源依法管理，依法行使职权。

山体资源具有双重价值属性，除了具有经济价值，还具有生态价值，所以山体资源权利，包括所有权和使用权的行使也要受到环境资源公权力（"利用方式—权利客体"为标准的权利体系）的约束。山体资源权利人在行使权利时也要设定边界，这个边界就是承担对应的合理保护和开发山体资源的义务。山体资源权属于自然资源权的一种，自然资源权应当是指因为自然资源开发和利用所形成的权利。同时环境资源权也要区分不同的类别，首先根据对自然资源所采用的不同开发和使用方式，可以将自然资源产权划分为"利用性资源权"和"取出性资源权"。"利用性资源权"是指利用自然资源本身或者自然资源的开发能力作为介质的权利，这类权利的特征是对应的自然资源往往是可再生资源，客体通常是林地、草地、土地、水体等；而“取出性资源权”是指将自然资源取出而获得针对该项自然资源的权利，这类权利的特征是对应的自然资源是非可再生资源，如矿产资源。对于“利用性资源权”和“取出性资源权”采用有区别的权利限制规定。两者相比，由于“取出性资源权”针对的是非可再生资源，因此要采取比“利用性资源权”更加严格的管控措施，从取出的方式、取出的数量以及取出强度和修复性义务等方面都进行了强制的义务性规定。①

根据《宪法》第 9 条的规定，国家不仅取得了部分自然资源的所有权，同时也取得了对自然资源的管理权。公权力并非像私权所有权那样对物进行占有、支配，而应是为保障私法上权能的实现而行使的权力。具体而言，其主要包括行政计划权、行政许可权、行政监督检查权、行政处罚权等，这也应当是山体资源国家所有权的国家权力主要内容。

（一）山体规划权

正所谓“凡事预则立，不预则废”，随着时代的发展，现代世界各国的国家任务已经不再像过去那样被动地保护公民的权利不受侵犯，而应当主动去保障公民的合法权利，并且以创建公平、民主、和谐为新时代的行政思想。

保障公民的基本生活，对资源以及其他公共物进行合理公平的配置。自然资源是有限的，如何能做到合理、有效地分配，是政

① 参见王剑、史玉成：《中国自然资源权利体系的类型化建构》，载《甘肃政法学院学报》2019 年第 6 期。

府要实现新时代行政理念在自然资源管理方面的第一步。这就要求对自然资源采用科学的方法进行计划和规划。[①] 同时自然资源国家所有权的行使往往带有很强的公共决策的特点,原因在于国家之所以要在自然资源之上设定国家所有权,就是为了解决自然资源的稀缺性问题以及更严重的非可再生问题,保障自然资源能够满足公民对于自然资源的需求程度,保障公民能够可持续性、合理、公平地共享自然资源的基本权利。那么,一切管理权的行使都要源于合理的规划,国家对山体资源的管理也应如此。

国家要行使对山体资源的管理权首先就应当作出山体保护规划,包括对山体资源的开发、利用、管理、保护、监督等制定相关的规划,这是保证山体资源能够有序开发、公平利用的前提。因此,各地方山体立法中都规定了山体保护规划制度。

1. 山体规划的内涵和原则

规划是保护山体的第一步,要发挥规划的引领作用。过去,很多城市在山地管理方法上存在实施机制落实不到位、整体规划实施主体不统一、缺乏高效管理监督制度等诸多问题。山地管理方法与控制通常低效率。

所谓山体规划,主要是指对山体如何开发和保护的计划,通常是在某一特定区域内就山体如何开发、利用、保护、管理和修复等进行预先、系统的长期或短期的发展计划。山体规划作为自然资源规划的一种,由于山体往往涉及广泛的地域空间,因此对其规划不仅是时间上

① 参见翁岳生编:《行政法》,中国法制出版社 2002 年版,第 156 页。

的安排,也包括空间上的合理布局。它是山体管理和保护的第一个程序,也是国家所有权行使的第一步,能否作出合理的安排和布置,对于后续的山体保护和管理工作至关重要,而且针对自然规划,往往是长期性的,一旦规划出现偏差或者不清晰,就会导致山体行政权在错误的道路上渐行渐远,最终使山体资源的可持续发展成为空谈。

山体保护规划是实施山体土地用途管制、山体资源保护、统筹山体利用等活动的基本依据,不得随意修改。[①] 有的地方山体立法中对山体保护专项规划进行界定,明确山体保护和管理工作必须以山体保护专项规划作为根本依据和标准,并在山体保护专项规划的前提下开展山体保护、管理、使用以及治理等工作。[②] 现阶段我国并没有整体的山体规划体系,主要是将山体归入土地的范畴,我国的土地利用规划体系,目前来说已经形成了很完整的布局和安排,长期的立法配备以及实践经验,总结出一整套相对完备的土地规划体系,但是还没有专门规范土地规划的法律,更没有山体规划法。目前,2018 年之前出台的地方性法规中都是将山体规划权归于当地政府,而 2018 年之后,因为国家机构改革成立了自然资源部门,因此各地山体规划权都陆续转归于自然资源部门。政府有规划和法定图则批准权(见表 9)。首先,从山体规划的编制主体上看,山体保护专项规划不是一个部门闭门造车,自然资源主管部门还应当联合住建部门、林业部门、水利部门以及生态环境部门,听取各部门的意见,共同拟定和编制山体保护专项规划。其

① 参见《三明市三元区条例》第 11 条。

② 参见《威海市条例》第 9 条。

次，从山体规划的内容上看，规划内容要写进详细规划之中，必须符合所在地的城市整体规划、国土空间规划以及要与其他专项规划相协调。这在很多地方山体立法的内容中都有所规定。[①] 而且必须注意的是，制定山体保护规划还必须符合国家国土空间规划、生态保护红线、城市总体规划和环境保护规划。

表 9　地方山体立法中规划和法定图则审批权的设定

主体	审批权	依据
自治州政府	山体保护专项规划；山体保护法定图则的制定和修改	《恩施条例》
市政府	山体损害预防和修复治理的技术章程和管理规定	《三亚市条例》
市人大常委会	山体保护规划	《十堰市条例》
市政府	山体保护范围内已办理土地出让或者划拨手续但尚未实施开发建设的山体依法收回	
市政府	山体保护规划；重大项目建设确需变更山体保护界线的	《江门市条例》
市政府	市城市规划区山体水体保护规划	《益阳市条例》
市政府	山体保护规划	《济南市办法》

① 参见《咸宁市条例》第 11 条第 2 款规定，“山体保护规划应当符合城市总体规划、土地利用总体规划和环境保护规划等。其他专项规划、控制性详细规划涉及山体的，应当与山体保护规划相衔接。”《驻马店市条例》第 11 条第 2 款规定：“山体保护规划应当符合国家、省主体功能区规划和生态保护红线要求，与环境保护、森林资源保护、饮用水水源保护、文物保护、旅游、水土保持和矿产资源等规划相衔接。”《镇江市条例》第 8 条第 2 款规定：“山体保护总体规划应当符合国土空间规划，并与生态保护红线规划、矿产资源总体规划、地质灾害防治规划等相衔接。”《莆田市条例》第 8 条第 1 款规定：“山体保护规划应当符合国土空间规划，并与生态保护红线、城市绿线、水土保持、地质灾害防治、矿产资源、林地保护利用、自然保护地、生态修复等有关规划相衔接。”

续表

主体	审批权	依据
市政府	山体保护专项规划	《枣庄市条例》
市政府	山体水体保护规划	《岳阳市条例》
市政府	山体绿线保护规划	《双鸭山市条例》
市、县(市)政府	山体保护规划	《咸宁市条例》
市政府	山体保护规划	《驻马店市条例》
市政府	山体保护总体规划	《镇江市条例》
市人大常委会	山体保护专项规划	《泸州市条例》
市、县(市、区)政府	山体保护规划	《烟台市条例》
市政府	山体保护规划	《汕尾市条例》
市政府	山体保护专项规划	《六盘水市条例》
城市所在地县级行业主管部门	二类保护城市山体保护范围内为限建区,建设公共服务、城市景观、休闲旅游等项目	
市政府	山体保护规划	《莆田市条例》
所在地县级以上地方人民政府宗教事务部门	在已有宗教活动场所内改建或者新建建筑物	
市政府	1. 山体保护专项规划 2. 有下列情形之一,确需修改山体保护专项规划的: (1)国土空间规划发生变更的; (2)因国家和省、市人民政府批准的重大工程项目建设确需变更中心城区山体保护范围的; (3)经市人民政府评估确需修改的 3. 山体修复治理的技术管理规定	《资阳市条例》

续表

主体	审批权	依据
市政府	山体保护规划	《三明市三元区条例》
县(市、区)政府	山体保护专项规划	《三门峡市条例》
市政府	山体保护专项规划	《本溪市条例》
市政府	山体保护规划	《铜仁市条例》

2. 规划的程序

规划要求具有刚性,相应地要有严格的审批权限和审批及修改程序。规划的程序性问题在地方山体立法中都有明确的规定(见表10)。

表10　地方山体立法中的山体规划制度

依据	权力主体	编制和审批程序	规划内容
《咸宁市条例》	编制主体:林业主管部门会同城乡规划、国土资源、环境保护等主管部门 审批主体:政府	(1)征求意见:林业主管部门首先公告(时间不少于30日)山体规划草案,其次以召开论证会、听证会或者其他合理的方式征求和听取山体资源保护相关专家以及社会公众的意见 (2)审批:林业主管部门将编制好的山体保护规划提交市、县(市)政府审批,政府要及时公布相关信息。政府在批准山体保护规划前还应当先提请同级人大常委会审议 (3)刚性:对于经过审议批准的规划不得随意更改。任何单位或者个人不得擅自修改山体保护规划。只有因为土地利用总体规划、城市整体规划以及环境保护规划发生变化而必须配套修改的,才可以由原编制机关提出修改意见和修改方案,根据条例的相关规定重新走流程,重新提出审议,重新批准	(1)山体保护线及图则 (2)山体保护名录 (3)山体保护和修复治理措施 (4)山体保护范围内的建筑物、构筑物及其他设施的规划和设计要求 (5)山体山前建筑高度限制区域以及山体景观视觉廊道的管控性要求

续表

依据	权力主体	编制和审批程序	规划内容
《驻马店市条例》	编制主体：自然资源和规划主管部门 审批主体：政府	(1)编制：自然资源和规划主管部门会同山体规划主管部门以城乡规划、国土空间规划以及土地利用总体规划为蓝图，编写制定山体保护规划 (2)审批和公布：编制好的山体保护规划向驻马店市人民政府报请批准，批准后向社会公布 (3)特殊情形：如果因国家、省、市具有重要意义或者重大的开采项目以及建设项目，确需占用重点保护名录范围内的山体的，也必须先变更原山体保护规划，变更后的山体保护规划仍应当按照之前的审批程序报批	(1)保护名录 (2)保护范围 (3)法定图则 (4)保护措施 (5)修复治理 (6)其他相关事项
《镇江市条例》	编制主体：市自然资源主管部门 审批主体：政府	(1)编制：市自然资源主管部门主要负责山体保护的总体规划 (2)公示：市自然资源主管部门编制规划时，首先将规划草案进行公示，之后采取论证会、听证会或者其他合法、适当的方式征求相关专家的意见、山体管理相关行政机关的意见以及充分听取公众代表的意见 (3)审批和公布：编制好的山体保护规划报镇江市人民政府批准，由政府在批准后的30日内向社会公开 (4)刚性：经过批准后的山体保护规划禁止随意修改 (5)特殊情况及程序：除因国土空间规划已经修改、国家以及省级重大建设项目特别是具有公益性质的重大建设项目确实需要修改的，修改应当按照前述的山体规划编制程序编制、审批并进行社会公布	本条例将山体规划分为两种类型：山体保护总体规划和山体保护规划 山体保护总体规划： (1)山体保护名录 (2)山体分级情况 (3)山体保护范围及区域位置 (4)山体资源的保护措施 (5)山体保护近期和远期目标 山体保护规划： (1)山体现实状况 (2)山体保护原则 (3)山体保护目标 (4)山体定位及功能引导 (5)山体保护控制线 (6)山体管控措施

续表

依据	权力主体	编制和审批程序	规划内容
《泸州市条例》	编制主体：市政府自然资源和规划行政主管部门 审批主体：市人大常委会	市自然资源和规划行政主管部门应当会同住房和城乡建设、林业竹业、生态环境、水务等部门编制中心城区山体保护专项规划 (1)市人民政府自然资源和规划行政主管部门依照法律法规及技术规范组织编制山体保护专项规划草案，并依法向社会公示，公示时间不得少于30日 (2)市人民政府自然资源和规划行政主管部门应当采取论证会、听证会或者其他方式征求专家和公众的意见 (3)山体保护专项规划草案经市规划委员会审议后，报市人民政府讨论通过 (4)讨论通过后的山体保护专项规划，由市人民政府提请市人民代表大会常务委员会审议批准 (5)批准后的山体保护专项规划，由市人民政府向社会公布	(1)山体保护名录 (2)保护范围及界线 (3)分级保护范围及措施 (4)规划图纸 (5)法定图则 (6)修复治理措施
《烟台市条例》	编制主体：市、县(市、区)自然资源和规划部门 审批主体：政府	(1)编制：自然资源和规划部门应当会同生态环境等相关部门编制 (2)审批：上述主体在编制规划后，要报给政府批准 (3)审议和处理：政府在批准前要将编制的规划报给本级人大常委会审议并提出意见，并对人大常委会的审议意见分析研究后作出处理 (4)公开：经过政府批准的山体保护规划要向社会进行公开，同时报同级人大常委会做好备案工作	(1)山体保护名录 (2)山体保护控制线 (3)山体管控措施 (4)山体修复治理措施

续表

依据	权力主体	编制和审批程序	规划内容
《汕尾市条例》	编制主体：林业主管部门会同市发展和改革、自然资源等有关部门 审批主体：政府	(1)草案公告：编制主体在编制山体保护规划的过程中要将规划草案进行公告(不少于30日) (2)通过召开论证会、听证会或者其他合法适当的方式邀请专家和公众，充分听取来自各方的意见 (3)审议：规划要报送给同级的规划委员会审议 (4)批准：由同级政府进行批准 (5)公布实施：同级政府进行公布和实施 (6)刚性：已经被批准的山体保护规划禁止随意修改 (7)例外：依照法律规定，确实符合修改情形需要修改的，要依照原规划的编制和审批的程序重新执行	(1)确定山体保护范围及界线 (2)制定山体保护名录 (3)制定山体保护图则 (4)相关设施的规划建设要求
《六盘水市条例》	编制主体：市自然资源主管部门 审批主体：政府	征求意见：编制机关在编制的过程中必须采取论证会、听证会、评审会或其他合法且适当的方式广泛征求相关专家以及公众的意见	(1)城市山体保护名录 (2)分类保护规划图 (3)实行编码保护 (4)确定保护城市山体的范围
《威海市条例》	编制主体：政府组织的有关部门 审批主体：政府	(1)征求意见：编制山体保护专项规划，将草案公之于众(不少于30日)，听取各方面的意见以及合理建议 (2)审批：编制机关将编制好的山体保护专项规划报给政府研究同意 (3)审议：政府将山体保护专项规划报给同级人大常委会进行审议通过 (4)公布：审批、审议之后将山体保护专项规划公布	(1)山体保护名录 (2)山体保护区域 (3)山体保护级别 (4)山体保护法定图则 (5)山体管控措施 (6)其他有关事项

续表

依据	权力主体	编制和审批程序	规划内容
《莆田市条例》	编制主体：市自然资源主管部门 审批主体：政府	(1)编制：自然资源主管部门组织山体管理相关部门进行共同编制山体保护规划 (2)调查：编制机关要对山体资源的情况展开详细调查 (3)征求意见：编制机关将规划草案向社会进行公示，并且通过召开论证会、听证会或者其他合法且适当的方式征求相关部门、相关专家以及社会公众的意见 (4)审批与备案：编制好的规划要报同级政府审议批准，批准后报同级人大常委会进行备案 (5)刚性：已经公布的山体保护规划不得随意进行修改 (6)例外：除非由于国土空间规划进行修改、国家级或省市级重大建设项目或者其他原因等需要修改的，修改需要按照新做出山体规划的编制和审批程序，之后也要向社会进行公开	(1)山体现状 (2)山体保护的目标(远期目标和近期目标) (3)山体保护原则 (4)山体保护分类 (5)山体保护名录 (6)山体保护的有关图则 (7)山体保护控制线 (8)山体保护的管理和控制方法
《资阳市条例》	编制主体：市自然资源和规划主管部门 审批主体：政府	(1)协同编制：自然资源部门与规划主管部门协同与山体管理相关的住建部门、发改部门、生态环境部门以及水行政部门和民政部门等 (2)征求意见：编制机关应将山体规划草案对外公示(不少于30日)，通过采取论证会、听证会或者其他合法且正当的方式广泛征求相关专家以及社会公众的意见 (3)审批：编制好的山体规划先报同级规划委员会进行审议，之后报同级政府进行审批 (4)备案和公示：山体保护规划经过政府审批后要报同级人大常委会进行备案，之后由政府向社会公布及实施	(1)山体保护范围 (2)山体保护名录 (3)山体的法定图则 (4)山体分级保护范围以及所采取的方法 (5)建设项目规划要求 (6)山体修复和治理规范 (7)国家级、省级重点保护野生动植物专项保护措施 (8)山体所涉及的文物保护方案 (9)其他

续表

依据	权力主体	编制和审批程序	规划内容
《三明市三元区条例》	编制主体：市自然资源主管部门 审批主体：政府	(1)编制：由市自然资源部门牵头组织编制山体保护规划 (2)报批：编制机关报至同级政府进行批准 (3)公布和实施：由同级政府对山体保护规划进行公布和实施 (4)备案：由同级政府报同级人大常委会进行备案 (5)期限：本山体保护条例公布后6个月之内山体保护规划应当编制完成	(1)山体保护范围的划定 (2)山体保护方法 (3)山体保护的图则 (4)山体控制的相关要求 (5)山体修复治理事项 (6)其他
《三门峡市条例》	编制主体：市人民政府自然资源主管部门 审批主体：政府	(1)编制：由市人民政府自然资源主管部门主持山体保护专项规划编制工作 (2)征求意见：草案要征求相关部门以及社会公众的意见 (3)报批：编制后报同级政府批准 (4)公布：由同级政府进行公布 (5)备案：市人民政府自然资源主管部门备案 (6)编制内容注意事项：要与其他专项规划做好衔接和协调	(1)山体保护名录 (2)山体保护级别 (3)山体保护范围 (4)山体保护的法定图则 (5)山体保护方法 (6)山体修复治理等方案
《本溪市条例》	编制主体：市自然资源部门 审批主体：政府	(1)协同编制：自然资源部门应当协同市住建部门、林草部门、民政部门以及生态环境部门等山体管理相关部门共同编制中心城区山体保护专项规划 (2)报批：规划编制后报同级政府批准后实施	(1)山体保护名录 (2)山体保护级别 (3)山体保护范围和保护界限 (4)山体保护的法定图则 (5)山体分级保护范围 (6)根据山体级别对应的保护措施 (7)山体修复治理 (8)其他有关事项

续表

依据	权力主体	编制和审批程序	规划内容
《铜仁市条例》	编制主体：市自然资源主管部门 审批主体：政府	(1)协同编制：市自然资源主管部门应当会同市林业、城市绿化、城乡建设等主管部门按照山水相依、风道通畅、预防灾害的要求编制山体保护规划 (2)征求公众意见，组织专家论证：编制山体保护规划时，应当征求社会公众意见，组织专家进行论证和评审；未经论证、评审或者论证、评审未通过的，不得进入决策程序。规划批准前，应当向社会公示 (3)报批及备案：山体保护规划应当于本条例施行之日起 1 年内编制完成，经市人民政府批准后公布实施，并报市人民代表大会常务委员会备案	(1)山体名称、位置、级别、保护边界线和功能定位 (2)山体周边建筑高度、建筑密度和退让山体保护边界线距离等控制性要求 (3)复绿治理要求 (4)保护图则 (5)其他有关事项
《景德镇市条例》	编制主体：自然资源和规划部门 审批主体：政府	(1)协同编制：市、县(市)自然资源和规划部门应当会同林业、生态环境、住房和城乡建设、水利等部门根据城市山体的现状，确定城市山体保护名录，划定城市山体保护线，组织编制城市山体保护专项规划 (2)征求意见：城市山体保护专项规划草案应当予以公示，并且采取论证会、听证会等方式向社会公开征求意见 (3)审批：城市山体保护专项规划经市、县(市)国土空间规划委员会审议后，报市、县(市)人民政府审批 (4)公布并组织实施：审批后的城市山体保护专项规划，由市、县(市)人民政府向社会公布并组织实施	(1)山体保护名录 (2)山体保护线 (3)山体保护专项规划

通过对上述地方山体立法中关于山体规划编制的相关规定，可以总结出规划的编审主流程序(见图 6)。

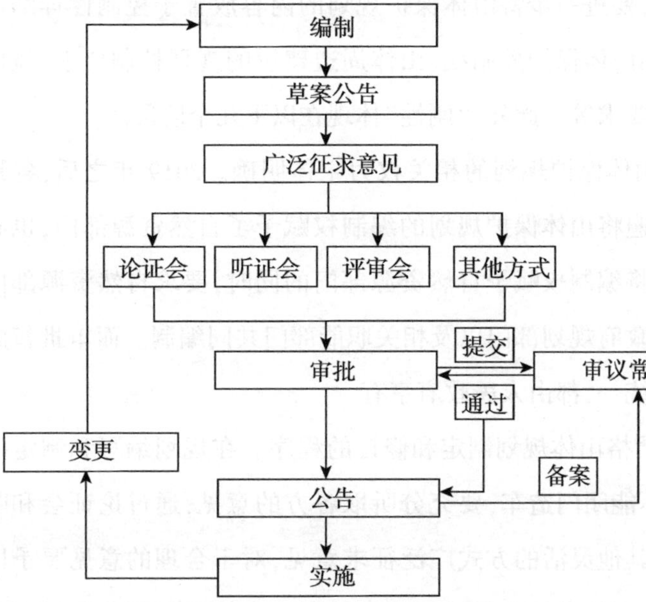

图6　山体保护规划编制审批流程

从上述各地方山体立法中关于山体保护规划的相关制度来看，它们关于规划制度的规定有一个非常重要的共性特征——规划制度必须具有刚性。这种刚性的规划制度要具体地体现在山体规划的创设、编制及修改制度上，每一个环节、每一道程序都在强调刚性的重要性。上述地方山体立法中还有一个共性，就是都规定了编制山体保护规划的规范要求，而且具有较强的可操作性。

已经出台山体专项立法的地方都正在进行或已经完成了制定山体保护规划，并且都在立法中明确所制定的山体保护规划不能偏离当地的城市总体规划而且要保持一致。同时也要与其他相关规划，如国土空间规划、土地利用规划以及城乡规划等不发生冲突。而且,要进一步将山体保护规划的内容放置于控制性详细规划当中,如山体保护控制线、山体周边建设的规划控制要求、显山透绿相关要求等。此外,“刚性”体现在以下几个阶段。

(1)山体保护规划的相关权力主体明确。2019 年之后,各地方政府普遍将山体保护规划的编制权赋予了自然资源部门,也有的城市在将编制权赋予自然资源部门的同时,要求自然资源部门会同同级政府规划部门以及相关职能部门共同编制。而审批权的规定比较统一,都由人民政府享有。

(2)严格山体规划制定和修订的程序。在规划编写和制定的过程中,不能闭门造车,要充分听取各方的意见,通过论证会和听证会以及其他灵活的方式广泛征求意见,对于合理的意见要予以采纳,不合理的意见要给予说明和解释。山体规划还要经过所在地人大常委会的审议,对于委员的意见要进行分析和研究,决定是否修改。而且规划经过批准之后还有备案的程序。同时对编制过程中的听证和论证程序、一定期限的公示期、审批程序以及批准通过后的公示期都有明确要求。

在规划修订方面,任何单位和个人不得擅自改变规划,并对于确实需要修改规划的情形应当进行列举。例如,《江门市条例》中规定了四种情形:经市政府批准的国家级、省级重大建设项目的实施确需变更山体保护边界的;城市总体规划变化;经过相关部门评估后认为山体保护规划确实需要修改的;其他经过规划审批机关审议确实需要修改的情形。并且强调,如果确实需要对山体规划进行修改,只能由市城乡规划主管部门来提出山体规划修改方案,之后按照山体规划的制定程序从头再来,并且整个流程都是公正公开的。

(3)山体规划的内容具体而确定。诚然,不能要求所有地方的山体规划内容都保持一致,应当根据当地山体和环境资源的实际情况,根据当地的特点有所调整。但仍存在一些必备的内容具有共性,至少应当涵盖:通过山体保护名录明确规划山体的对象,通过法定图则明确山体的分区分级状况,通过保护措施和保护手段规范山体保护管理活动。为了维护山体上的建设项目活动全部符合山体空间的生态特性,并进行相应的严格整体规划,那些与山体特色和山体保护不一致的项目,如工业生产、厂矿企业、房地产业等都必须被绝对严禁。山体的专门主管部门,如山长委员会,应当制订严格符合山体生态发展和保护的具体管理标准,并严格遵守。

3. 划定山体保护线

山体保护线也可以称为山体保护红线,或称为山体保护的边界线。这是为了保护山体的生态、景观和文化等价值而划定的控制线。任何建设均不能逾越这条保护线。其应当属于生态保护红线中的一种。红线可以理解为一种底线,底线是不能踏入和触碰的。规定保护线的意义在于用底线思维严格保护生态,那么底线从何而定?当然要依靠严格的环境资源保护的法律制度。其意义还在于限制开发建设,防止在保护线范围内进行过度的开发活动,如大规模的房地产建设、工业项目等,以减少对山体自然环境的破坏。保障生态功能,确保山体的生态系统能够正常运行,维持其水土保持、水源涵养、气候调节等生态服务功能。保护景观风貌,保持山体的自然形态和独特景观,为人们提供优美的自然景观和休闲空间。传承文化遗产,许多山体承载着历史文化价值,划定保护线有助于保护与之相关的文化遗迹和传统。

在生态资源领域除了红线,还有绿线的相关规定。生态绿线应该也是为了保护城市生态环境、维护生态平衡、保障公众健康和可持续发展,在城市规划中划定的具有重要生态功能和生态价值的区域控制线。绿线开始的标志应当是2002年国家建设部(已撤销)发布的《城市绿线管理办法》,从此,绿线的概念成为国家生态法规里的一个特有名词。该办法也为之后各个城市制定和实施城市绿线提供了法律依据和保障。绿线和红线,称谓不同,含义不同。还有一个生态线,是城市绿线。《城市绿线管理办法》第2条第1款规定:"本办法所称城市绿线,是指城市各类绿地范围的控制线。"在绿线的规划范围内只能进行和绿化有关的项目设施建设,其他项目是绝对禁止开展和实施的,而且实行用途管制,不能变更用途。但是无论是生态红线,还是城市绿线,都代表着生态保护的边界线,即保护的边界划定。

自然山体保护红线划定的基本标准是:对于相对高度大于20米的山体就被纳入自然山体保护线的保护范围之内;与山体相毗邻,或者在山体周围与山体相邻近的生态公益林都属于生态保护绿线的管理保护区域。同时,为了保证生态绿线保护范围内的山体能够得到严格保护和合理利用,除山体整体规划绿色生态绿线外,应当综合规划附近山体资源的总体利用,划定协调区,设定保护界限。

作为“国家新政策红线”的重要组成部分,城市山体绿地生态环境保护绿线不但是一个科学技术上的问题,也是一个管理上的问题。能否科学规范地划定和高效管理,是全面落实山体保护线的关键所在,也是保证城市生态安全、推动城市生态可持续发展的关键。目前全国很多城市,特别是已经颁布了山体保护专项立法的城市都已经开展了划定山体保护红线工作。国内各个城市可以依据当地具体情形和实践需求以及城市的特点,对山体保护线内容的确定和划定方式进行明确。一般分为生态廊道、旅游景区、河滨周边的绿地、山体、交通主干道周边的防护绿地、城市公园、森林公园、地质公园等。① 山体保护线是城市蓝线和生态保护红线的一部分,因而被称为山体专用型保护线。

为保护好宝贵的山体资源,国土资源局或自然资源局按照一定的标准对城市山体划定保护红线。例如,2016 年济南市按照由近及远、由市区到郊区的顺序划定保护红线。济南市山体保护红线内划定的山体总数量是 340 个,即 53% 的山体都被划定了保护红线,其中重点保护山体 303 个,一般保护山体 21 个,开发利用山体 16 个。在山体保护线的范围之内,不能进行任何的开发建设项

① 参见许宁:《山体绿线控制规划研究》,载《中国建材科技》2010 年第 4 期。

目，更不能出现采矿或者开采山石、破坏地质环境行为，切实保护好宝贵的山体资源。山体保护线的划定为山体穿上了"保护罩"，有了这层"保护罩"，保证了山体保护范围内禁止擅自挖砂、取土、采伐林木等侵占破坏山体行为，并停止审批新的山石类采矿权，逐步关停已有的山石开采企业。①

当然，山体保护红线的划定不是一项简单的技术工作，而是要综合考量多元化的要素，包括但不限于山体本身的天然形态和自然特征，山体对所在城市所处的空间、位置价值、历史地位、文化价值、景观风貌以及对改善市区生态环境保护和生物多样性等方面的作用。② 还要考量山体对当地的生态环境、资源状况、人文价值以及休憩旅游等各个方面所形成的影响程度，以及是否与城市建设项目以及当地经济发展产生冲突等。红线的划定离不开科学技术的支持，例如，需要在山体保护区范围的明确和划定方面借助卫星遥感技术与野外实地调查测量相结合的方式，形成技术路线和技术要求，从而能够有效指导山体保护和规划的进一步制定和建设。将上述方法得到的结果与城市规划、山体保护规划以及相关政策和信息相衔接③，在做好以上工作基础之上最终划定山体保护红线。

"山脚"的保护。"山脚"指的是山体的山脚线，通过山体绿线

① 参见张鑫：《让泉城天更蓝、气更清、水更净》，载《走向世界》2008 年第 10 期。

② 参见杨葳、王文奎等：《福州市山体保护规划研究》，载《规划师》2008 年第 8 期。

③ 参见冯泉霖、李洪涛等：《济南城市建设区外山体保护线划定探索及实践》，载《山东国土资源》2020 年第 10 期。

的划定来确定清晰的山脚线。换言之,保护了山体绿线就是保护了山体的山脚线。山脚的保护具有重要意义:首先,山脚在维持山体生态系统稳定方面发挥着关键作用。它是山体与周边平原或低地的过渡区域,承载着丰富的生物多样性,为众多动植物提供了栖息地和食物来源。其次,山脚能够起到防止水土流失的作用。其密集的植被和复杂的地形有助于减缓雨水对土壤的冲刷,减少泥沙流入河流和湖泊,保障水资源的质量。最后,从景观和美学角度来看,山脚的优美自然景观能为人们带来视觉享受,增加周边地区的环境吸引力。总之,城市山体因其具有独特的景观价值、地形优势以及清新舒适的环境,吸引各方主体都将建设项目开发的阵地觊觎到山体,侵占和破坏山脚。破坏山脚就等于破坏了整个山体的完整程度,甚至拉开了城市和山体之间的距离。①

(1)划线遵循的原则

目前,明确规定"山体保护控制线"的是《济南市办法》。根据该办法,山体保护总的原则是要遵循生态保护优先、可持续利用、科学合理规划、山体分类管理、谁损害谁担责以及生态补偿的原则。实施与管理刚性与弹性相结合、具有可操作性的"山体红线"管控措施。山体保护红线的划定应该是保护城市山体生态空间的手段,而非目的。因而,必须用法律保护山体红线圈定的标准及要求,以管理和指导山体自身和山体附近基本建设项目的开发,充分

① 参见王文奎:《城市"望山"的理想、行动、困境和对策——福州市城市山体保护规划的实践与思考》,载《福建建筑》2017年第3期。

运用山体保护线的刚性划定功效。《铜仁市条例》中也规定了“山体保护边界线”，规定山体应当以山脚线现状为基准，划定山体保护边界线，具体划定方式如下：山脚有建筑物的，以建筑物靠山体一侧建筑基地线为山体保护边界线；山脚为林地的，以林地界线为山体保护边界线；山脚为耕地、湿地的，以耕地、湿地界线为山体保护边界线；山脚临道路的，以道路边界线为山体保护边界线。

山体保护线的界定既要注重保护山体城市的既有传统，不打破城市原有的景观格局，同时又要与城市整体空间布局相一致相协调，不破坏其完整性和可持续性。因此，山体规划的指导思想应当是坚持以生态保护为优先，在生态优先的基础上合理开发利用，突出城市特色，使经济发展与生态保护相协调，最终实现可持续发展的总原则。具体包括以下几个方面。

可操作性原则。首先要明确的是，划定山体保护线的目的不是发布一个规范和行使的要求而是有效实施，所以增强规划实施的可操作性十分重要。可操作性原则主要包含以下几个要点：第一，明确清晰的界定。保护线的划定应基于准确、详细的地理信息和实地勘察，边界明确，避免模糊不清或存在争议，确保在实际操作中能够准确识别和执行。例如，利用高精度的地图和测量技术，精确标注保护线的坐标和范围。第二，因地制宜的策略。根据山体的不同特点、生态状况和周边环境，制定有针对性且切实可行的保护措施，而不是采用“一刀切”的方法。对于生态脆弱的山体区域，采取更严格的禁止开发措施；对于条件相对较好的区域，可以允许有限度的、低影响的活动。第三，合理的功能分区。将山体划分为不同的功能区域,如核心保护区、缓冲区和适度利用区等,并明确各区域的具体操作规则和限制条件。在核心保护区严禁任何形式的开发活动,缓冲区可以进行有限的科学研究和生态监测,适度利用区则在遵循严格环保要求的前提下开展适当的经济活动。第四,法规政策的配套。制定完善的法规和政策,明确违反保护线规定的处罚措施和责任追究机制,为保护线的实施提供法律保障。第五,动态调整机制。随着科学研究的深入、社会经济的发展以及山体自身状况的变化,建立保护线的动态调整机制,确保其始终具有可操作性和适应性。例如,当新的物种栖息地被发现或山体受到新的威胁时,及时调整保护线的范围和保护措施。第六,技术支持和监测体系,利用现代技术手段,如卫星遥感、地理信息系统等,建立有效的监测体系,实时掌握山体保护线内的情况,及时发现和处理问题。定期对保护线内的生态指标进行监测和评估,根据监测结果调整保护策略。例如,在划定山体保护线时,充分考虑当地实际情况,制定详细的分区规划和操作指南,并通过宣传手册和社区讲座向公众普及。同时,利用卫星遥感技术进行定期监测,对违规行为及时查处。这种综合的措施将保证山体保护线的可操作性,取得良好的保护效果。总之,遵循可操作性原则能够使山体保护线在实际工作中得到有效落实,实现山体的可持续保护和合理利用。可操作性的好坏离不开技术的支持,可操作性原则的内容也很丰富,主要包括三个内容:山体保护线标识的精准性、山体权属的明晰性以及山体改造是否具备可行性和必要性。

景观优先原则。强调在保护山体的过程中,将景观价值置于重要位置。在城市之中,山体通常是以山体公园、休憩场所、旅游风光等多样的形式存在,因此山体在当地的景观价值的定位就十分重要,应作为山体保护线合理划定的重要标准和参考依据。当然根据所处的规划阶段的不同,考虑的山体景观作用也不尽相同:在山体的总体规划阶段,重点考察的是山体对于当地整体城市格局、分布结构所发挥的重要功能和作用;在山体的详细规划阶段主要关注的是建设项目建设用地对于山体景观功能的影响程度。这一原则的主要内涵包括:首先,突出整体景观美感。在划定保护线时,要充分考虑山体与周边环境在视觉上的整体性和协调性,不仅关注山体本身的形态、植被等自然景观要素,还需考虑其与周边城市、乡村、河流、道路等人工和自然景观的融合,以维持和提升整个区域的景观品质。其次,注重独特景观元素的保护。例如,具有独特地质构造的山峰、奇特的岩石形态、古老的树木或者珍稀的植物群落等景观元素往往具有较高的观赏价值和科学研究价值,应在保护线划定中给予特别关注和优先保护。再次,考虑观赏视角和视线廊道。要从人们常见的观赏点,如城市的主要街道、公园、观景台等出发,规划出能够展现山体最美景观的视线廊道,并将其纳入保护范围,避免在这些区域进行可能遮挡或破坏景观的建设活动。最后,景观优先原则还要求在保护山体自然景观的同时,适当考虑人文景观的融合与保护。如果山体上存在历史遗迹、古建筑、文化遗址等人文景观,应将其与自然景观统筹考虑,使两者相互呼应,共同构成具有丰富内涵和独特魅力的景观体系。

调查先行原则。实践是检验真理的唯一标准,也是制定制度的先行基础。调查先行意味着在划定山体保护线之前,要进行全面、深入、细致的调查工作。首先,要对山体的自然地理状况进行详细勘察,包括勘察山体的地形地貌、地质结构、土壤类型、水文条件等方面。了解山体的坡度、海拔高度、山脉走向等地形特征,岩石类型、地质稳定性等地质情况,土壤的肥力、质地等特性以及水资源的分布、流量等水文信息。其次,对山体的生态系统展开全面调查。这涵盖了植被类型、植物物种多样性、动物栖息地、生态廊道等。明确山体上的主要植被群落,记录珍稀濒危植物的分布区域,了解动物的活动范围和迁徙路径以及生态廊道的位置和功能。再次,要调查山体周边的人类活动情况,包括土地利用现状、城乡建设规划、产业布局、交通设施等。掌握已有的农田、建设用地、工业区域等的分布,了解未来的城乡发展规划和重点项目布局,以及道路、桥梁等交通设施的规划和建设情况。最后,还要对历史文化遗产进行摸底。查找山体区域内可能存在的古寺庙、古墓群、石刻碑记等具有历史、文化、艺术价值的遗产。例如,在某山体保护线划定工作中,通过前期的详细调查,发现了一处罕见的濒危植物群落和一条重要的动物迁徙廊道。基于这些调查结果,在划定保护线时,将这些区域纳入重点保护范围,从而更有效地保护了山体的生态和文化价值。“实践出真知”,这对于山体规划同样适用,要做出合理、适用性强的山体保护规划,必须先做好调查分析和调研研究,这是规划的第一步。在调查阶段主要是调查山体的自然因素和社会因素两方面。自然因素包括山体所在的地理方位、山体范围、山体周边的气候条件、自然景观等;社会因素包括山体所处城市的经济发展状况、文化现状、居民生活习惯、旅游功能等。综合以上两大要素作为山体保护线划定的参考依据,进而根据山体所具有的不同要素特征划定适用性强的山体保护线。

生态功能原则。第一,在山体规划的阶段上看,山体保护线的划定无论是在总体规划阶段还是详细规划阶段始终要坚持的原则就是生态功能原则。在总体规划阶段依据山体的生态功能做出宏观上整体上的山体规划布局。在详细规划阶段首先要严格遵照总体规划已经确定的总指标和总位置进行山体保护线的具体划定。其次,要发挥详细规划和总体规划的差异性,使其相比更加直观和具体,即可以在不违背总体规划的前提下结合山体的独特性适当地调整和些微调整。但必须注意的是,这种调整绝不是原则性的改变,而必须是在保持山体的规模和山体保护内容稳定的前提条件下,对局部地方保护线的调整。第二,在山体保护的目标上来看,无论是远期目标还是近期目标,在山体保护线的划定上也都要遵守生态功能这一基本原则。在远期目标中山体规划的总体拟定一定是以生态功能的考虑为一切制度设定的前提;在近期目标下,对根据当地山体用地现状需要调整和保留的山体,在山体保护线的划定和调整时也必须遵守生态功能原则。当然也要根据山体对城市生态的影响程度进行综合考量,例如,如果修改山体保护线将对城市生态结构有较大的影响,那么为了保护生态功能,就必须严格执行之前划定的山体保护线,不得修改。而对于那些影响较小的,如小型山体公园的保护线划定,就可以在保证不对整体山水格局破坏的情况下,局部微调山体保护线,目的也是要保持生态功能的稳定性。

其他原则。除了上述几种主要原则之外，在划定山体保护线的工作中还有一些原则也要遵循，如科学性原则、完整性原则以及灵活调整原则。科学性原则是指在编制保护线的过程中始终要坚持保护线划定的科学性，当然这离不开先进的科学技术以及相关专家的参与论证；完整性原则，对于已经在山体规划中确定在保护范围内的山体，在划定山体保护线时要尽最大可能完整地保留山体的天然形态以及脉络清晰的山体区域；灵活调整原则，对山体实行分区分级保护，不同的区域和级别实行差别化的保护方法，有的放矢。

(2)制定山体法定图则

法定图则在我国最早是深圳所独有的规划方法。通过立法[①]将这一方法作为一项法律制度固定下来，明确了规划要在法制的框架下，依照严格的法定图则进行，法定图则至此成为规划体系中不可或缺的一环，成为深圳规划建设不可分割的内容。之后，法定图则逐渐成为城市规划中一项重要的制度。山体法定图则，是为了对山体进行有效的保护、管理和合理利用而制定的具有法律效力的规划文件。山体法定图则制定主体是所在城市的规划主管部门，制定的依据是每个年度所在城市的总体规划和专项规划。山体法定图则的内容包括山体的分区、山体的定义、相关法律依据、禁止开发类型、准入开发类型、建设强度要求、控制距离以及控制

① 深圳1988年颁布实施了《深圳市城市规划条例》，其中规定了法定图则制度。

方式等非常详细的山体保护规定。山体法定图则经过政府的审批之后,具有严格的法律效力,不得随意修改,但是也不是固定不变的,随着实践发生的变化,依照法定程序可以进行修订,但无论制定还是修订都必须进行公开,接受公众的意见和建议。

山体的法定图则就是把一系列对于山的开发和保护的相应的措施、策略、实施方案和法定规划相结合,形成一系列图则,这些图则就是城市在未来的土地使用、土地开发、城市保护和管理当中都必须依照的标准,真正做到每一座山体都有对应的保护和修复措施。[①] 山体的法定图则是将山体保护落实到规划管理和实施中的路径。山体保护专项规划需要引导和控制城市开发,这部分的内容需要深化到控制性详细规划的图则中。[②] 政府要对山体相关规划进行审查协调,包括与城镇规划、产业规划、项目规划、国土规划、林地规划等多项规划相协调,做到按规划用山、按规划保护、按规划执罚。在此基础上,统筹编制《山体保护专项规划》《山体保护法定图则》,从而明确山体分级保护的分区管理。山体保护法定图则将为山体保护提供强有力的法治保障。

山体法定图则通常包含以下重要内容:①山体范围界定。明确山体的边界和面积,确保保护和管理的对象清晰准确。②土地利用规划。划分不同的功能区域,如保护区、限制开发区、适度开发区等,并规定每个区域的允许用途。③生态保护要求。制定具

① 参见《山地城市中山体的多重判读——以贵阳为例》,载网易网 2017 年 8 月 8 日,http://www.163.com/dy/article/CRB920550519C1CN.html。

② 参见杨葳、王文奎等:《福州市山体保护规划研究》,载《规划师》2008 年第 8 期。

体的生态保护措施，包括植被保护、水土保持、野生动物保护等。④建设控制规定。对在山体范围内的建设活动进行严格限制，如建筑高度、密度、风格等方面的要求。⑤基础设施规划。规划与山体保护和利用相关的基础设施，如道路、排水、电力等，但要以对山体生态的影响最小化为前提。⑥灾害防治措施。提出山体滑坡、泥石流等地质灾害的监测和防治方案。

山体法定图则的作用在于：提供法律依据，使山体的保护和管理有法可依，确保相关决策和行动的合法性和权威性。规范开发行为，约束不合理的开发建设，保障山体的生态和景观价值不受破坏。促进统筹协调，协调不同部门和利益相关者之间的行动，形成保护和利用山体的合力。

4. 利用规划引导对山体资源的控制作用

从本质来讲，山体规划法律制度所衍生出的土地规划权是国家所拥有的一种公权力。它是社会发展进程达到特定阶段的必然结果，其诞生与私人财产权社会义务观念的兴起紧密相连。追溯其产生的根源，不难发现，土地规划权主要是为了有效应对私人在山体利用过程中所产生的外部性问题，进而对私人的山体利用行为实施预先规范与约束的一项关键制度设计，旨在确保山体资源的合理、有序开发与利用，维护公共利益和生态平衡。当代山体规划布局的具体内容能够归纳为政府和规划主管部门主导项目建设，通过规划和用途管制等一系列制度和保障措施限制私主体对山体的滥用，即使私主体合法地享有山体的使用权，一旦同公共权益发生冲突，就要做出让渡，由政府或其他主管部门进行征收。[①] 这也表明，在生态文明的今天，山体规划不再仅仅是自然科学领域、建筑学领域等才涉及的事项，它需要受法律的规制，在法律的框架下进行科学合理的规划。山体规划权属于政府行政管理权的范畴。其内涵主要指国家以积极主动的形式事先规划对山地利用，即公共权力对私主体合法资源利用的引导。由此可见，山地整体规划权对山地产权的干涉有着深远影响，是通过法律制度控制山地利用制度的预先方式和实质体现。山体利用规划应当划分山体的分级和分区，根据山体的条件，确定不同地区、不同情形的山体的保护和开发用途，并予以公告。同时要求"开发山体的单位和个人必须严格按照山体专项规划开发山体"。因此，山体保护规划也和土地规划一样，要担负着山体用途管制制度的功能。

实现山体资源的节约和集约利用，促进地区经济的可持续发展，必须从整体上做好山体利用的规划，坚持在"保护中开发，在开发中保护"总原则，坚持"资源开发与节约并举，把节约放在首位"总方针。[②] 为此，还应做到树立山体资源开发与管理的系统整体意识，实行山体总量动态平衡管理机制。实现山体特别是重点保护山体总量的动态平衡，从而为地区经济的可持续发展有效地提

① 参见谭纵波：《〈物权法〉语境下的城市规划》，载《国际城市规划》2009 年 S1 期。

② 参见李淼焱、王娟：《沈阳世博园可持续发展建议》，载《商业经济研究》2006 年第 33 期。

供保障,这是当前各级政府面临的一项艰巨且紧迫的任务,这就要求在深化改革过程中建立行之有效的管理机制和运行机制。根据行政区域的划分来实现山体总量的动态平衡,各级政府根据实际情况采取有效措施,切实管理好、保护好、规划好山体资源。要针对城乡建设用地规模建立起约束机制,从而有效地控制地供给总量;建立和完善系统的山体利用规划;有计划、有组织地开发后备荒山资源,增加可供利用山体的总量;有计划、有组织地开发和复垦废弃矿山等。

(二)山体用途管制权

山体用途管制是国家保护和合理利用山体资源的必然选择,是一种对山体的使用和开发进行管理和控制的措施,旨在保护山体的生态、景观和文化价值,同时实现合理的资源利用。用途管制制度(包括空间规划制度)的主要作用在于它可以有效杜绝对自然生态空间的随意变更,同时也是我国国土空间如何有效合理、充分利用的布局方式。①

1. 我国自然资源用途管制的制度梳理

在我国现行的法律体系中,并没有一部专门的"自然资源用途管制法"或者"自然生态空间用途管制法"。② 因此,我国自然资源

① 参见郭威、卓成刚主编:《自然资源管理体制改革研究》,中国地质大学出版社 2020 年版,第 128 页。

② 参见施志源:《自然资源用途管制的有效实施及其制度保障——美国经验与中国策略》,载《中国软科学》2017 年第 9 期。

用途管制制度处于“零散”与“杂乱”的状态。一直以来，在制度管理上，自然资源用途管制规章制度主要是在自然资源管理的法律制度或政策法规中予以规范和要求，自然资源管理单位也习惯把自然资源主要用途管制视为我国自然资源管理制度的重要制度之一。

目前，我国自然资源管理体制的内容主要集中在根据不同资源类型确定相应的行政主体，并规范管理方式。但是类似山体这种不像土地、水、森林等具有“重要”地位的自然资源，其管理主体是模糊的。例如，机构改革之前，土地资源、矿产资源主要由国土资源部负责保护与合理利用，海洋资源由国家海洋局负责监管，现在应当由自然资源部统一负责。水资源由水利部门管辖，森林资源则由国家林业局（现为国家林业和草原局）负责管理。自然资源管理的“各自为政”导致了自然资源用途管制制度“散”与“杂”的局面。①

虽然自然资源管理制度整体上要求都要实行用途管制制度，但实际情况是，不同类型的资源，其用途制度建设步伐不一致。进展快又较完善的应当是土地用途管制制度。这是我国修订《土地管理法》（1998 年）时新设立的一项非常重要的亮点制度。从经济学角度看，土地用途管制是由行政机关进行的对土地利用主体行为的限制；从管理学角度看，土地用途管制的实质是国家为了促进

① 参见施志源：《自然资源用途管制的有效实施及其制度保障——美国经验与中国策略》，载《中国软科学》2017 年第 9 期。

社会整体发展,对土地利用活动进行调控的过程,是国家管理土地的重要措施,主要内容是对土地的合理利用、开发与保护。① 土地用途管制的立法主要体现在《土地管理法》的第一章总则和第三章土地利用总体规划中。《土地管理法》第4条明确了土地用途管制法律地位和总体内容,②第56条对土地用途的变更规则进行了规定。③ 还有配套的相关规定集中在《农业法》《基本农田保护条例》《农村土地承包法》等相关法律法规之中。

制定山体用途管制制度的目的是将山体像土地一样同等对待。当然在实践中涉及山体的土地时往往适用土地管理相关的法律法规,但是山体涵盖的资源很复杂,不仅包括土地,还有矿产、林木、植被等,因此有必要对山体实行专项的用途管制制度。通过制定山体用途管制制度,合理配置山体资源的开发和利用,配合山体规划,划分山体用途区域和界限,对用途变更实行许可的强制性管

① 参见田莉、夏菁:《土地发展权与国土空间规划:治理逻辑、政策工具与实践应用》,载《城市规划学刊》2021年第6期。

② 《土地管理法》第4条规定:"国家实行土地用途管制制度。国家编制土地利用总体规划,规定土地用途,将土地分为农用地、建设用地和未利用地。严格限制农用地转为建设用地,控制建设用地总量,对耕地实行特殊保护。前款所称农用地是指直接用于农业生产的土地,包括耕地、林地、草地、农田水利用地、养殖水面等;建设用地是指建造建筑物、构筑物的土地,包括城乡住宅和公共设施用地、工矿用地、交通水利设施用地、旅游用地、军事设施用地等;未利用地是指农用地和建设用地以外的土地。使用土地的单位和个人必须严格按照土地利用总体规划确定的用途使用土地。"

③ 《土地管理法》第56条规定:"建设单位使用国有土地的,应当按照土地使用权出让等有偿使用合同的约定或者土地使用权划拨批准文件的规定使用土地;确需改变该幅土地建设用途的,应当经有关人民政府自然资源主管部门同意,报原批准用地的人民政府批准。其中,在城市规划区内改变土地用途的,在报批前,应当先经有关城市规划行政主管部门同意。"

理制度。该项制度的实质是以保障公众利益为目的,对山体使用权或经营权人的权利进行合法限制,但是既然涉及私权利的干涉,就一定要严格控制权力行使的边界,能够“越界”的唯一理由就是保护公众利益,但要严防以公众利益的名义来满足行政机关自身的私欲。

2.要注意山体用途管制中权力与权利的关系

山体资源保护的制度体系应当主要包括两个方面:一是山体资源的物权制度,包括所有权制度和使用权制度;二是山体用途管制制度。二者从某种程度来看,恰恰是自然资源国家所有权中“权”的一体两翼:私权和公权。进一步分析,二者都涵盖着边界的本质。山体资源物权制度规定了公权力行使的边界,而山体资源的用途管制制度则规定了私权力行使的边界。对山体资源的开发利用权利需要有所有权基础,即所有权人对自己所有的山体资源进行开发利用,或者他人取得所有权人的授权或者许可,从而取得山体资源开发利用的权利。而山体资源用途管制制度是为了限制他主体对于山体所进行的开发和利用行为,绝对禁止对山体的破坏行为,这样就可以为山体规划制度增加更强的保护力度,两个制度相结合,达到最佳的合力效果。因此,在山体用途管制制度的执行过程中,始终存在权力和权利互相博弈的过程。如何处理好二权之间的关系,需要用途管制制度的合理设计和安排。同时这项制度也要求,在法律的框架下,在国土空间内,无论所有权的主体是谁,国家也不能因为其身份的特殊性而打破这一规则,去任意改变山体的用途,这是绝对禁止的。

事实上,山体资源的利用很有可能随着实际条件的变化而发生改变,也有可能随人文社会环境的变化而转变。因而,在对山地资源实行用途管制时,需要关注山体资源用途中的自然环境要素和人文环境要素,综合考虑山体资源利用转换的缘故,如城镇的经济发展、能源结构调整、人口流动数量增加等都有可能引起山体资源用途发生变化。还有的城市,由于人文关怀和社会的发展,山体旅游的必要设施需求在增加,可能需要将一部分山体进行开发。这些用途的变化都是对社会发展和人民需求的正常回馈,不应当予以否定。

但是,这种山体资源用途的转化必须严格控制在法律允许的合理的范围之内,以防止转化过多,从而影响山体的生态环境,破坏山体用途管制制度的刚性,特别是生态保护红线和城市发展边界线都应当是强制性的规定,除法律允许、政府批准的特殊情况外,不允许修改。山体用途管制制度就是要严禁任意改变山体的规划用途。建立山体资源开发许可制度和用途转用审批制度,严禁在各类山体保护区内随意设置开采权,包括采石权、采矿权、开发建设项目利用山体的权利等。严格保护山体资源,严格控制随意的山体开发行为。有序推进核心山体保护区以及国家重要山脉和自然保护区内矿业权的清理整顿,稳步落实矿活动的清退工作。推进用途管制从二维度向多个维度进行转变,促进山体内空间的保护和合理开发利用,促进山体空间全域保护。

3. 探索建立多层次山体用途管制措施和内容

第一,对于山体生态保护红线内区域,实现政府完全管制,政府应采取积极的管制策略,制定管理的目标、措施和具体制度。

第二,对于山体生态保护红线外的山体生态空间区域,政府应采取合作方式,结合各利益主体的意愿制定一体化的管制规则,通过适度的管制干预,在可控的范围内激活山体资源利用市场。

第三,对于山体生态空间外区域,政府采取趋势式管制方式,资源的利用结构与调节应由市场主导,资源的利用配置规则应主要由市场主体决定。

需要说明的是,山体用途管制制度并不代表着对任何主体在任何山体上进行开发建设的绝对禁止,管制权与开发权并存,二者都不能突破规则底线,处理好两个权力(利)之间的关系是处理好经济和环保之间关系的重要途径。

山体用途管制内容主要包括以下几个方面。

第一,分类管理。根据山体的生态重要性、景观价值、地质条件等因素,将山体划分为不同的用途类别,如生态保护区、风景旅游区、农业发展区、建设控制区等。

第二,开发许可。对于在山体范围内进行的建设、开采、种植等活动,实行严格的许可制度。只有在符合相关规划和规定的条件下,经过审批才能获得开发许可。

第三,活动限制。明确禁止某些可能对山体造成严重破坏的活动,如大规模的山体开挖、非法采矿、过度砍伐等。同时,对一些可能影响山体生态平衡的活动,如过度放牧、不合理的农业种植等进行限制和规范。

第四,生态修复要求。对于已经受到破坏的山体区域,规定相应的生态修复责任和措施,要求开发者在活动结束后进行生态恢复工作,使其尽可能恢复到原有的生态状态。

第五,监督与执法。建立有效的监督机制,加强对山体用途的日常巡查和监测。对于违反用途管制规定的行为,依法进行严厉处罚,以确保管制措施的有效执行。

(三)山体行政许可权

国家对自然资源的利用与开发实行管控的方式与主要手段是通过自然资源行政许可。行政许可是国家行使统治权和管理权的一种方式,本质上是对公民权利的限制,但目的是保护社会公众的利益实现。纵观我国《行政许可法》第 12 条所规定的 6 项行政许可事项,其设立的初衷无一例外都是为了维护公共安全和公共利益。在这 6 项许可事项里,根据许可的内容可以分为一般许可与特殊许可。一般许可通常是指对符合法定条件的申请人没有特殊限制,而直接发放许可证;特殊许可除了要满足一般许可的基本条件以外,对申请人还有特殊条件的限制。特殊许可最多使用在自然资源领域,包括对自然资源的开发、利用、配置等,原因在于自然资源的稀缺性,需要通过特许的方式对资源进行合理且公平的分配,比较典型的有水权、矿产资源权的取得等。

对于山体的开发利用,国家为了保护山体资源的生态效益、经济价值的合理使用以及生态安全与秩序,申请人也必须经过特许的方式才能够获得相应的开发使用权。这也是国家进行山体资源管理的重要手段。围绕着山体行政许可权,行政机关附随获得了管理、监督以及处罚的权力。当然这些权力的行使必须是在法的框架之下,即依法行政。涉及山体资源的行政许可情形应当包括以下几个方面。

第一,山体资源开发利用类。采矿许可,如果涉及山体的矿产资源开采,需要向自然资源管理部门(矿产资源管理机构)申请采矿许可证。通常在申请过程中要提交开发利用方案、环境影响评估报告、矿山地质环境保护与土地复垦方案等一系列材料,经审核批准后才能合法采矿,对山体进行挖掘等作业。取土许可,在一些工程建设或其他需要大量土方的情况下,可能涉及山体取土,需要向自然资源部门、城乡建设部门等申请取土的行政许可,需提交取土范围、取土量估算、取土后山体修复计划等材料。

第二,山体资源保护修复类。地质灾害治理工程许可,根据《地质灾害防治单位资质管理办法》,从事地质灾害治理工程勘查、设计、施工、监理等活动的单位需要取得相应资质。对于具体的山体地质灾害治理项目,需要经过自然资源部门等相关部门审批许可,提交地质灾害治理工程可行性研究报告、勘查设计方案、施工组织方案等。对于涉及国家、省、市重大项目建设需要调整山体保护利用规划的情形,项目建设单位要对建设项目规划选址选线进行评估论证,提出山体保护利用规划调整建议方案并报自然资源部门等审查。

第三,山体周边建设及相关活动类。建设项目规划许可,如果在山体周边建设建筑物、构筑物等,城乡规划部门在审核发放建设工程规划许可证等许可时,需要考虑对山体的影响。建设单位提交的规划方案中应包含对山体景观、生态保护的措施等内容。若涉及在山体上或山体中建设如通信基站、电力设施等公共服务设施和公共基础设施,要经过严格的规划选址、环境影响评价等程序,取得规划许可和相关建设许可。林地占用许可,当山体上有林地,因项目建设等原因需要占用林地时,如山体开发为旅游景区建设道路、服务设施等,需要向林业主管部门申请林地占用许可,提交项目批准文件、使用林地可行性报告等材料。

第四,生态环境保护类。水土保持许可,涉及山体的开发活动等,如果可能造成水土流失的,建设单位应编制水土保持方案报水行政主管部门审批,取得水土保持行政许可。

总之,山体资源行政许可权往往涉及多个管理部门和多种类型的许可,其核心是在保护山体生态、资源、景观、安全等价值的基础上,对必要的开发利用和建设等活动进行规范和审批。

(四)山体保护与管理权

山体的保护和管理权是山体资源国家所有权的重要权力,也是公权力的核心内容。山体的生态地位不同,保护的级别不同,同时对破坏山体的行为做出禁止性的规定,从而对山体进行有效的管理和保护。禁止行为是根据山体保护分类对应不同的行为内容,根据目前已经出台的地方山体立法来看,在地方山体立法中,有 2 部是列举了允许的开发行为,未列举的都视为禁止行为，其他的22部地方山体立法都明确列举了禁止山体破坏行为的种类（见表11），首先根据山体保护分区的不同，对禁止行为的内容要求范围不同，一般包括以下禁止行为内容。

表11　地方山体立法中禁止行为的条款

依据	禁止山体破坏行为的条款
《青山保护条例》	第9条　在禁止开发区实行全面封禁保护，禁止一切破坏山体和依附山体植被的活动 第10条　在限制开发区内，不得勘探、开采地下资源以及从事排渣、挖砂、采石、取土、开垦、修建坟墓等破坏山体和依附山体植被的行为；修建公路、水利、通讯、电力等基础设施建设和文物考古等公益活动，应当经省人民政府批准
《恩施条例》	第24条　山体保护范围内禁止下列行为： （一）开山、采石、挖砂、取土、开垦林地等开采活动； （二）未经许可修建建（构）筑物等建设活动； （三）在非指定区域建造坟墓； （四）乱倒乱堆建筑渣土等废弃物； （五）擅自移动、损毁界桩或者其他边界标识； （六）法律、法规禁止的其他行为
《三亚市条例》	第11条　在重点保护山体保护范围内禁止下列行为： （一）新建、改建或者扩建度假村、酒店、商品房等商业开发项目； （二）新建、改建或者扩建旅游船舶停泊码头； （三）开山、探矿、采矿、采石、采砂、采土等破坏山体或者毁坏林地、林木的活动； （四）新建、改建、扩建公墓或者公益性墓地，或者在非指定区域内建造坟墓； （五）修建储存爆炸性、易燃性、放射性、毒害性、腐蚀性物品的设施； （六）倾倒、填埋、堆放生活垃圾、建筑垃圾或者其他固体废物； （七）毁林开垦、种植芒果等经济林木； （八）破坏天然、原生、生物多样性丰富或者林相结构优良的林种的活动； （九）法律、法规规定的其他侵占、破坏山体的行为

续表

依据	禁止山体破坏行为的条款
《十堰市条例》	第19条　在山体保护范围内禁止下列行为： (一)擅自改变山体用途性质或者超出批准范围占用山体的； (二)擅自开山采石、探矿采矿的； (三)擅自挖砂取土、毁林开荒种植农作物等破坏山体植被的； (四)擅自倾倒、堆放、丢弃建筑渣土等废弃物的； (五)乱砍滥伐林木的； (六)乱搭乱建建筑物的； (七)违法排放污染物的； (八)擅自移动、损毁山体保护标志的； (九)未取得建设工程规划许可证或者违反建设工程规划许可证规定进行建设的； (十)其他对山体生态环境构成破坏的行为
《江门市条例》	第16条　市区山体保护范围内禁止下列行为： (一)擅自采石、挖砂、取土； (二)未经规划许可或者违反规划许可修建建筑物、构筑物； (三)在非指定区域内建造坟墓； (四)随意倾倒、抛撒、堆放垃圾； (五)擅自采伐林木； (六)损毁、擅自移动界桩或者其他保护标识； (七)其他损害山体的行为
《益阳市条例》	第17条　禁止在山体保护范围内实施下列行为： (一)擅自挖山、采石、采砂、取土、开垦林地； (二)非法采伐、移植、毁坏林木,采挖重点保护野生植物,非法狩猎； (三)擅自在森林防火区内野外用火； (四)倾倒或者堆放垃圾、工业废渣、砂石等废弃物； (五)其他破坏山体生态、景观的行为
《济南市办法》	第15条　在重点保护名录的山体范围内,除依法批准的交通、水利、林业、电力、消防、通信、气象、地震监测、景观游赏等公共服务设施和公共基础设施外,不得进行与生态功能保护无关的生产和开发活动。禁止下列行为： (一)开山采石、探矿采矿； (二)挖砂、取土； (三)新建、扩建坟墓；

续表

依据	禁止山体破坏行为的条款
	(四)对既有建(构)筑物进行改建、扩建; (五)乱搭乱建建(构)筑物; (六)毁林开荒、乱砍滥伐林木; (七)倾倒、堆放城市生活垃圾或者建筑垃圾; (八)倾倒、堆放、填埋工业固体废物和危险废物; (九)建设工业固体废物和危险废物集中贮存、处置的设施、场所和生活垃圾填埋场; (十)法律、法规规定的其他侵占、破坏山体的行为
《岳阳市条例》	第14条第1款　在一级保护山体范围内禁止实施下列行为: (一)倾倒或者堆放垃圾、工业废渣等废弃物; (二)采伐、移植、毁坏林木,采挖重点保护野生植物,非法狩猎; (三)修建储存爆炸性、易燃性、放射性、毒害性、腐蚀性物品的设施; (四)在森林防火区内野外用火; (五)挖山、开矿、采石、采砂、毁林开垦; (六)擅自新建、改建、扩建建筑物、构筑物和设施; (七)新建、改建、扩建墓地; (八)其他破坏山体生态、景观的行为
《双鸭山市条例》	第15条　中心城区山体绿线保护规划范围内不得实施下列行为: (一)擅自采石、挖砂、取土; (二)擅自采伐林木、破坏植被; (三)非法改变林地使用用途; (四)随意倾倒、抛撒、堆放垃圾; (五)在非指定区域内建造坟墓; (六)未经规划许可或者违反规划许可修建建筑物、构筑物; (七)其他侵占、损害山体绿地的行为
《咸宁市条例》	第21条　山体保护线内禁止下列行为: (一)擅自新建、扩建、改建建筑物、构筑物; (二)毁林开垦、采石、采砂、取土、采矿等破坏山体的完整性和原貌; (三)新建、扩建、改建坟墓; (四)擅自砍伐林木、采种、采脂、掘根、剥树皮等损毁树木、野生植物;

续表

依据	禁止山体破坏行为的条款
	(五)倾倒、堆放、填埋垃圾和渣土; (六)修建储存爆炸性、易燃性、放射性、毒害性、腐蚀性物品的设施; (七)烧荒、烧秸秆、野炊等野外用火; (八)其他侵占、破坏山体的行为
《驻马店市条例》	第17条　在重点保护名录山体范围内,禁止从事下列行为: (一)采石、采矿、挖砂、取土; (二)新建、扩建公墓; (三)新建风力发电项目; (四)新建、改建或者扩建宾馆、招待所、培训中心、疗养院、商品住宅以及与山体保护无关的其他建筑; (五)建设工业固体废物和危险废物集中贮存、处置的设施、场所和生活垃圾填埋场; (六)倾倒、堆放生活垃圾或者建筑垃圾; (七)倾倒、堆放、填埋废石、矿渣等固体废物和危险废物; (八)毁林开垦、滥伐林木; (九)其他破坏山体的行为
《镇江市条例》	第18条　一级山体保护名录的山体保护控制线内,禁止实施与山体保护无关的任何活动;确属国防军事设施建设、国家和省级重大建设、必要的公共基础配套设施建设项目的,应当依照法定程序,报经有批准权的机关批准 第19条　二级山体保护名录的山体保护控制线内,禁止下列行为: (一)开山采石、露天采矿; (二)工程取土; (三)破坏山体植被; (四)以开荒、烧荒方式种植农作物; (五)擅自新建、改建、扩建建(构)筑物; (六)设置固体废弃物堆放场所; (七)倾倒、堆放、填埋废弃物; (八)野炊烧烤、丢弃火种; (九)新建、扩建墓地; (十)其他侵占、破坏山体的行为

续表

依据	禁止山体破坏行为的条款
《泸州市条例》	第23条　在山体保护范围内禁止下列行为： （一）擅自改变山体土地用途性质或者超出批准范围占用山体； （二）未经规划许可或者违反规划许可修建建（构）筑物； （三）毁林开垦、采石、采砂、采土、采矿； （四）擅自砍伐林木、猎捕野生动物、采挖野生植物； （五）砍伐和擅自移植古树名木； （六）倾倒、堆放、填埋生活垃圾、建筑垃圾、工业固体废物和危险废物等废弃物； （七）烧荒、烧秸秆、野炊等野外用火； （八）其他破坏山体及其生态环境的行为
《烟台市条例》	第17条第1款第2句　禁止下列行为： （一）开山采石、探矿采矿； （二）挖砂、取土； （三）修坟立碑或者建设经营性墓地； （四）对既有建筑物、构筑物进行改建、扩建； （五）建设工业固体废物集中贮存、处置的设施、场所； （六）毁林开荒、乱砍滥伐林木； （七）乱搭乱建建筑物、构筑物； （八）倾倒、堆放生活垃圾或者建筑垃圾； （九）倾倒、堆放、填埋工业固体废物和危险废物； （十）法律、法规规定的其他侵占、破坏山体的行为
《汕尾市条例》	第15条　在山体保护范围内，禁止下列行为： （一）破坏或者擅自移动界碑、标志； （二）擅自探矿、采矿； （三）擅自采伐林木、开垦林地、采石、采砂、取土等； （四）擅自倾倒、堆放、丢弃、遗撒生活垃圾或建筑垃圾等废弃物； （五）排放油类、酸碱液体等有毒有害废液； （六）其他破坏自然生态和人文景观以及生物多样性的行为
《六盘水市条例》	第15条　在城市山体保护范围内禁止下列行为： （一）擅自开山采石、挖砂取土、探矿采矿； （二）擅自毁林开荒种植农作物和经济作物； （三）倾倒、堆放、填埋建筑渣土等废弃物； （四）擅自移动、损毁城市山体保护标识； （五）改变城市山体用途性质或者超出批准范围占用城市山体； （六）未经许可进行建设； （七）法律、法规禁止的其他行为

续表

依据	禁止山体破坏行为的条款
《威海市条例》	第21条　在一般保护区内,禁止实施下列行为: (一)擅自探矿采矿; (二)擅自开山采石、挖砂、取土; (三)擅自新建、改建、扩建建(构)筑物; (四)毁林开荒、乱砍滥伐林木; (五)非法采挖重点保护野生植物,非法狩猎; (六)倾倒、堆放生活垃圾或者建筑垃圾和其他废弃物; (七)其他破坏山体的行为
《莆田市条例》	第14条第3款　重点保护山体范围内,禁止下列行为: (一)采石、采矿、挖砂、取土; (二)房地产开发; (三)新建、扩建风力发电项目; (四)新建、扩建坟墓; (五)建设固体废物贮存、利用、处置的设施、场所或者倾倒、堆放、填埋固体废物; (六)新建、改建或者扩建与山体保护规划不相符的其他建(构)筑物; (七)法律法规禁止的其他侵占、破坏山体的行为
《资阳市条例》	第17条　在山体保护范围内禁止下列行为: (一)未经规划许可或者违反规划许可修建建(构)筑物; (二)擅自改变山体土地用途性质或者超出批准范围占用山体; (三)擅自挖山、开矿、采石、取土、开垦等破坏山体完整性和原貌; (四)倾倒、堆放、填埋生活垃圾、建筑垃圾、工业固体废物和危险废物等废弃物; (五)擅自移动、损毁山体保护界碑或者标志; (六)烧荒、野炊等野外用火; (七)擅自砍伐林木、猎捕野生保护动物; (八)其他损害山体及其生态环境的行为
《三明市三元区条例》	第14条第1款　在重点保护区内禁止下列行为: (一)房地产开发; (二)新建、改建、扩建与山体保护规划不相符的其他建(构)筑物; (三)挖砂、取土、采石、挖土洗砂; (四)倾倒、抛撒或者堆放建筑垃圾; (五)毁林开垦和其他毁坏林木、林地的行为; (六)烧荒、烧秸秆、野炊等野外用火; (七)法律法规规定的其他破坏山体的行为

续表

依据	禁止山体破坏行为的条款
《本溪市条例》	第11条　一级保护山体除下列项目外,禁止其他侵占、破坏山体的行为: (一)必要的基础设施或公益性公共服务设施; (二)山体防灾设施; (三)必要的山体景观游憩设施; (四)军事、保密等特殊用途设施; (五)法律法规允许的其他建设行为。 第12条　二级保护山体除下列项目外,禁止其他侵占、破坏山体的行为: (一)本条例第十一条规定可以建设的项目; (二)市人民政府依法批准的其他项目
《铜仁市条例》	第24条　山体内禁止下列行为: (一)擅自扩建既有建筑物; (二)在城市面山体新建、扩建坟墓或者新立墓碑; (三)倾倒、堆放生活垃圾或者建筑垃圾等废弃物; (四)毁林开荒,擅自砍伐林木和移植古树名木; (五)烧荒、烧秸秆、野炊等野外用火; (六)其他破坏山体和植被的行为
《景德镇市条例》	第16条　城市山体保护范围内禁止下列行为: (一)侵占城市山体或者擅自改变城市山体用途性质; (二)未经规划许可或者违反规划许可修建建筑物、构筑物; (三)擅自采矿、采石、挖砂、取土; (四)盗伐、滥伐林木; (五)采伐、毁坏古树名木和国家列入保护名录的野生植物,猎捕、危害列入保护名录的野生动物; (六)毁林开垦、毁林采种和违反操作技术规程采脂、挖笋、掘根、剥树皮及过度修枝; (七)违反森林防火规定,烧荒、烧杂物、野炊等野外用火; (八)擅自开垦林地; (九)新建、扩建、改建坟墓; (十)随意倾倒、抛撒、堆放、填埋生活垃圾和建筑垃圾; (十一)擅自设置户外广告; (十二)其他损害城市山体及其生态环境的行为

综合上述地方山体立法中关于“禁止行为”的列举，虽然列项数量有差别，禁止行为的种类不同，但归类、整理后发现，出现较多的主要是6类禁止行为（见图7）。

（1）开采活动（开山、采石、探矿、采矿、挖砂、取土、开垦林地）；

（2）放置废弃物（生活、建筑垃圾或其他固体废弃物）

（3）新建、改建、扩建建（构）筑物；

（4）新建、改建、扩建公墓，违规建设坟墓；

（5）烧荒、烧秸秆、野炊等野外用火；

（6）擅自移动边界标识。

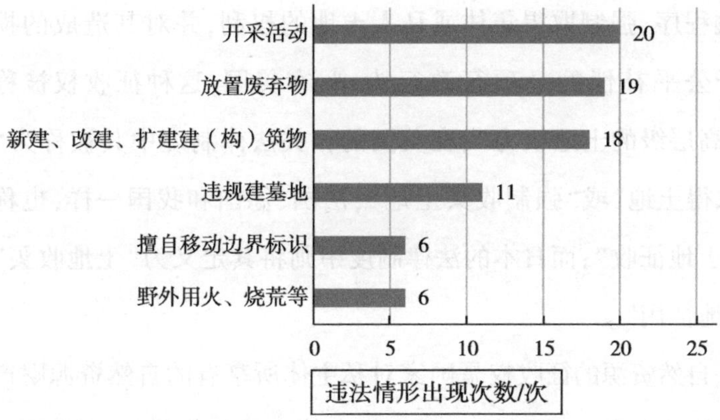

图7 地方山体立法中禁止行为的类型

根据山体所在区域的不同，保护山体的等级不同，禁止行为的程度不同。如果是重点山体保护区，上述行为属于绝对禁止；如果是一般山体保护区，将上述禁止行为前面加上“擅自”一词，意味着在山体的一般保护区范围内，对这类行为是相对禁止的，即如果获得行政特许权，就可以进行相应的行为。

(五)山体征收权

征收,是指国家基于公共利益的需要,通过自身行政权取得集体、个人财产所有权并给予其适当补偿的行政行为。[①] 换言之,征收就是以转移所有权为条件进行的,将集体所有变成国有。征用,是指国家依照法律规定的条件将集体或个人的土地等财产收归公用的措施。对比征收而言,征用是不以转移所有权为条件就可以进行的,不改变土地的原来属性。土地征收主要是指国家源于公共利益的需求,依照法律规定的权限范围和征收程序,强制取得集体或私人土地的权利,并对其造成的损失给予公平补偿的一项行政行为。[②] 在美国,这种征收权被称为"最高层级的土地权力";在英国的相关法律制度中其被称为"强制取得土地"或"强制收买土地";法国、德国和我国一样,也称其为"土地征收";而日本的法律制度中则将其定义为"土地收买"或"土地征用"。

自然资源的征收权是国家对私主体所享有的自然资源财产权最直接的占有和剥夺,私有财产权主体为了公共利益,不得不做出利益牺牲和利益让与,而承担额外的公共负担。[③] 例如,在土地管理

① 参见税屋:《在企业名称登记中国民经济行业分类标准仅具有参照适用的效力》,载税屋网 2018 年 9 月 29 日,https://www.shui5.cn/article/2c/85923.html。

② 参见张先贵:《我国土地管理权行使方式研究》,南京大学 2014 年博士学位论文。

③ See Erril. Bryson, Condemnation & Eminent Domain, *Valuation Florida Department of Transportation v. Armadillo Partner*, 33 Stetson L. Rev. 693(2003 – 2004).

权的体系[①]当中，土地征收权应当是最典型的一种管理权，是国家对私人财产“最为极端和最为突出的一种社会限制”。

山体征收权是指政府或相关部门为了公共利益的需要，依照法律规定的程序和条件，对山体及其相关资源进行征收的权力。目前，我国关于山体征收的问题主要是划归到土地征收的相关规定中，适用土地征收的相关法律规定[②]，由土地征收的审批和实施行政主体负责，并遵守土地征收流程（见图 8）。如果是山体上覆盖林木的山林征收，由于林地作为一种特殊类型的土地，其使用管理由林业行政主管部门负责，并由《森林法》等专门法律来调整。[③]根据《中华人民共和国森林法实施条例》《占用征用林地审核审批管理办法》等关于林地征收的相关规定，一般来说，征收林地，应当在办理征地审批手续前，向县级以上林业行政主管部门申请办理《使用林地审核同意书》。

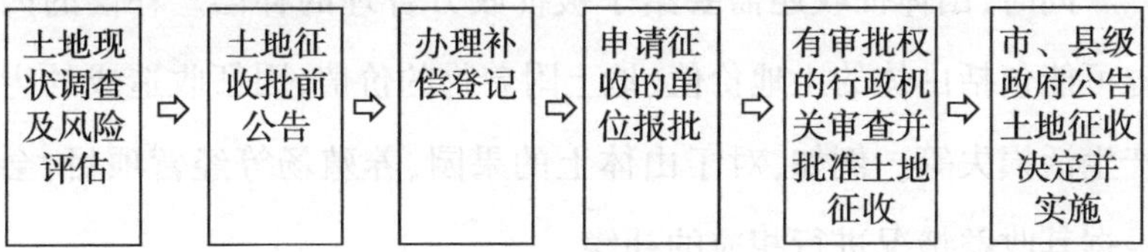

图 8　土地征收流程

---

① 土地管理权的体系中应当包括：土地规划权、用途管制权、土地开发许可权等。

② 主要是适用《土地管理法》和《中华人民共和国土地管理法实施条例》中关于土地征收的相关规定。征地审批权属于省级以上人民政府，实施工作由市、县级人民政府负责组织，土地征收以高效、妥善开展为目标。

③ 参见《林地承包手续》，载华律网 2022 年 8 月 8 日，http://m.66law.cn/topic2010/ldcbsx/。

基于上述的原因,我国没有专门针对山体征收的相关法律制度规定,特别是自然资源部门产生之后,相关资源职能部门的职权都进行了调整,应当借着这一契机,对山体征收明确征收审批和实施主体,以及明确山体征收的操作流程,而不是依据山体的土地被征收还是附着的林木被征收分别受土地管理和林木管理相关法律制度的调整。

山体征收通常需要遵循严格的法律程序和规定。必须有明确的公共利益目的。例如,修建重要的基础设施,如铁路、公路、水利工程,或者进行生态保护、灾害治理等项目。在决定征收之前,需要进行充分的调查和评估,包括山体的资源价值、生态环境影响、周边居民的利益等。例如,某地区为了修建一条高速公路,需要征收一部分山体用于道路建设。在这个过程中,相关部门会组织专业人员对山体的地质结构、植被情况进行勘察,评估征收对生态的影响,并制定相应的补偿方案和生态恢复措施。

同时,山体征收还需要给予被征收方合理的补偿。补偿的内容可能包括山体的土地价值、地上附着物的价值、因征收造成的生产生活损失等。例如,对于山体上的果园、养殖场等经营项目,会根据其收益情况进行相应的补偿。

另外,山体征收过程中应当保障公众的知情权和参与权。政府部门需要依法公示征收的相关信息,听取被征收方和社会公众的意见和建议。如果被征收方对征收决定或补偿方案不满意,可以依法申请行政复议或提起行政诉讼来维护自己的合法权益。

总之,山体征收权的行使必须在法律的框架内,以保障公共利益的实现和被征收方的合法权益。

(六)山体监督与处罚权

1. 山体监督权

山体监督权是对山体相关事务进行监督和管理的权力。山体资源所有权的“权”虽然具有私权和公权双重属性,但从保护山体资源的双重属性的最终目标来看,归根结底都离不开公法上的权力保障,即管理权的行使。当然山体资源所有权的行使不能回避因其具有经济价值而作为一项经济资源所面临的权利配置、分配等问题。对于国有的山体资源,由国务院代表国家行使山体资源权利和权力,但是这种权利,特别是权力通常由地方政府实施。同时,山体资源国家所有权整体是不能让渡的,但可以将使用权分配出去,收取利益,这也是山体资源产生价值的前提。相对人通过合法程序取得山体使用权,国家征收相关收费。此时,行政机关不得无故干涉山体使用权人的权利和自由,但相关行政机关仍可以有义务依法监督山体使用权人的用山活动。作为公共管理者,地方政府在山体资源所有权行使制度中更应该发挥管理作用。山体资源的监管权根据国家所有权的性质应当衍生出两种权属:一是作为以全民所有者的代理人,监管行政主体对山体资源使用权的配置行为,是否符合山体规划以及配置程序等;二是作为行政管理者,监管使用权人对山体的开发利用行为,是否符合法律规定、能否实现集约节约利用以及可持续开发等。[①]

---

① 参见郭琳琳:《自然资源资产统一监管权及其法律边界》,载《国土资源情报》2018 年第 11 期。

山体资源监管的国家法律基础缺乏,地方山体立法也在摸索之中,导致在山体资源管理体系中,面临最大的问题就是管理安排上出现冲突。例如,山体上的土地资源有土地监管制度,山体上附着的森林有森林资源监管制度。山体内的矿产有矿产监管制度,涉及水土问题的还有水土监管制度。如何做好山体资源的监督制度,对于山体的管理和保护有着重要的作用。各地方山体立法中有的能对山体监督管理制度做出明晰化的类似于权力清单的设置,而部分立法还存在"由相关职能部门负责"类似的模糊化权力制度表达。

2018 年《国务院机构改革方案》中做出了重要创新举措,成立了自然资源部。自然资源部的成立不仅能够更好地开发和合理利用自然资源的经济价值,而且有利于增强对自然资源的管理力度,保障自然资源的生态和社会效益。然而在之前的几十年里,各种自然资源分散管理,导致自然资源的行政管理关系混乱,有交叉有空白,不仅没有有效利用自然资源的经济价值,而且对生态价值造成了严重的破坏。基于此,国家通过机构改革成立了自然资源部,对自然资源行政管理法律权利和权力进行了全新配置,借以能够全面实现自然资源的经济、社会和生态价值。

山体监督权的主体通常包括行政机关、社会组织以及公众。政府部门,如自然资源部门、环保部门等,依据法律法规和职责分工,对山体的开发利用、保护修复等方面进行监督,确保各项活动符合规划和法律要求。

行政机关在行使国家所有权的权力时要知道权力的底线和边

界,就山体资源的国家所有权的行使方面来说,必须坚持在这样的原则下,建立起统一行使山体资源的监管制度。更具体地看,就是要赋予自然资源部门统一行使山体资源国家所有的监管权力。当然也有的地方山体立法中是将山体资源的监管权进一步细分,即将山体资源的资源管理权由自然资源部门享有,而山体污染物排放的监管权由生态环境部门行使。这样划分的优点是职权划分更细,但前提是划清两部门的权力边界,消除权力分配的模糊性。因此,建议由自然资源部门统一行使山体资源的总体监管的职责,包括:山体规划权、用途管制职责、组织协调山体资源相关管理部门的部门联动等。在自然资源部门的统一规划、监管和协调之下,可以使对山体资源的管理从粗放式的监管模式转变为精细化监管方式,用主动监管代替被动监管。同时,还要实行山体资源资产离任审计制度,终身负责制,通过编制自然资源资产负债表,强化对各级政府山体资源消耗、生态损害和生态效益的责任进行考核,对于违法违规做出各项决策导致山体生态破坏的,相关行政责任人员必须负行政责任。

自然资源部门监督山体的采矿活动是否合法合规,是否存在超范围开采、破坏生态等问题;环保部门监督山体周边的企业是否存在违规排放污染物,影响山体生态环境的情况。

社会组织也在山体监督中发挥着重要作用。一些环保组织、志愿者团体通过实地调研、监测等方式,关注山体的变化,发现问题并向有关部门反映。比如,某环保组织定期对山体的植被覆盖情况进行监测,发现植被破坏严重的区域,及时向政府提出保护建议。

公众作为山体的使用者和受益者,也拥有一定的监督权。公众可以通过举报、投诉等方式,反映山体存在的问题,如非法采矿、乱砍滥伐等。

为了有效行使山体监督权,需要建立健全相关的制度和机制。例如,完善信息公开制度,让公众及时了解山体保护的相关政策和规划,以及山体的现状和变化情况;建立举报奖励制度,鼓励公众积极参与监督;加强执法监督,对监管不力的部门和人员进行问责。

2. 山体行政处罚权

山体行政处罚权是指相关行政主体依法对违反山体保护、开发利用等相关法律法规的行为实施行政处罚的权力。山体资源的处罚权主要以《自然资源行政处罚办法》作为依据,以“遵循公正、公开的原则,做到事实清楚,证据确凿,定性准确,依据正确,程序合法,处罚适当”为处罚原则。自然资源行政处罚包括:警告、通报批评;罚款、没收违法所得、没收非法财物;暂扣许可证件、降低资质等级、吊销许可证件;责令停产停业;限期拆除在非法占用土地上的新建建筑物和其他设施;法律法规规定的其他行政处罚。山体行政处罚的情形主要是针对前述的山体立法中明确列举的山体禁止行为。行使山体行政处罚权应当遵循法定程序,保障当事人的合法权益,如告知当事人处罚的事实、理由和依据,给予当事人陈述和申辩的机会等。同时,行政处罚应当与违法行为的性质、情节以及社会危害程度相当,做到公平、公正、公开。

难点在于处罚权的权力享有主体,各地方山体立法对此规定还存在较大差别,主要分为四大类(见图9)。

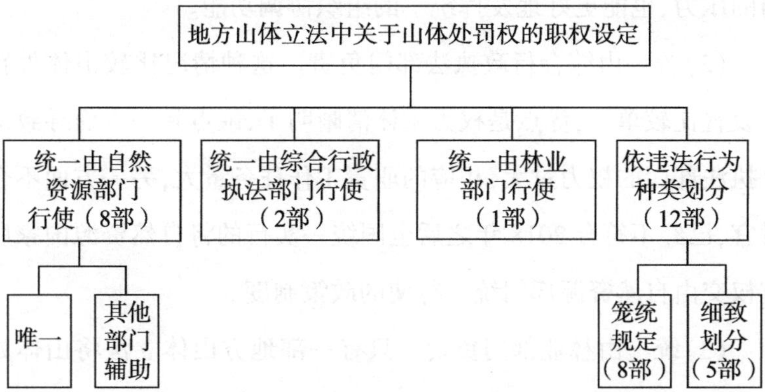

图9　地方山体立法中山体处罚权的职权设定

(1)统一由自然资源和规划部门负责。将山体处罚权赋予自然资源和规划部门的地方山体立法,一般是在2019年之后制定的。因为自然资源部门的成立,相关资源立法就做出了相应的调整。其中也有在2019年之前制定的山体立法中规定了由国土资源部门统一行使处罚权,当然在2019年机构改革之后,应当转由自然资源部门统一行使职权,因此这种立法规定也应当属于此种情形项下。如果进一步详细划分的话,在自然资源部门统一行使处罚权下又具体分为两种情况:一种是完全由自然资源和规划部门行使处罚权,另一种是以自然资源部门为主,以生态环境部门、林业部门、水行政主管部门以及城市管理相关行政部门为辅设置处罚权。

这种处罚职权的设定方式优点在于紧跟国家结构变革,由自然资源部门统一监管包括山体资源在内的自然资源,但以自然资源部门为主,其他部门辅助的方式更为可取,可以缓解自然资源部门的压力,也能更好地发挥统一的组织协调功能。

(2)统一由综合行政执法部门负责。这种情况比较山体处罚权设置比较单一,优点是权力主体清晰明了,缺点是一方面导致综合执法部门的权力过大,相应的职责工作任务量大,另一方面不合时宜,已经不符合 2018 年之后全国统一实行的将自然资源国家所有权交由自然资源部门统一行使的政策制度。

(3)统一由林业部门负责。只有一部地方山体立法将山体处罚权统一指定为林业部门享有,这显然忽视了山体禁止行为的多种类型,绝不仅仅是山林、植被的破坏。因此,这种处罚权设定的方式应当被否定。

(4)根据不同的违法行为种类对应不同的行政职能部门。此种方式在目前已经出现的地方山体立法中数量最多,占比将近一半。但是这 12 部立法规定当中,有 7 部对处罚权的规定非常笼统。[①] 另外 5 部立法对于山体处罚权的规定则划分得非常详细,尤其以《驻马店市条例》和《汕尾市条例》为典型代表。这 5 部立法对山体处罚权的划分比较一致,主要分为四大部门(见图 10)。

① 此种情形下又分为两种情况:一种是彻底笼统规定。例如,《岳阳市条例》第 26 条规定:"公民、法人及其他组织违反本条例规定,由相关行政主管部门依法处理;构成犯罪的,依法追究刑事责任。"而且在该条例的职权分配章节中也没有做出职权的明确划分,这种立法规定是十分缺乏可操作性的。而另一种是虽然在处罚权的设定上很笼统,但是在职权分配的章节中则规定得非常明晰(见图 10),这种方式其实已经有效解决了处罚权的细致划分问题。

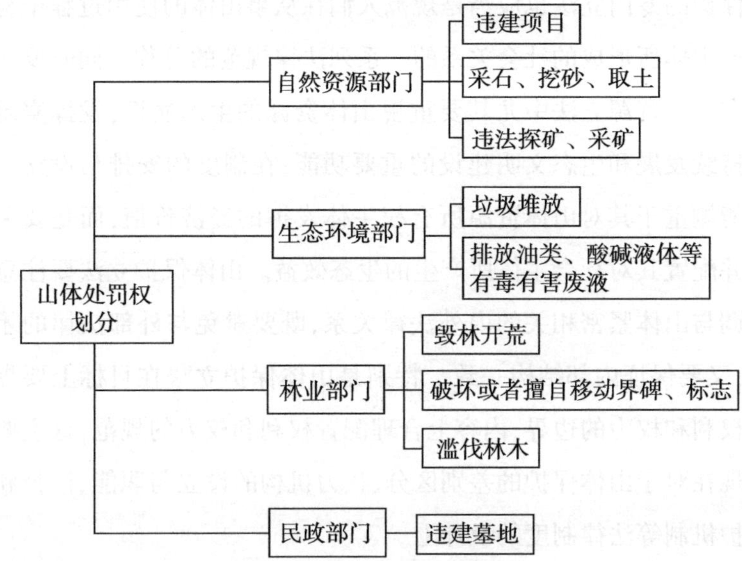

图10　山体处罚权的划分

五、有效途径:规范山体资源国家所有权权力行使的制度保障

(一)基础:山体保护专项立法

山体保护专项立法的必要性上文已经论述,不再赘述,此部分要关注的是山体专门立法的制定在制定与设计时,务必要遵循自然资源法的相关法理依据并以自然资源法律制度为基石。自然资源法重在调整的是第二环境问题当中的资源破坏问题,是规范人们使用自然资源的过程中确立的自然资源权属关系、流转关系、保护关系、管理关系以及其他社会关系的法律规范的总称。山体资

源保护的专门立法也应当是规范人们在从事山体的使用过程中与其他主体所形成的社会关系的一系列法律规范的总称。同时要注意在山体资源立法中尤其要重视山体资源的生态属性,发挥实现可持续发展和生态文明建设的重要功能,在制度的安排与设立上不能侧重于其对山体资源所有权主体发挥的经济价值,而是要关注并配置其对社会主体所产生的生态效益。山体保护立法要注意协调与山体紧密相关的内外法律关系,既要避免与外部法律的矛盾,又要保证内部结构一致。特别是山体保护立法在目标上要界定权利和权力的边界,内容上合理配置权利和权力的规范,这主要体现在对于山体保护的差别区分、权力机构的设立与职能、监督和保护机制等法律制度的设计上。

自然资源部法规司把全力推进自然资源法治建设作为重中之重。自然资源部的重点工作内容之一就是要严格规范自然资源相关行政权力的合法运行。因为自然资源管理往往涉及行政相对人重大的财产权利,所以如何规范行政权力的运行就成为其工作的重中之重。要按照决策权、执行权、监督权既相互制约又相互协调的原则,完善各方面监督制度,切实把权力关进制度的笼子,确保自然资源系统按照法定权限和程序行使权力。

要进行山体保护专项立法,建议考虑以下步骤和要点。

首先是立法调研。全面了解山体的现状和面临的问题,包括山体的生态环境、地质结构、植被覆盖、文化价值等方面的情况,以及当前存在的破坏、侵占、不合理开发等问题。例如,组织专业的地质、生态、文化等领域的专家团队进行实地勘察和评估。收集相关数据和资料,如历年山体破坏的案例、生态监测数据等。

研究国内外已有的山体保护相关法律法规和政策,选取成功经验和有效措施。分析我国已经出台的山体保护地方立法的相关内容和实践困境,了解公众对山体保护的看法和需求,征求相关利益方的意见和建议。开展公众问卷调查、听证会等,听取当地居民、企业、环保组织等的意见和建议。

其次,明确立法目的和原则。确立立法的主要目的,如保护山体的生态系统完整性、维护山体的文化和景观价值、保障公众的环境权益等。例如,以“保护山体生态,传承文化遗产,促进可持续发展”为立法目的。确定立法应遵循的原则,如生态优先原则、预防为主原则、综合治理原则、公众参与原则等。坚持生态优先原则,确保山体生态功能不受损害。

再次,确定法律框架和主要内容。明确山体保护的范围和对象,包括特定的山脉、山体区域等。例如,将具有重要生态功能、文化价值或地质遗迹的山体纳入保护范围。规定山体保护的规划和管理制度,包括制定山体保护规划、划定保护分区、明确管理责任等。要求地方政府制定山体保护专项规划,并明确各部门在山体保护中的职责。设定山体开发利用的限制和审批程序,对采矿、建设、旅游开发等活动进行严格规范。规定在山体保护区域内,禁止大规模采矿和无序的旅游开发,所有开发活动必须经过严格的环境影响评估和审批。制定山体保护的监督和执法机制,明确监督主体、执法权限和程序、处罚措施等。建立山长制以及专门的山体保护执法队伍,赋予其相应的执法权力,对违法行为进行严厉打击。规定山体保护的公众参与和教育制度,鼓励公众参与监督和保护,加强山体保护的宣传和教育。设立公众举报渠道,对提供有效线索的公众给予奖励;开展山体保护的科普宣传活动,提高公众的保护意识。

最后,要定期对法律的实施效果进行评估和调整,根据实际情况对法律进行修订和完善。每隔一定年限对山体保护的状况进行评估,根据评估结果对法律进行调整和优化。通过以上步骤和措施,可以制定出一部科学、合理、有效的山体保护专项法律,为山体的保护提供有力的法律保障。

(二)原则:山体资源国家所有权权力的行使及其制度设定必须兼顾公私利益

国家存在的重要理由之一应当是保护全体公民的生命安全和财产安全,保护和促进社会公共利益的增长。山体资源国家所有权行使的根本目的是保障全民自然资源利益得到保护,公平分配,因此赋予所有权的公权性质也是对这一根本的公益目的有效回应。因而,在山体资源国家所有权权力的行使中只能是制约私主体行为中可能涉及他人生命和财产安全及可能有损社会公共利益的部分,除此之外,私主体应当享有完全的自由。[①] 山体资源国家所有权权力的行使必须兼顾公私利益,而不能以保护公共利益为借口损害合理开发和利用山体资源的私权利。

山体资源国家所有权权力行使制度的设定必须兼顾公私利益,这是确保制度合理性和有效性的关键。从公共利益的角度来看,山体具有重要的生态功能,如保持水土、调节气候、提供水源涵养等。

① 参见《国家权力的行使还应当与义务和责任相对应》,载永哲论文网,http://www.yzthesis.com/lunwen/faxue/faluluoji/2019-10-23/83880.html。

它们还可能拥有文化、历史和科学价值,比如,是古文化遗址的所在地,或者具有独特的地质构造可供科学研究。此外,美丽的山体景观也能为公众提供休闲和旅游的场所,促进当地经济发展。因此,在设定山体权力行使制度时,需要确保对山体的保护和合理利用,以满足社会整体的公共利益需求。例如,规定在山体保护区域内禁止大规模的商业开发活动,以维护生态平衡和文化遗产;或者设立国家公园、自然保护区等,保障公众能够享受山体带来的生态和文化福利。

然而,也不能忽视私人利益。在一些情况下,个人或企业可能在山体周边拥有合法的财产权益,如土地所有权、采矿权等。如果完全剥夺他们的合法权益,可能会导致不公平和社会矛盾。比如,对于在山体附近合法经营的小型企业,如果因为山体保护政策需要搬迁或调整经营,应当给予合理的补偿和安置措施,以保障他们的经济利益。为了实现公私利益的平衡要有:(1)明确的产权界定。清晰界定山体资源的产权归属,明确哪些部分属于公共所有,哪些部分可以由私人合法使用和经营。(2)科学的规划和分区。根据山体的特点和功能,进行科学合理的规划和分区,划分出严格保护区域、限制开发区域和适度开发区域等,在不同区域内设定不同的权力行使规则。(3)公众参与机制。让公众参与到山体权力行使制度的制定和决策过程中,充分听取各方意见,使制度更能反映和平衡公私利益。(4)补偿机制。对于因山体保护而受到利益损失的私人主体,建立合理的补偿机制,包括经济补偿、政策优惠等。

首先,应通过立法权的行使从源头上预防权力的行使导致公众资源权受到侵犯,包括公平享有、合理利用山体资源等权利。目前主要采取的手段是以行政特许的方式严格把控自然资源权利的配置。但许可制度本质上是对公民权利行使的部分否定,因此国家在设定山体行政许可权时要有针对性。主要是对于那些资源易耗竭、稀缺的自然资源设定许可。而山体资源应当根据其所处空间区域,所发挥和具有的生态功能生态价值的不同,以及山体本身的特殊地貌而有所区分。针对山体资源的开发和利用,无论是设定许可还是禁止,必须符合几个前提条件:第一,符合《宪法》"保障自然资源的合理利用,保护珍贵的动物和植物"[①]的目的;第二,符合《行政许可法》关于行政许可设定的若干法律规定[②];第三,要衡量行政管理成本与效益;第四,不得完全排除公众对自然资源的一般利用和习惯使用。[③]

其次,制度的设定要以维护公众权益为核心。山体资源国家所有权行使所依据的相关法律制度,在内容的设置上必须是以保障山体资源所有权全民所有为根本,即规范依法行使公权力,防止公权力的滥用,从而保障公平公正分配,能够在符合条件的情况下合理利用山体资源权。山体资源国家所有权中"权"的公权性质对山体行政管理权的要求主要体现在两方面:山体资源特许权的严格规定以及山体处罚权的依法行使。

山体资源行政处罚权坚持"法无明文规定不处罚"的原则,以法律明确授权为行使处罚权的必要条件。相关行政主体不得违背自然资源国家所有权的公权本质,以山体资源国家所有权人自居,

① 《宪法》第 9 条第 2 款的规定。

② 《行政许可法》第二章的规定。

③ 参见陈仪:《自然资源国家所有权的公权性质研究》,苏州大学 2015 年博士学位论文,第 11 页。

对相对人对山体资源合法合理地自由使用及习惯行为干涉甚至是进行行政处罚。山体资源行政许可权即特许权也不得滥用,要依法遵守相关许可权实施的实体要求和程序性要求:(1)不损害公共福利;(2)不损害第三方原来存在于标的物之上的权利;(3)依法行使特许经营权,综合考虑公益,不可选用市场竞争方法来决定山体特许经营权的授予目标对象;(4)加强公众参与到山体特许经营权的行使程序中,重在监督。

最后,重视监督作用。山体资源相关法律制度不仅要实行山体行政管理制度,更要强化对行政主体本身的监督制度。这主要体现在强化外部监督方式,包括举报、投诉、行政复议、扩大行政诉讼原告主体资格,对山体资源行政管理行为提起行政公益诉讼,这对于保障和促进山体资源国家所有权的公权性质有效实现具有决定性的作用和意义。

(三)关键:职责划分与协调机制

法产生的原因在于解决矛盾和利益冲突,立法的产生和不断发展是源于解决现行法律无法解决的在之前立法时没有预见到的新的利益冲突问题,通过立法对新的权利或者对旧的权利予以确认或者予以否定和限制。① 对于山体保护进行专项立法的现实需求一方面源于对实施破坏山体环境的"权利"进行限制的需要,另一方面则源于对山体公共管理权力明确赋予的必要。

① 参见吕忠梅:《关于自然保护地立法的新思考》,载《环境保护》2019 年 Z1 期。

山体所有权的权力职责划分要在整体规划的基础上，形成系统性的管理体系。这不仅是因为山体资源本身涉及资源、环境、空间等众多因素，而且山体不是一个孤岛，要把山水林田湖草沙看成一个生命共同体，具有整体性、系统性等特点。但是分类别的自然资源管理体制未能兼顾自然资源之间的联系。因此，要彻底解决部门职能分散、职能交叉、各自为政、相互掣肘、缺乏管理的统一性和全局性问题，需要两项制度保障相关职能部门的职责划分与协调，分别是权力清单和联席会议制度。

1. 权力清单

自然资源的生态价值属性要求权利主体在开发资源时要尽量减少外部的不经济性，实现资源的可持续发展、环境保护以及生态平衡。因此，对于自然资源的开发和利用应当受到严格的监管。即自然资源的所有权是负有义务的所有权，《德国基本法》第 14 条规定，所有权负有促进社会公共福利的义务，①是需要公法限制的所有权。然而，如前文所述，监督和行使我国自然资源所有权的相关职能部门经常因为追求自然资源的经济价值而忽视了生态价值，导致资源破坏和环境问题。为此，党的十九大报告指出："设立国有自然资源资产管理和自然生态监管机构，完善生态环境管理制度，统一行使全民所有自然资源资产所有者职责，统一行使所有国土空间用途管制和生态保护修复职责，统一行使监管城乡各类

---

① See Münchener Kommentar zum BGB. Vorbemerkung zum 903. Aufl. 6. Gaier. München. 2013 Rn. 1.

污染排放和行政执法职责。”《中共中央关于全面深化改革若干重大问题的决定》第35条也明确提出:“推行地方各级政府及其工作部门权力清单制度,依法公开权力运行流程。”

权力清单,顾名思义是将行政权力分门别类地进行列举,作为权力享有和履行的依据。权力清单的准确,需要在统一各项权力的基础之上再按照一定的职权标准进行明确划分,不同行政主体对应的行政职权一目了然。当然,清单制定的科学合理性和准确性至关重要,清单制定后需要对外公开,接受社会公众的监督。依法行政,似乎是老生常谈的话题,但是如何做到有效地依法行政始终是行政法学要破解的难题。其中关键的问题就是法律到底赋予行政主体什么职权,赋予哪些职权。在之前的实践中就因为授权不清或授权交叉,导致行政主体都在依法行政,自然资源却没有得到有效的保护。而权力清单制度能够有效解决这一问题,各个行政主体的职权清晰明了地跃然纸上,一查便知,这不仅能保证依法行政的准确性、适用性,也能避免由于对权力的设置模糊化而引发的行政不作为以及行政乱作为的情况。

权力清单推行的意义在于,它对于法治政府、廉洁政府和创新政府的建设和发展,对于党和国家建设国家治理体系,提升行政治理能力都发挥着至关重要又具体可行的作用。目前,部分省市已经在探索构建和完善权力清单制度以及责任清单制度,并且取得了一定效果。特别是2015年《关于推行地方各级政府工作部门权力清单制度的指导意见》对于权力清单制度的制定和实施主要从清单设定的依据、行政职权的设定、依法审查、审查程序、公布程序等方面做出规定。

山体不是一个平面结构，也不单是一种自然资源，而是一个具有整体性、复合性的山体自然生态空间和一整套的生态系统，因此对于山体保护不是依靠单一的法律或者法律制度，而是需要一整套综合的管理机制①。目前地方立法中对山体管理职能划分和协调情况是，虽然2018年国务院进行机构改革，国家从上到下成立了自然资源部门，但是从山体地方立法来看，是从2019年之后产生的法规中开始将自然资源部门的职责写入山体法规之中。因此，2019年之后颁布的地方山体保护法规中关于行政机关的职能设置和分配比较有研究和参考价值(见表12)。

表12　2019年之后颁布的地方山体立法中职能分配条款情况

地方立法文件	自然资源有关部门	相关职能部门
《驻马店市条例》	监督管理； 编制山体保护规划	市人民政府生态环境部门和市、相关县(区)人民政府林业、发展和改革、文化广电和旅游、民族宗教、住房和城乡建设、城市管理、交通运输、公安、民政、财政、水利、农业农村等有关部门按照各自职责，做好本行政区域内山体保护相关工作
《镇江市条例》	统一监督管理和指导工作； 组织编制山体保护总体规划	其他有关部门按照各自职责，协同做好山体保护工作

① 参见杜群：《三亚市山体保护地方立法的拓展和生态法治创新——〈三亚市山体保护条例〉述评》，载《南海法学》2017年第2期。

续表

地方立法文件	自然资源有关部门	相关职能部门
《泸州市条例》	综合监督管理； 对擅自改变山体土地用途性质或者超出批准范围占用山体的行为进行查处； 会同住房和城乡建设、林业竹业、生态环境、水务等部门编制中心城区山体保护专项规划	(1)城市管理行政执法部门负责对违法建设,倾倒、堆放、填埋生活垃圾和建筑垃圾,焚烧秸秆等行为进行查处； (2)住房和城乡建设行政主管部门负责对改变城市园林绿地使用性质、临时占用城市园林绿化用地、砍伐和移植城市树木和古树名木等行为进行监督管理； (3)林业竹业行政主管部门负责森林防火工作的监督管理,对擅自砍伐林木、猎捕野生动物、采挖野生植物,以及毁林开垦、采石、采砂、采土、采矿等行为进行查处； (4)生态环境行政主管部门负责对违法倾倒、堆放、填埋工业固体废物和危险废物等行为进行查处； (5)水行政主管部门负责对开办生产建设项目或者从事其他生产建设活动造成水土流失等行为进行查处； (6)民政部门负责山体地名的管理工作,对违反殡葬管理规定造成山体破坏的行为进行查处； (7)农业农村行政主管部门负责对农民承包耕地和农村宅基地实施管理,对擅自猎捕水生野生动物的行为进行查处。 市、区人民政府应急管理、发展改革、经济和信息化、文化旅游、公安、交通运输、人民防空等部门在各自职责范围内,做好中心城区山体保护工作
《烟台市条例》	监督管理； 应当会同生态环境等相关部门编制山体保护规划	发展改革、工业和信息化、公安、民政、财政、生态环境、住房城乡建设、城管、交通运输、水利、农业农村、文化旅游、应急等部门按照各自职责,共同做好山体保护相关工作

续表

地方立法文件	自然资源有关部门	相关职能部门
《汕尾市条例》	负责监督检查山体保护范围内探矿、采矿、采石、采砂、取土等行为	林业主管部门负责综合协调本行政区域内山体保护工作,监督检查山体保护范围内毁坏森林、林木以及非法占用林地等行为 民政部门负责监督检查山体保护范围内违规建造坟墓等行为 生态环境、发展和改革、住房和城乡建设、财政、公安、水行政等主管部门应当按照各自职责,做好山体保护相关工作
《六盘水市条例》	山体保护专项规划的编制、自然资源登记等城市山体保护的监督管理和指导工作	林业主管部门负责对城市山体保护范围内生物多样性、林木养护和更新、景观改造、林地用途变更等行为进行监督管理 发展改革、生态环境、建设、交通、水务、民政、城市综合执法、园林等主管部门在各自职责范围内开展城市山体保护工作
《威海市条例》	监督管理	发展改革、公安、民政、生态环境、住房城乡建设、规划、水务、农业农村、文化和旅游、应急管理、林业等行政主管部门按照各自职责,做好山体保护的相关工作
《莆田市条例》	建设项目的规划管理和土地、矿产资源开发利用等行为的监督管理; 组织编制山体保护规划	林业主管部门负责山体保护范围内林地林木采伐、使用林地等森林资源保护利用以及自然保护区、森林公园、风景名胜区的监督管理 民政主管部门负责山体保护范围内的殡葬管理 住房和城乡建设主管部门负责山体保护范围内的市政公用设施建设、城市园林绿地建设维护等行为的监督管理 发展和改革、生态环境、城市管理、农业农村、水行政、交通运输、文化和旅游、体育、民族与宗教、应急管理等有关部门按照各自职责共同做好山体保护的相关监督管理工作

续表

地方立法文件	自然资源有关部门	相关职能部门
《资阳市条例》	组织编制山体保护专项规划； 监督管理	住房和城乡建设主管部门负责山体保护范围内绿化工作，对山体保护范围内城镇基础设施建设项目、城市公园进行指导和监督管理 城市管理行政执法主管部门负责对山体保护范围内违法建设，倾倒、堆放、填埋生活垃圾和建筑垃圾等行为进行监督管理 生态环境主管部门负责对山体保护范围内违法倾倒、堆放、填埋工业固体废物和危险废物、焚烧秸秆等行为进行监督管理 水行政主管部门负责对山体保护范围内开办生产建设项目或者从事其他生产建设活动造成水土流失等行为进行监督管理 民政主管部门负责山体地名的管理工作，并对殡仪馆、经营性公墓和农村公益性墓地等殡葬服务设施建设项目造成山体破坏的行为进行监督管理 发展改革、公安、交通运输、农业农村、应急管理、文化旅游、人民防空、宗教等主管部门在各自职责范围内，对山体保护进行监督管理
《三明市三元区条例》	监督管理； 协调和督促其他有关部门履行山体保护职责； 组织实施地质灾害防治工作； 负责建设项目规划管理和土地、矿产资源开发利用的山体保护工作	住房和城乡建设主管部门负责房屋和市政基础设施建设的山体保护工作 城市管理主管部门负责城市公园、绿道、城市道路边坡和建筑垃圾处置场所管理的山体保护工作 发展改革、宗教事务、民政、财政、生态环境、交通运输、农业农村、林业、水行政、文化旅游、应急管理等主管部门在各自职责范围内，做好山体保护的有关工作

续表

地方立法文件	自然资源有关部门	相关职能部门
《三门峡市条例》	组织编制山体保护专项规划	市、县(市、区)人民政府发展改革、工业和信息化、民族宗教、公安、民政、财政、生态环境、住房城乡建设、城市管理、交通运输、水利、农业农村、林业、文化广电和旅游、应急管理、大数据管理等有关部门按照各自职责,做好本行政区域内的山体保护相关工作
《本溪市条例》	负责组织编制中心城区山体保护专项规划;依法查处中心城区山体保护范围内违法占地,违法采石、采矿、采砂、取土等行为	市、区林草部门负责中心城区山体保护范围内属林草部门管辖的森林资源以及各类自然保护地的监督管理工作,负责查处林业违法案件,依法对破坏森林资源的违法行为进行行政处罚 市、区生态环境部门负责查处在中心城区山体保护范围内倾倒、堆放、填埋工业固体废物和危险废物等违法行为 市、区住建部门(综合执法)负责查处职责范围内违反中心城区山体(公园、游园)保护的违法行为 市、区民政部门负责山体地名管理和殡葬管理工作 发改、工信、公安、财政、交通、水务、农业农村、文旅、应急等部门按照各自职责,做好中心城区山体保护相关工作
《铜仁市条例》	山体保护工作的主管部门,负责监督山体保护规划的实施和山体内建设项目的规划管理以及改变城市园林绿地使用性质的监督管理	林业主管部门负责对山体内森林防火、林地用途变更、林木采伐等行为的监督管理以及城市生态公园的管理维护 城市绿化主管部门负责对山体内占用城市园林绿化用地、砍伐绿化林木和移植古树名木等行为的监督管理以及城市山体公园的管理维护 城市综合执法部门负责对山体内违法建设以及倾倒、堆放生活垃圾和建筑垃圾等行为的查处

续表

地方立法文件	自然资源有关部门	相关职能部门
		城乡建设主管部门负责对山体内市政公共基础设施及其配套设施建设的监督管理 生态环境、文体旅游、农业农村、交通运输、民政、民族宗教等主管部门应当按照各自职责,做好山体保护工作
《景德镇市条例》	负责组织编制城市山体保护专项规划,建立城市山体保护名录和保护线并向社会公布,对城市山体修复治理方案进行审查,将城市山体保护信息接入市自然资源智能视频监控系统;对城市山体保护线范围内违法挖山、占地等行为实行常态化监督管理	城市管理部门负责对随意倾倒、抛撒、堆放、填埋生活垃圾和建筑垃圾以及擅自设置户外广告等破坏城市山体的行为进行监督管理 生态环境部门负责与城市山体保护相关的生态环境准入、环境污染防治的监督管理,指导协调和监督生态保护修复工作 林业部门负责开展城市山体森林和野生动植物资源动态监测与评价,加强对责任区域的日常巡护;对违法开挖林地、砍伐林木等行为实行常态化监督管理 水利部门负责对开办生产建设项目或者从事其他生产建设活动造成城市山体水土流失等行为进行监督管理 发展和改革、教育体育、公安、民政、财政、住房和城乡建设、交通运输、农业农村、文化广电新闻出版旅游、应急管理、精神文明建设等有关部门和机构按照各自职责共同做好城市山体保护的相关监督管理工作

山体不合理利用,配置不合理和生态损害虽然表面上看是山体以及林业的开发利用人追求经济利益行为所导致,但由于逐利是企业的基本特征,因此根本原因在于行政主体未能做到有效管理。如上文所述,行政管理中“政出多门、九龙治水”的顽疾在山体资源公权力的行使中也长期存在。和山体资源管理相关的部门

就包括但不限于:规划部门、发改部门、住建部门、财政部门、自然资源部门、水利部门、林业部门以及生态环境部门、民政部门、公安部门等①。这种权责不清晰的现实导致相关行政机关之间权力交叉或权力真空。

山体资源的管理存在两个问题:一个是管理权限的分配未厘清,另一个是各管理部门的关系尚未厘清,从而导致各部门、地区以及行业之间各自为政、相互干扰,对山体资源的重复投资、破坏以及浪费的现象屡见不鲜。为改善这种局面,应该按照自然界山体资源的资源禀赋规律,打破部门间、地区间以及行业间的界限,从而建立起一个统一的山体资源管理机构,成立协调职能部门。例如,三亚市政府在山体保护立法中为有效解决山体资源相关职能部门之间的职责交叉以及部门协调性不足等问题,率先设立了以协调小组为主导,联席会议为辅助,管理部门相协调以及分部门具体管理的山体保护行政管理新体制。② 具体来说就是由协调小组负责协调工作,协调山体行政部门之间以及跨区行政部门之间关于山体保护的重要事项。联席会议是定期召开,目的是促进山体行政机关之间能够定期、及时分享和讨论山体保护和管理的相关信息。

其他城市在山体保护立法和相关工作中都可以参考三亚的

① 参见杜群:《三亚市山体保护地方立法的拓展和生态法治创新——〈三亚市山体保护条例〉述评》,载《南海法学》2017 年第 2 期。

② 参见杜群:《三亚市山体保护地方立法的拓展和生态法治创新——〈三亚市山体保护条例〉述评》,载《南海法学》2017 年第 2 期。

"协调小组+联席会议+专项执法小组+分部门管理"模式,结合自己城市山体特殊性,作为有效的管理新模式。上述模式中还特别设置了专项执法小组,主要是针对山体违法行为进行管理和监督。

总结来看,山体保护可能涉及的较为常见的权力清单(不同地区和管理情境下会有所不同)应当包括如下内容。

第一,规划审批类权力。其包括山体保护专项规划编制、修订、审核权,涉及山体的建设项目规划审批权(在山体附近及山体保护范围内);对取用山体范围内(如涉及风景区等特殊山体区域)地表水、地下水或者利用水体、水面的审核权;对在山体保护区域内新增摩崖石刻、碑碣、雕塑等文化景观活动的审批权;对在山体风景区内开展水上训练、竞赛等活动的审批权;对山体周边土地出让前涉及山体保护方面(如是否涉及破坏山体生态等)的审核权。

第二,监管执法类权力。对擅自移动、毁损列入保护名录的山体界桩、界牌、路网的处罚权;对在山体保护控制线内倾倒、堆放、填埋废弃物的处罚权;对在山体保护控制线内野炊烧烤、丢弃火种等危害山体安全行为的处罚权;对山体保护范围内违法建设项目(包括责令停止建设、限期拆除等)的查处权;对非法采矿、采石、挖砂等破坏山体行为的执法权(含扣押设备、罚款、追究法律责任等);对未经审批违规砍伐山体上树木的处罚权;对破坏山体生态植被的建设项目责令恢复植被的权力;对违规燃放孔明灯等可能产生明火的空中漂移物(可能威胁山体安全)的处罚权。

第三，资源管理类权力。山体森林资源采伐限额管理权；山体范围内国有土地资源利用监督权；山体自然资源（如特殊矿产等）开发利用审批权；山体资源（如地质状况、生态资源等）调查、统计、建档权。

第四，生态修复类权力。制定山体生态修复计划、方案的权力；对因开发建设等破坏山体后要求实施生态修复的单位进行监督、验收的权力；组织实施山体生态修复工程的招标、发包等权力（如果政府主导修复工程）；山体生态修复资金的分配、管理权（如果有专项资金）。

第五，监测评估类权力。建立山体生态监测体系的权力（包括确定监测指标、设立监测站点等）；对山体生态环境质量及变化进行评估的权力；对山体保护成效进行考核评价的权力；山体灾害（如滑坡、泥石流等）风险监测、预警发布权。

第六，教育引导类权力。制定山体保护宣传教育计划、方案的权力；组织山体保护相关培训、科普活动的权力；对山体保护志愿者活动等进行引导、管理的权力。

第七，其他综合类权力。山体保护经费预算编制、调整和管理权；山体保护相关政府部门、单位之间协调统筹的权力；山体保护相关信息（如规划、监测数据、执法结果等）公开权；对山体保护相关科研项目的立项、管理等权力。

2. 联席会议制度

山体是集林木、矿产、土地、植被等若干资源的一个综合生态系统，同时，山水林田湖草沙本身又是彼此联系的整体，因此有必要在对山体资源专项保护管理的基础上建立发挥综合、协调管理体制，对山体资源相关部门的工作担负统一协调、监督、督促的作用。联席会议是一种解决方式，可以在现有各部门平行管理基础上建立协调管理机制。联席会议是指由多个相关部门或组织为了共同商讨、协调解决某一特定问题或推进某项工作而定期或不定期召开的会议。联席会议的主要功能就是为山体行政机关之间就山体管理和保护的相关问题互通有无、信息共享，搭建一个行政机关之间交流的平台。①

联席会议本身是一种协调机制，或者称为协同机制。在这种机制下各行政主体处于平等的地位，但作为一个非正式组织，组织形式不紧密、随机性强。各个行政主体之间通过联席会议的平台可以平等地交流和信息共享、分享经验，也能够通过商讨解决管理中遇到的冲突问题，达成各方都能接受的利益分配方案。当然这必须有牵头部门，牵头部门仅作为引领者和组织协调者，其职责是统一组织和协调各职能部门之间的协商对话，目前各地多由政府担任联席会议的牵头部门。联席会议有利于资源流动和信息扩散，克服单一行政主体因思路局限而无法实现创新行政的不足，正所谓“三个臭皮匠，顶个诸葛亮”。同时，联席会议还具有关注相关政策法规的制定以及更好地协助执行的特点，是一种应用性非常强的非固定性工作机制。正是因为联席会议具备上述若干项优点，其对于解决行政

① 参见石小石、白中科等：《我国矿产资源开发中的政府协同监管机制研究》，载《资源与产业》2017 年第 1 期。

权的交叉与冲突发挥重要作用,因此目前已经出台了山体保护地方立法的城市几乎都规定了联席会议制度(见表13)。

表13　地方山体立法中的联席会议制度

依据	联席会议制度条款
《恩施条例》	第5条第2款　自治州、县市人民政府应当建立联席会议制度,由分管城市建设管理工作的负责人定期召开会议,研究解决重大问题
《十堰市条例》	第9条　市人民政府应当建立山体保护协调工作机构,具体负责中心城区内山体保护工作的统筹、组织、协调、督查和考核 市人民政府山体保护协调工作机构应当定期召开联席会议,研究和协调处理跨行政部门、跨行政区域等山体保护工作的重要事项
《江门市条例》	第7条　市、区人民政府建立山体保护联席会议制度,定期研究、协调解决山体保护的下列重大事项: (一)山体重大自然灾害防范和治理; (二)山体保护政策及重要山体保护措施的确定与落实; (三)涉及山体的国家、省、市重大项目建设; (四)山体保护联合执法行动的协调配合; (五)山体保护信息共享与发布; (六)需要联席会议研究解决的其他事项
《益阳市条例》	第4条第2款　市、区人民政府应当建立联席会议制度,及时研究处理有关山体水体保护工作中的重大问题
《济南市办法》	第5条　市人民政府建立联席会议制度,研究解决山体保护工作的重大问题,协调处理跨行政部门、跨行政区域等山体保护工作的重要事项
《枣庄市条例》	第32条　市、区(市)人民政府、枣庄高新区管委会应当建立山体保护联席会议和联合执法制度,解决山体保护方面的重大问题,定期开展联合执法活动,及时查处破坏山体的违法行为

续表

依据	联席会议制度条款
《岳阳市条例》	第7条　市人民政府建立山体水体保护工作联席会议制度。联席会议由市人民政府负责召集、组织。主要履行下列职责： (一)研究、审议山体水体保护工作的规划、政策、方案； (二)协调解决山体水体保护工作中的问题； (三)督促、检查、评估有关山体水体保护工作开展情况； (四)有关山体水体保护工作的其它事项
《驻马店市条例》	第6条第2款　市、相关县(区)人民政府应当建立山体保护联席会议工作机制，研究山体保护方面的重大问题，协调解决各部门执法争议，定期组织开展联合执法活动
《泸州市条例》	第11条　市、区人民政府应当建立山体保护工作联席会议制度，研究处理山体保护工作中的重大问题，定期组织开展联合执法活动，及时查处破坏山体的违法行为
《烟台市条例》	第6条　市、县(市、区)人民政府应当建立山体保护联席会议制度，定期研究解决山体保护措施的确定落实、山体保护工作的协调配合、自然灾害的防范治理等重大事项
《六盘水市条例》	第4条第1款　市人民政府负责……建立城市山体保护联席会议制度，定期研究、协调解决城市山体保护工作中出现的重大问题
《资阳市条例》	第7条　市、区人民政府应当建立山体保护工作联席会议制度，研究处理山体保护工作中的重大问题
《三明市三元区条例》	第6条第1款　市、三元区人民政府应当建立山体保护联席会议制度，组织研究并协调解决山体保护工作中的重大事项

总结来看，目前全国共有13个地方山体立法中规定了联席会议制度。主要从联席会议的责任主体、联席会议制度的内容进行规定。但大部分都是笼统地提出要求，而能够对该项制度具体的执行程序和主要任务内容作出具体规定的屈指可数，只有《江门市

条例》和《岳阳市条例》进行了相对细化的规定。

(1)联席会议制度的目的

山体保护联席会议制度应当为加强山体保护工作,强化职能部门之间的协调配合、联合执法,有效预防和打击破坏山体资源各类违法犯罪行为,维护山体资源安全的工作制度。山体保护联席会议制度的目的还包括以下几个方面:统筹协调,将涉及山体保护的各个部门和相关单位聚集在一起,统筹规划和协调各方的工作,避免出现职责不清、工作重复或遗漏的情况;信息共享,促进各部门之间关于山体保护的信息交流与共享,包括山体的现状、面临的威胁、保护措施的成效等,使各方能够及时了解全面准确的信息,从而做出更科学合理的决策;整合资源,整合各部门的人力、物力和财力资源,集中力量解决山体保护中的重大问题和困难,提高资源的利用效率;形成合力,促使不同部门在山体保护工作上形成合力,共同应对非法开采、破坏植被、违规建设等违法行为,加强执法力度,提高保护效果;科学决策,通过汇集各领域的专业知识和经验,为山体保护的政策制定、规划编制等提供科学依据,确保决策的科学性和有效性。

例如,在地方的山体保护工作中,通过联席会议制度,林业部门、自然资源部门、环保部门等共同商讨,及时发现并制止了一家企业在山体保护区内的非法采矿行为,同时制定了生态修复方案,整合各部门资源迅速开展修复工作,使山体生态得到了及时的保护和恢复。又例如,通过信息共享,了解到某片山体因连续暴雨出现滑坡隐患,各部门迅速联动,组织人员疏散,设立警示标识,并安排专业人员进行监测和治理,有效避免了可能发生的灾害。

(2)联席会议制度的程序

为了保证山体保护工作各部门之间的联系联动、有效协调,应当定期召开联席会议。遇有紧急事项的特殊情况,需要联席会议研究确定的,可经各方同意即时召开。联席会议可以由政府指定的部门牵头主办,设立山长制的地方可以由山长办牵头主办,由联席会议办公室负责会议通知、会务和会议纪要的起草等工作。相关单位应当确定一名联络员,确保及时联席,快速处理日常工作问题。联络员的主要职责应当包括:负责日常工作联系沟通和上传下达;认真开展调查研究和信息收集传递;负责报告本单位有关情况;负责本单位交流材料的整理和统计工作;认真完成交办的其他工作任务。

山体联席会议制度的大致流程包括会前、会中和会后,当然,不同地区可能会根据实际情况进行调整和补充。

首先,会前程序。

第一,需要确定联席会议成员。由相关政府部门(如自然资源和规划、生态环境、林业、发改、文旅、住建、城管、交通、公安、财政、民政、水利、农业农村等部门)以及涉及山体保护的县(区)人民政府组成联席会议。同时,各成员单位确定一名联络员,负责日常沟通和信息传递等工作。

第二,明确召集人和会议组织部门。通常会确定一位召集人,负责召集会议。会议的具体组织工作一般由特定部门(如自然资源和规划局)负责承办。

第三,制定会议规则。联席会议原则上每半年召开一次例会,也可根据实际需要,经召集人同意随时召开。成员单位负责同志应按时参加会议,因故不能出席的需提前请假并说明原因,获批后可委托其他负责同志出席。会议实行签到制,以保证成员的参与度。

第四,会议筹备工作。由联席会议办公室负责会务安排(包括确定会议议题或活动主题,起草会议文件,决定会议形式、时间和地点等具体事项)。办公室提前将会议相关材料发送给各成员单位,以便成员单位做好准备。

其次,会中程序。主要就是召开会议。召集人召集各成员单位参加会议,成员单位按照部门职能,通报工作情况,梳理存在问题,提出解决办法,研讨山体保护工作中遇到的相关问题,安排下一步工作,会商其他相关事宜。

最后,会后程序。

第一,形成会议纪要。会议召开后,以会议纪要形式明确会议确定事项。由牵头单位负责起草会议纪要,并印发给联席会议成员单位,同时抄报上级政府部门。

第二,落实会议决定事项。各成员单位按照部门职能,分工负责,贯彻落实会议确定事项。联席会议办公室负责协调、督促成员单位履行工作职责,确保决定事项得到有效执行。

同时,联席会议召开后也会有定期和专项行动等。定期汇总和通报是指联席会议办公室每年年底汇总成员单位有关山体保护工作落实情况,并进行通报。对工作业绩突出的单位和个人进行表彰,对执行不力的单位和部门进行通报批评。开展专项行动,是要根据山体保护情况的需要,适时组织开展各类专项行动。还要加强宣传教育,联合相关部门开展山体保护法律法规和科普知识的宣传教育,增强全社会共同保护山体的意识。

以驻马店市山体保护联席会议制度的程序为例,驻马店市山体保护联席会议原则上每半年召开一次例会,由联席会议召集人召集各成员单位参加。会议实行签到制,原则上不得缺席,成员单位负责同志因故不能出席的,需在会议前向召集人请假并说明原因,获批后委托其他负责同志出席。确因工作需要,经联席会议召集人同意,也可随时召开。联席会议召开后,以会议纪要形式明确会议确定事项(由牵头单位负责),并印发给联席会议成员单位,抄报市政府,各成员单位应按照部门职能,分工负责,贯彻落实。其联席会议办公室负责年度工作计划制定,牵头有关山体保护工作的年度计划、工作规程和其他相关文件的起草工作,并推送至联席会议成员单位;负责联席会议会务和相关活动组织,根据需要召开的联络会议或举办的有关活动,确定会议议题或活动主题等具体事项;负责成员单位沟通联系工作,编制成员单位花名册,建立和完善成员单位间工作联系网络等;定期汇总山体保护工作落实情况,每年年底汇总并通报成员单位有关山体保护工作落实情况,及时通报结果;协调、督促成员单位履行工作职责和落实联席会议决定事项,完成联席会议交办的其他事项。

(3)联席会议主要任务

联席会议的主要任务内容可以根据地方实际进行内容制定和

调整,主要包括以下几方面。

第一,政策制定与规划协调。研究制定山体保护的总体政策和战略规划,确保政策的科学性、合理性和一致性。协调各部门在山体保护规划方面的工作,使其相互衔接,形成统一的保护框架。讨论研究和审议山体保护工作的计划、策略以及措施。

第二,监督与评估。监督山体保护相关法律法规的执行情况,及时发现并纠正违法行为。评估山体保护工作的成效,建立科学的评估指标体系,为改进工作提供依据。对山体保护工作的实施情况进行检查、分析、监督,可以通过监督评估发现一些企业在山体附近违规排放污水,会议协调环保部门和相关执法单位迅速采取行动,制止违法行为,并对企业进行处罚。

第三,解决争议与协调行动。协调解决各部门在山体保护工作中出现的职责不清、权力交叉等问题,避免推诿扯皮。针对重大山体保护问题,组织联合行动,集中力量解决难题。协商协调山体行政工作中的冲突和矛盾。

第四,信息共享与交流。建立山体保护的信息共享平台,促进各部门之间的信息流通。互相通报山体各类信息情况,交流山体保护的先进经验和技术,推动保护工作的创新和进步。通过信息共享,了解到其他地区在山体生态修复方面的成功经验,经过交流讨论,决定在本地推广应用相关技术和方法。

第五,资源整合与调配。整合各部门用于山体保护的人力、物力和财力资源,实现资源的优化配置。根据山体保护的实际需要,合理调配资源,确保重点区域和关键项目得到充分支持。通过整合资源，将原本分散在不同部门的山体保护资金集中起来，用于重点山体的生态修复工程，取得显著成效。通过资源整合与调配，不仅将分散的山体保护资金集中用于重点山体生态修复并取得显著成效，还进一步深化了部门间协作机制。在此基础上，强化了山体违法案件移送及执法办案协作流程，开展常态化联合执法行动，实现对山体违法行为的高效查处与综合治理，切实筑牢山体保护的执法防线。

第六，宣传教育与公众参与。制定山体保护的宣传教育方案，提高公众对山体保护的认识和意识。鼓励和引导公众参与山体保护工作，形成全社会共同保护的良好氛围。

（四）保障：严格的监督和责任制度倒逼权力行使的规范性

1. 对权力主体的多元监督制度

纵观我国环境保护法律、法规，皆是环境监管者如何监管之法，而没有监管环境监管者之法。我国环保事业进展缓慢和很多地方行政主体不履行环保责任以及履行环保责任不到位密切相关。不仅是山体资源，其他自然资源的行政监管权与产权管理权也普遍存在界限不清、权力不明的情况。在国有自然资源的这种特殊的所有权制度下，行政主体往往既是所有权主体的代言人，受委托行使所有人的权利，同时又兼具国家行政管理的职权，管理自然资源权利的合理行使，使行政监管部门既是“裁判员”又是“运动员”，这样很难保证真正权利主体的权利不受侵害。同时，由于行政主体对自身的宽容和放纵，违法行为往往得不到追究。因此，必须构建监督权力主体,特别是对山体保护执法机构的法律制度。

从监督的主体上看,主要涉及两个重要监督主体:人大和公众。

自然资源国家所有权权力主体的设置是为了保护人民的利益,因此权力如何有效运行关键是要明确自然资源国家所有权的行使必须接受全国人大的监督,在人民代表大会制度框架内,建立民主监督机制,保障人大顺利完成对政府行使国家所有权的民主监督使命。①

人大对山体权力主体的监督主要体现三个层面:第一层面是对政府山体保护目标的落实与实施;第二层面是对编审机关所做出的山体规划和山体名录具有审议的决定权;第三层面是对山体保护权力机关的执法运行的过程进行监督。在三个层面的监督中,人大监督更多地体现在前两个层面上。

首先,在山体保护管理工作的整个开展过程中,要充分保障公众对自然资源享有和合理利用的权利,关键在于政府,政府是山体自然资源国家所有权行使的关键。纵观已经出台的地方山体立法,对于山体行政权的分配始终是将政府放在主导位置,因此对政府目标责任落实的监督是人大的主要任务。具体展开来看,又包括五个方面:法律执行监督,确保涉及山体保护的相关法律法规得到有效执行。监督政府部门是否严格依法审批涉及山体的开发利用项目,是否对破坏山体的行为进行及时、有效的查处。政策制定

① 参见叶榅平:《论自然资源国家所有权行使的基本原则》,载《法治研究》2019年第4期。

监督，审查政府出台的关于山体保护的政策是否科学合理、符合公共利益。例如，监督政策是否平衡了经济发展与山体保护的关系，是否充分考虑了生态环境的可持续性。资金使用监督，关注用于山体保护的财政资金是否合理分配、专款专用。确保资金投入山体的生态修复、监测预警、防护设施建设等关键领域，提高资金使用效益。责任落实监督，督促政府部门及其工作人员切实履行山体保护的职责。对失职、渎职导致山体遭受破坏的行为进行问责，推动建立健全山体保护的责任追究机制。规划监督，审查山体保护的规划是否符合当地实际情况和长远发展需求。监督规划的实施过程，确保规划的严肃性和权威性。

其次，政府以及政府各部门依法接受国家即全民的委托管理自然资源，但是这种受委托之下的管理需要在"委托人"即国家的监督之下进行，也就是不能在没有民主合议程序的前提下分配或以其他方式处理自然资源。所以"政府及部门可以根据宪法和法律，接受国家的委托代管自然资源，但不能在缺乏民主合议程序的情况下处置这些资源。因此，通过立法机关的民主程序对政府本身的行为进行规制也就成为宪法上的另一个要求"①。山体规划、山体名录以及山体保护的法定图则等在政府审议的过程中都需要先提交给人大进行审议，并且批准后要向人大进行备案，因此人大通过对这几类山体保护的重要依据进行把关，实现对山体保护的事前控制。

① 王旭:《论自然资源国家所有权的宪法规制功能》，载《中国法学》2013 年第 6 期。

最后,行权权力机关权力的运行始终应当处于人大的监督之下,因此人大的监督应当是事前、事中、事后的全过程监督,包括对山体行政许可以及山体形成处罚权行使的监督。

公众参与山体管理与保护的监督也是设立山体资源管理权以及该权力能够良好运行的必备条件。因为山体资源管理权的设立和行使主要是保护公众利益,权力的运行也更多的是涉及保障公众权益的有效实现以及对损害公众利益行为的制止。因此,公众自然也有权力监督政府及相关行政机关代表国家行使山体资源的国家所有权。公众参与山体管理与保护的监督具有重要作用。首先,公众人数众多,分布广泛,能够形成全方位、多层次的监督网络,弥补政府部门监督的不足。其次,能够提高监督效率,及时发现山体管理与保护中的问题,如非法开采、倾倒垃圾、破坏植被等行为,能够迅速反馈给相关部门,促使问题得到及时处理。再次,能够促进信息公开,公众的监督压力能够推动政府和相关企业公开山体管理与保护的信息,增加透明度,保障公众的知情权。最后,能极大提升公众意识,在参与监督的过程中,公众自身对山体保护的重要性有更深刻的认识,从而带动更多人参与到保护行动中。

公众在参与山体管理的监督过程中可能面临的困难有以下几个方面。

知情权未能得到有效保护。有关山体管理和保护的准确、详细、及时的信息可能不公开或难以获取,导致公众无法全面了解山体的现状和相关决策过程。政府部门和相关企业可能存在信息披露不充分、不透明的情况，使公众难以掌握关键信息来进行有效监督。

专业知识不足。山体保护涉及地质、生态、环境等多领域的专业知识，公众往往缺乏这些专业背景，难以准确判断某些行为是否对山体造成了损害。在面对复杂的技术问题和评估标准时，公众可能无法进行深入的分析和判断。

反馈渠道不畅。向有关部门反映问题的渠道可能不够便捷、明确，或者反馈后得不到及时有效的回应和处理。对于公众的监督意见和建议，可能缺乏明确的受理机制和处理流程，导致公众的积极性受挫。

缺乏组织和协调。公众个体的监督力量相对分散，缺乏有效的组织和协调，难以形成集中、有力的监督合力。不同公众之间可能存在意见分歧，难以达成共识，影响监督效果。

时间和精力成本。参与监督需要投入大量的时间和精力，而公众往往有自己的工作和生活，难以持续投入。长期的监督可能会给公众带来一定的经济负担，如交通、通讯等费用。

法律保障不足。相关法律法规对公众参与监督的权利和义务规定不够明确，导致公众在监督过程中的合法权益得不到充分保障。对于打击报复公众监督行为的处罚力度可能不够，使公众存在顾虑。

保障公众参与监督主要从以下几个方面进行。

第一，从法律、法规以及政策上赋予公众参与权。不仅是较高位阶的《环境保护法》《政府信息公开条例》等都有关于公众参与的原则以及具体制度规定，同时针对特定领域，如地方山体立法当中也要对公众参与的一系列权利予以规定，从立法上给予公众行使监督权的法的依据。

第二，在山体资源国家所有权行使的流程上也要贯穿公众参与。代表国家行使山体资源国家所有权的主体应当主动接受公众的监督，向公众公开，听取公众意见，通过论证会、听证会、讨论会等方式广泛征求公众的意见和建议。公众享有决策的参与权，能够充分表达合理意见，这也是公众行使监督权的有效方式。

第三，强化对山体资源国家所有权的救济，包括控告权、检举权、行政复议请求权以及行政诉权和公益诉权。人大通过立法权在山体资源管理权的权力源头上进行严把关，以及对山体资源特许权和处罚权进行事中监督。而对权力主体的事后监督主要体现在公众的救济权，特别是通过司法监督，公众借助行政诉讼，特别是可以借助行政公益诉讼的力量对监督权保驾护航。

在山体立法中，对公众参与的具体规定可以包括以下方面。

参与主体的明确。清晰界定哪些公众可以参与山体管理与保护的相关事务，如当地居民、环保组织、关心山体保护的社会公众等。

参与方式的细化。具体包括：信息公示，规定政府部门应通过指定的网站、公告栏、新闻发布会等渠道，定期公开山体保护的相关信息，包括规划、项目审批、执法情况等。意见征集，在制定山体保护政策、规划或审批重大项目时，通过问卷调查、座谈会、听证会等形式广泛征求公众意见,并明确意见反馈的期限和方式。监督举报,设立专门的举报电话、邮箱或网络平台,方便公众对破坏山体的行为进行举报,并规定相关部门对举报的处理流程和时限。参与决策,在涉及山体保护的重要决策中,如制定山体保护规划、确定开发利用范围等,邀请公众代表参与决策过程,赋予其一定的表决权。

参与程序的规范。具体包括:申请程序,明确公众申请参与山体保护活动的流程,包括提交申请的材料、受理部门、审核时间等。反馈机制,规定政府部门对公众意见和建议的处理结果应及时反馈给公众,并说明采纳或不采纳的理由。申诉途径,若公众对处理结果不满意,应提供申诉的渠道和程序,保障公众的合法权益。

公众意见的处理。包括建立专门的机构或团队负责收集、整理和分析公众意见,并将其作为决策的重要参考依据。对公众意见进行分类处理,对于合理且可行的意见应予以采纳,并在后续工作中予以落实;对于暂时无法采纳的意见,应向公众作出解释说明。

能力建设与支持。包括为公众提供山体保护相关的知识培训和教育,提高公众的专业素养和监督能力。鼓励和支持环保组织开展山体保护的宣传和教育活动,为其提供必要的资金和技术支持。

2. 严格的责任制度

规范山体资源国家所有权权力的行使,除了要构建权力的设置、权力行使的内容、权能范围等核心制度外,还必须明确职权相对应的法律义务和法律责任。权力、义务、责任三者不可分割。行政主体享有一定的权力必然要履行相应的义务,在义务不履行的情况下,就需要承担相应的法律责任。没有权力的问责性是空的(没有反应),而没有问责性的权力是危险的(没有对权力执行的监察)。没有自由权力,即使最负责任的民主地方政府也是不行的。①

宪法和民法典规定了山体资源原则上属于国家所有,一方面意味着国家作为所有权人行使所有者的权利和义务,即如果因为山体资源对他人人身或者财产造成损害,国家作为所有权人要承担相应的赔偿责任。另一方面也意味着国家作为山体资源的管理者行使管理者的权力,同时承担管理不到位、不作为而导致山体资源受到损害的法律责任。

我国的地方立法中关于法律责任部分的规定往往主要集中在对行政相对人的法律责任的规定,而对行政主体的责任规定则是"凤毛麟角"。地方山体立法也继承了这种立法思路(见表14)。这种过分关注对行政相对人责任的规范和责任制度,而"蜻蜓点水"般地规定行政主体的法律责任,也是行政法上亟待解决的问题。在涉及行政权力管理的立法内容中必须明确行政主体责任制。在自然资源的利用与保护工作中,治理是决定其公平正义、有

① 参见[美]Jesse C. Ribot、丁莉:《选择代表:自然资源管理分权管理的机构及其权力》,载《林业经济》2009年第6期。

效性和可持续性的关键因素。优化自然资源治理,保障各方权益并共同承担责任,才能够使人与自然共同受益。

表 14 地方山体立法关于法律责任的规定情况

立法文件名称	法律责任条款数量	行政相对人法律责任	行政主体法律责任	第三方服务机构法律责任
《辽宁省条例》(已失效)	3	2	1	0
《恩施条例》	4	2	2	0
《三亚市条例》	9	8	1	1
《十堰市条例》	7	6	1	0
《江门市条例》	2	1	1	0
《益阳市条例》	2	1	1	0
《济南市办法》	4	3	1	0
《枣庄市条例》	4	3	1	0
《岳阳市条例》	2	1	1	0
《双鸭山市条例》	2	1	1	0
《驻马店市条例》	5	4	1	0
《咸宁市条例》	4	3	1	0
《镇江市条例》	7	4	1	0
《泸州市条例》	4	3	1	0
《烟台市条例》	5	3	1	0
《汕尾市条例》	7	6	1	0
《六盘水市条例》	2	1	1	0
《威海市条例》	5	3	1	0
《莆田市条例》	6	4	1	0
《资阳市条例》	4	3	1	0

续表

立法文件名称	法律责任条款数量	行政相对人法律责任	行政主体法律责任	第三方服务机构法律责任
《三明市三元区条例》	6	4	1	0
《三门峡市条例》	4	2	1	0
《本溪市条例》	9	7	1	0
《铜仁市条例》	6	4	1	0
《景德镇市条例》	2	1	1	0

通过表 14 可以看出,地方山体立法之间的法律责任条款的数量和责任主体条款的分配上还是有较大差别的。

从法律责任条款数量上看,各地方山体立法中关于法律责任的条款数量还是很少,仅有 8 部法规中关于法律责任的条款超过了 5 条,而部分法规和规章仅规定了 2 条法律责任条款。当然并不是说法律责任条款数量越多,法律责任制度的规定越完备,但是法律责任条款数量的多少确实能够从一定程度上反映出该部立法对责任规定涵盖范围的广度。当然,广度不等于“大而全”,而是应当达到“条条管用”“条条不可或缺”的程度。精细化和可操作性强对于地方立法尤其重要。也有的城市是通过其他文件对承担法律责任的具体量化标准进行细化。例如,驻马店市林业局制定了《驻马店市林业局关于〈驻马店市山体保护条例〉行政处罚裁量标准》,驻马店市民政局制定了《驻马店市民政局关于印发〈驻马店市山体保护条例〉处罚裁量标准通知》。

从法律责任条款内容上看(见表 15):第一,责任主体主要为行政主体和行政相对人两类，只有《三亚市条例》规定了第三类责任主体——第三方服务机构。第二，行政主体的违法情形列举不够全面。第三，责任追究主体和责任承担方式笼统（见表14）[①]。这也是山体地方立法中法律责任条款内容存在的最大问题，仍有多数条款运用法律责任条款的“老套路”[②]。诚然，这是我国地方性立法长期以来在法律责任的规定部分普遍存在的情况，也是近年来理论界和实务界反复在强调要避免的问题。[③] 作为新生代的地方山体立法，更应该有所进步，应该对应着法所禁止的违法行为给出清晰明确的一一对应的处罚规则。否则规则的模糊性也会导致行政主体的自由裁量权的加大，会导致同案情不同处理结果的情形出现。

① 当然，也存在部分地方立法中较详细地规定了责任追究主体，例如《济南市办法》中第31条规定：“违反本办法规定侵占、破坏山体的，由国土资源、林业和城乡绿化、城乡水务、环境保护、城管执法等部门依照有关法律法规规定予以处理。”第32条规定：“违反本办法规定，擅自侵占、移动、损毁山体保护界桩或者保护标志的，由国土资源主管部门责令限期恢复原状，处二千元以上二万元以下罚款。”第33条规定：“违反本办法规定，山体修复治理责任人对破损山体不予修复治理的，由国土资源主管部门责令限期修复治理。逾期不修复治理或者修复治理不符合要求的，由国土资源主管部门组织治理，治理费用由责任人承担，处一万元以上十万元以下罚款；对引发地质灾害不予治理的，处十万元以上五十万元以下罚款。给他人造成损失的，依法承担赔偿责任；构成犯罪的，依法追究刑事责任。”可以，该办法通过对行政相对人违法的三大类行为作出明确规定，明确了责任追究行政主体以及处罚的内容，条款细致，实践中可操作性强。

② 使用“由相关行政主管部门依法处理”或“依法给予行政处分”等语言来表述法律责任的依据，然后罗列出违法情形，却缺少一一对应的处罚措施。

③ 参见李亮：《法律文本中责任条款的现状、问题与规范设置——以现行立法为实证考察对象》，载《上海政法学院学报（法治论丛）》2016年第4期。

表 15　地方立法中行政主体法律责任条款内容

依据	行政主体法律责任条款	违法情形
《辽宁省条例》(已失效)	第 26 条　违反本条例规定,青山保护管理机构或者相关行政主管部门有下列行为之一的,对直接负责的主管人员和其他直接责任人员,由所在单位、监察机关或者上级行政主管部门依法给予行政处分;构成犯罪的,依法追究刑事责任: (一)拒不履行青山保护恢复治理职责的; (二)对严重破坏山体和依附山体植被的行为不采取积极处理措施的; (三)弄虚作假,骗取青山保护恢复治理专项资金的; (四)其他玩忽职守、徇私舞弊、滥用职权的行为	1. 不作为 2. 骗取专项资金 3. 其他
《恩施条例》	第 30 条　各级山体保护责任人和相关行政主管部门负责人及工作人员有滥用或超越职权批准建设工程项目等行为的,依法追究责任 第 31 条　未组织编制山体保护专项规划和法定图则,或者未按法定程序编制、报批、修改山体保护专项规划和法定图则,由自治州人民政府责令改正,通报批评;对相关负责人和其他直接责任人员给予行政处分	1. 违法审批 2. 未编制或违法规划和法定图则
《三亚市条例》	第 33 条　市或者区人民政府、育才生态区管理委员会、负有山体保护监督管理职责的部门有下列行为之一的,对直接负责的主管人员和其他直接责任人员给予记过、记大过或者降级处分;造成严重后果的,给予撤职或者开除处分,其主要负责人应当引咎辞职: (一)违反本条例规定在重点保护山体保护范围内审批建设项目、探矿、采矿、采石、采砂、采土,批准林木采伐,或者未依法查处违法行为的; (二)违反本条例规定,没有征求专家和公众意见的; (三)违反本条例规定,滥用职权、玩忽职守、徇私舞弊的	1. 违法审批 2. 未征求专家和公众意见 3. 其他

续表

依据	行政主体法律责任条款	违法情形
《十堰市条例》	第36条　各级人民政府山体保护工作责任人未依法履行职责,致使辖区内保护山体遭受严重破坏的,依照有关规定追究责任 国家机关及其工作人员有下列行为之一的,对有关责任人员给予行政处分;构成犯罪的,依法追究刑事责任: (一)违法审批山体保护范围内建设项目的; (二)违反本条例规定未履行山体生态修复治理职责的; (三)未依法查处山体保护范围内违法行为的; (四)因滥用职权、玩忽职守、徇私舞弊行为导致山体遭到破坏的	1. 违法审批 2. 不作为 (1)不履行修复职责 (2)未依法查处违法行为 3. 其他行为导致山体破坏的
《江门市条例》	第23条　负有山体保护监督管理职责的各级人民政府及相关主管部门有下列行为之一的,对直接负责的主管人员和其他直接责任人员给予处分;构成犯罪的,依法追究刑事责任: (一)未依照本条例规定程序编制或者修改市区山体保护规划的; (二)未依法查处破坏山体的违法行为或者接到举报后在法定期限内未调查处理的; (三)未依照本条例规定设立界桩或者其他保护标识的; (四)批准在重点保护山体禁止建设区内开发建设,或者批准在限制建设区内建设与山体规划功能配套设施无关的项目的; (五)有法律、法规规定的其他违法行为的	1. 违法规划 2. 不作为 (1)不调查处理违法行为 (2)未设立山体标识 3. 违法审批 4. 其他
《益阳市条例》	第26条　相关单位及其工作人员,违反本条例规定,有下列行为之一的,依法追究主要负责人、直接负责的主管人员和其他直接责任人员的法律责任: (一)未按规定程序编制和修改市城市规划区山体水体保护规划的; (二)在山体水体保护范围内擅自批准建设项目的; (三)其他未依法履行职责,造成受保护山体水体损害的	1. 违法规划 2. 违法审批 3. 不作为,造成损害违法行使职权

续表

依据	行政主体法律责任条款	违法情形
《济南市办法》	第35条　违反本办法规定,国家工作人员在山体保护工作中滥用职权、玩忽职守、徇私舞弊的,依法给予处分;构成犯罪的,依法追究刑事责任	滥用职权、玩忽职守、徇私舞弊
《枣庄市条例》	第46条　国家机关及其工作人员有下列行为之一的,对有关责任人员给予处分;构成犯罪的,依法追究刑事责任: (一)违法审批山体保护范围内建设项目的; (二)违反本条例规定未履行山体修复治理职责的; (三)未履行监督检查职责或者发现违法行为未予查处的; (四)接到举报后在法定期限内未调查处理或者应当依法立案查处,无正当理由未立案查处的; (五)为违法人员通风报信的; (六)滥用职权、玩忽职守、徇私舞弊导致山体遭到破坏的; (七)法律法规规定的其他违法行为	1.违法审批 2.不作为 (1)不修复治理 (2)不监督、不处理、不立案 3.通风报信 4.滥用职权、玩忽职守、徇私舞弊导致山体遭到破坏的 5.其他
《岳阳市条例》	第25条　市、区人民政府及其工作部门,违反本条例规定,有下列行为之一的,对直接负责的主管人员和其他直接责任人员,依法给予处分;构成犯罪的,依法追究刑事责任: (一)未按程序编制和修改山体水体保护规划的; (二)在山体水体保护规划范围内违法批准建设项目的; (三)未依法查处山体水体保护规划范围内违法行为的; (四)其他滥用职权、玩忽职守、徇私舞弊行为导致山体水体遭到破坏的	1.违法规划 2.违法审批 3.不作为(不查处) 4.其他滥用职权、玩忽职守、徇私舞弊行为导致山体破坏

续表

依据	行政主体法律责任条款	违法情形
《双鸭山市条例》	第17条　负有山体绿线保护管理职责的各级人民政府及相关主管部门有下列行为之一的,对直接负责的主管人员和其他直接责任人员给予行政处分: (一)未依照本条例规定程序编制或者修改中心城区山体绿线保护规划的; (二)未依法查处破坏山体绿地的违法行为或者接到举报后未调查处理的; (三)未依照本条例规定设立界桩或者其他保护标识的; (四)违法审批山体绿线保护规划范围内建设项目,或者批准在控制区域内建设不符规划要求项目的; (五)有本条例规定的其他违法行为的	1. 未规划或违法规划 2. 未划定或违法设立界标 3. 违法审批 4. 不查处 5. 其他违法行为
《咸宁市条例》	第30条　负有山体保护监督管理职责的各级人民政府、相关部门、保护单位及其工作人员有下列行为之一的,由其主管单位责令改正;情节严重的,对直接负责的主管人员和其他直接责任人员依法给予处分;构成犯罪的,依法追究刑事责任: (一)未依照本条例规定编制、修改或者公布山体保护规划的; (二)未依照本条例规定设立投诉举报电话和山体保护界桩、标志牌的; (三)违反本条例规定批准山体保护线内建设项目的; (四)发现违法行为未及时报告,或者接到投诉举报后未及时查处的; (五)未依照本条例规定履行山体修复治理职责的; (六)其他滥用职权、玩忽职守、徇私舞弊的行为导致山体遭到破损的	1. 未规划或违法规划 2. 违法审批 3. 不作为 (1)不设立投诉电话和界桩、标识 (2)不及时报告和查处 (3)不修复治理 4. 其他导致山体破损的滥用职权、玩忽职守、徇私舞弊行为

续表

依据	行政主体法律责任条款	违法情形
《驻马店市条例》	第32条　国家机关及其工作人员有下列行为之一的,对直接负责的主管人员和其他直接责任人员依法给予处分: (一)违反山体保护规划审批建设项目的; (二)未履行监督检查职责或者发现违法行为未予查处的; (三)接到举报后应当调查处理未调查处理的; (四)发现违法行为未及时报告的; (五)为违法人员通风报信的; (六)擅自修改山体保护规划的; (七)对未达到验收条件通过验收的; (八)拒不执行联席会议决定的; (九)其他滥用职权、玩忽职守、徇私舞弊的。 国家机关工作人员之外的其他人员,违反前款第四项、第五项规定,属于监察对象的,由监察机关依法给予政务处分	1. 违法审批 2. 不作为 (1)不监查 (2)不查处 (3)不及时报告 3. 通风报信 4. 违法修改规划 5. 违法验收 6. 拒不执行联席会议决定 7. 其他违法行为
《镇江市条例》	第38条　违反本条例规定,负有山体保护监督管理职责的市有关部门、县级市(区)人民政府及其有关部门,以及上述部门的工作人员有下列情形之一的,由市人民政府责令改正;情节严重,尚不构成犯罪的,对直接负责的主管人员和其他直接责任人员进行问责处理或者依法予以处分;构成犯罪的,依法追究刑事责任: (一)未依法编制、修改或者公布山体保护规划; (二)未依法划定山体保护控制线、设置界桩、界牌; (三)违法批准山体保护控制线内建设项目; (四)未履行对山体保护规划实施情况及山体资源保护状况监督检查职责; (五)未依法开展巡查; (六)发现违法行为未及时报告,或者接到投诉举报后未及时查处; (七)未履行山体修复治理职责; (八)其他滥用职权、玩忽职守、徇私舞弊的行为导致山体遭到破损	1. 未规划或违法规划 2. 未划定或违法划定线、界 3. 违法审批 4. 不作为 (1)不监察 (2)不巡查 (3)不及时调查处理 (4)不修复治理 5. 其他导致山体破损的滥用职权、玩忽职守、徇私舞弊的行为

续表

依据	行政主体法律责任条款	违法情形
《泸州市条例》	第41条　行政机关及其工作人员违反本条例规定,有下列行为之一的,对直接负责的主管人员和其他直接责任人员,依法给予处理: (一)未按照本条例规定的程序编制和修改山体保护专项规划的; (二)在山体保护范围内违法批准建设项目的; (三)未依法查处山体保护范围内破坏山体的违法行为的; (四)其他玩忽职守、滥用职权、徇私舞弊的	1. 违法编制和规划 2. 违法审批 3. 不作为 4. 滥用职权、玩忽职守、徇私舞弊
《烟台市条例》	第33条　违反本条例规定,国家工作人员在山体保护工作中滥用职权、玩忽职守、徇私舞弊的,依法给予处分;构成犯罪的,依法追究刑事责任	滥用职权、玩忽职守、徇私舞弊
《汕尾市条例》	第30条　各级人民政府和相关主管部门负责人及工作人员在山体保护工作中滥用职权、玩忽职守、徇私舞弊的,依法给予处分;构成犯罪的,依法追究刑事责任	滥用职权、玩忽职守、徇私舞弊
《六盘水市条例》	第21条　国家机关及其工作人员有下列行为之一,尚不构成犯罪的,对直接负责的主管人员和其他责任人员依法给予处分: (一)违法审批城市山体保护范围内建设项目的; (二)违反本条例规定未履行城市山体修复治理职责的; (三)未依法查处破坏城市山体行为的; (四)其他不履行城市山体保护职责的行为	1. 违法审批 2. 不作为 (1)不查处 (2)不修复治理 (3)其他
《威海市条例》	第29条　行政机关及其工作人员有下列行为之一的,对直接负责的主管人员和其他直接责任人员给予处分;构成犯罪的,依法追究刑事责任: (一)未按照法定程序编制山体保护专项规划的; (二)违法批准在山体保护区域内建设的; (三)不依法查处山体保护区域内违法行为的; (四)不依法履行山体修复治理职责的; (五)其他滥用职权、玩忽职守、徇私舞弊行为导致山体破坏的	1. 违法规划 2. 违法审批 3. 不作为 (1)不查处 (2)不修复治理 4. 其他滥用职权、玩忽职守、徇私舞

续表

依据	行政主体法律责任条款	违法情形
	第31条　违反本条例第十九条第二款规定，山体保护责任主体不制止或者报告破坏山体行为的，由自然资源行政主管部门处二千元以上一万元以下罚款	弊的行为导致山体破坏
《莆田市条例》	第30条　违反本条例规定，国家机关及其工作人员有下列行为的，对直接负责的主管人员和其他直接责任人员依法给予处分；构成犯罪的，依法追究刑事责任： （一）未按照规定编制和修改山体保护规划的； （二）违反规定办理矿产开采、建设项目审批的； （三）未履行山体修复治理监管职责的； （四）未依法查处破坏山体违法行为的； （五）其他滥用职权、玩忽职守、徇私舞弊行为导致山体遭到破坏的	1. 违法规划 2. 违法审批 3. 不作为 （1）不监管 （2）不查处 4. 其他滥用职权、玩忽职守、徇私舞弊的行为导致山体破坏
《资阳市条例》	第26条　国家机关及其工作人员有下列行为之一的，由有权机关对负有责任的主管人员和其他直接责任人员依法处理；构成犯罪的，依法追究刑事责任： （一）违法在山体保护范围内审批建设项目； （二）未依法查处破坏山体的违法行为或者接到举报后在法定期限内未调查处理； （三）因渎职行为导致山体遭受破坏	1. 违法审批 2. 不查处 3. 渎职导致山体遭受破坏
《三明市三元区条例》	第32条　负有山体保护管理职责的国家机关及其工作人员有下列情形之一的，由有权单位责令改正；情节严重的，对直接负责的主管人员和其他直接责任人员依法给予处分： （一）在山体保护范围内违法批准建设项目的； （二）未履行山体修复治理监督管理职责的； （三）未履行山体保护监测预警和巡查执法职责的； （四）发现破坏山体的违法行为或者接到有关投诉举报，未依法及时调查处理的； （五）其他玩忽职守、滥用职权、徇私舞弊的情形	1. 违法审批 2. 不作为 （1）不监管修复治理 （2）不监测和执法 （3）不及时调查处理 3. 其他滥用职权、玩忽职守、徇私舞弊的情形

续表

依据	行政主体法律责任条款	违法情形
《三门峡市条例》	第33条　国家机关工作人员以及其他负有山体保护职责的人员在山体保护工作中玩忽职守、滥用职权、徇私舞弊的，对直接负责的主管人员和其他直接责任人员依法给予处分；构成犯罪的，依法追究刑事责任	玩忽职守、滥用职权、徇私舞弊
《本溪市条例》	第31条　违反本条例规定，国家机关及其工作人员在山体保护中滥用职权、玩忽职守、徇私舞弊的，依法给予处分；构成犯罪的，依法追究刑事责任	滥用职权、玩忽职守、徇私舞弊
《铜仁市条例》	第30条　相关主管部门及其工作人员违反本条例规定，玩忽职守、滥用职权、徇私舞弊，尚不构成犯罪的，对直接负责的主管人员和其他直接责任人员依法给予处分	玩忽职守、滥用职权、徇私舞弊
《景德镇市条例》	第26条　各级人民政府和有关部门在城市山体保护工作中未依照本条例规定履行职责的，由其上级主管部门、监察机关或者所在单位责令改正；情节严重的，对直接负责的主管人员和其他直接责任人员，依法给予处分	不作为

有学者指出，山体保护法律责任的规范不是“先天不足”的问题，而是“缺乏整合和联动”的问题。[①] 因此，在保证国家法制统一前提下，使山体保护地方立法所规定的各种违法行为的法律责任与上位法相衔接[②]，同时要增强法规的可操作性和特色性。山体保护地方立法在法律责任部分规定至少应当包括以下方面。

首先，对于行政相对人违反山体保护和开发义务的法律责任

① 参见杜群：《三亚市山体保护地方立法的拓展和生态法治创新——〈三亚市山体保护条例〉述评》，载《南海法学》2017年第2期。

② 与山体保护相关的上位法包括：《环境保护法》、《矿产资源法》、《土地管理法》、《森林法》、《土地复垦条例》、《水土保持法》及相关地方性法规等规定。

务必严格规定。特别是要关注将法律责任实行明确的量化。法律责任的幅度要与违反法定义务的行为的危害程度相适应。立法工作者要考量该法律责任所对应的违法行为的情况、情节。针对同种违反法律义务的行为,要根据不同情节、不同的危害程度设置相应不同幅度的法律责任。地方立法相对于中央立法而言,更要注重实用性,要弥补上位法的原则性规定,要强调法律责任的细化与可操作性。明确违法行为,明确法律责任,需要给予处罚的,根据责任大小,与行政处罚的方式一一对应。这样才能增强地方立法的可操作性和权威性。目前综合各地方立法实践,行政相对人在山体立法中的法律责任承担情形主要有以下方面。

破坏山体植被责任。行政相对人未经批准擅自砍伐山体植被,或者在山体保护区域内进行开垦、放牧等破坏植被活动的,责令其停止违法行为,限期补种毁坏株数一定数量的树木,并处以毁坏林木价值相应倍数的罚款。

非法开采责任。行政相对人未取得合法采矿许可证,在山体区域内进行非法采矿活动的,没收采出的矿产品和违法所得,并处罚款;构成犯罪的,依法追究刑事责任。

违规建设责任。行政相对人在山体保护范围内未经规划许可擅自建设建筑物、构筑物的,责令限期拆除,恢复山体原状;逾期不拆除的,依法强制拆除,并处罚款。

污染山体环境责任。行政相对人向山体排放未达标废水、废气或者倾倒固体废物,造成山体环境污染的,责令限期治理,并处以罚款;逾期未完成治理任务的,责令停业、关闭。

阻碍执法责任。行政相对人以暴力、威胁等方式阻碍有关部门依法执行山体保护执法工作的，处拘留，并处罚款；情节严重的，处拘留，并处罚款；构成犯罪的，依法追究刑事责任。

其次，明确山体管理行政主体的法律责任。我国现存的很多环境资源问题之所以得不到解决，一个最根本的问题是行政主体没有发挥其应有的监督和管理作用。如果行政主体不能够依法履行法定职责，仅依靠行政相对人的守法和自律是很难达到环境法所期待的效果的。同时，行政主体作为行政权力的代行者，在依法享有法定职权时更要依法履行职责，应当严格遵守行为规则的模范。只有在立法中明确执法者的责任，才能有效督促执法者依法履行职务，进而使行政相对人严格守法，不敢越矩。保护山体生态环境，行政机关负责人起着关键作用。

明确山体管理行政主体的法律责任具有重要意义。第一，有助于规范行政主体的行为，确保其在山体管理过程中依法履行职责，避免权力滥用和行政不作为。例如，如果行政主体在审批山体开发项目时未进行充分的环境评估，导致山体生态破坏，就应当承担相应的法律责任。第二，明确法律责任能够增强行政主体的责任意识，促使其积极采取措施保护山体资源和生态环境。例如，在面对山体滑坡等自然灾害时，若行政主体未能及时制定并实施有效的防范措施，造成人员伤亡和财产损失，就需要依法承担失职的责任。第三，有助于保障公众的合法权益。当行政主体的不当行为对公众的生命、健康和财产造成损害时，公众能够依据明确的法律责任规定寻求救济和赔偿。例如，因行政主体监管不力，导致非法采矿者肆意破坏山体,影响周边居民的生活环境,居民有权要求行政主体承担责任并进行整改。第四,有利于维护法律的权威性和公正性。只有明确了山体管理行政主体的法律责任,才能使法律得到有效执行,实现公平正义。总之,明确山体管理行政主体的法律责任对于保护山体资源、维护生态平衡、保障公众权益以及实现法治社会具有不可或缺的作用。

已经出台的地方山体法律责任一章中都有关于行政主体法律责任的规定,但是一般较为笼统。通过对 25 部地方山体立法文件中行政主体法律责任条款的违法情形进行梳理,发现违法情形主要集中在四类:违法审批、不规划或违法规划、不作为以及其他滥用职权、玩忽职守、徇私舞弊等违法行为。(见图 11)

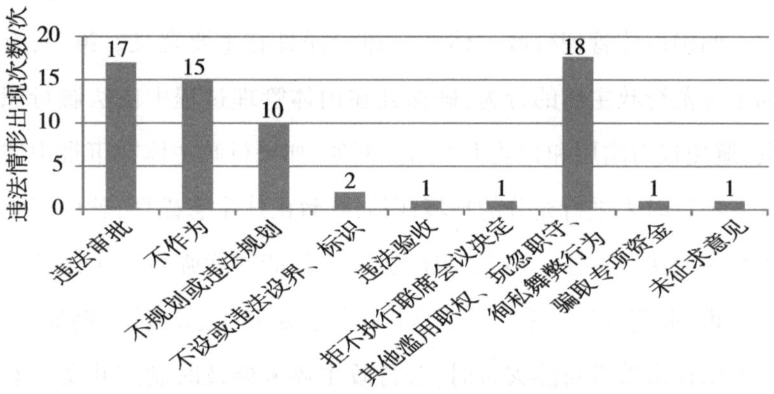

图 11　地方立法中行政主体违法情形统计

建议对山体管理行政主体的法律责任制定具体实施细则,细则内容至少应当包括以下内容。

(1)责任认定标准。

规划制定与执行责任。行政主体未在规定时间内完成山体保护规划的制定,或者规划内容不符合法律法规及相关标准要求的,应认定为规划制定失误责任。例如,规划中未明确山体保护区范围、保护措施不具体等。未按照已制定的山体保护规划执行监管措施,导致规划目标无法实现,如未能阻止规划禁止区域内的开发建设活动,视为执行不力责任。

审批监管责任。对山体开发利用项目的审批,未严格遵循法定程序,如未进行公示、征求公众意见等,认定为程序违规责任。例如,某房地产开发项目涉及山体改造,审批过程未按要求公示,影响周边居民知情权。审批主体在审批中对申请材料的真实性、合法性审查不严,致使不符合条件的项目获得批准的,承担审查失职责任。例如,企业提供虚假的环保方案通过审批,导致山体生态破坏。

执法监督责任。发现山体违法行为后,未及时采取有效制止措施,导致违法行为持续或扩大,认定为执法不作为责任。例如,对于非法采矿行为,行政主体接到举报后未及时查处,致使山体遭到严重破坏。执法过程中,未依法依规进行处罚,处罚过轻或过重,均视为执法不当责任。例如,对造成重大山体破坏的违法行为,仅给予轻微罚款。

监测与预警责任。未建立健全山体监测体系,或者监测数据不准确、不及时,不能有效掌握山体变化情况,应承担监测失职责任。例如,因监测漏洞未能提前发现山体滑坡隐患。未能根据监测结果及时发布预警信息,或者预警信息发布不及时、不准确,导致人员伤亡和财产损失的,认定为预警失误责任。

生态修复责任。对于因开发活动造成山体破坏的,行政主体未督促责任方及时进行生态修复,或者修复工作不符合要求的,承担修复监督不力责任。例如,矿山关闭后,行政主体未监督企业完成复绿工作。

信息公开与公众参与责任。未依法公开山体管理相关信息,包括规划内容、审批结果、执法情况等,认定为信息公开违规责任。例如,公众无法通过正常渠道获取山体保护规划的详细内容。在山体管理决策过程中,未充分征求公众意见,忽视公众合理诉求,视为公众参与落实不到位责任。例如,在修建山体公园的规划中,未采纳周边居民关于增设健身设施的建议。

通过明确以上详细的责任认定标准,可以更加精准地判定山体管理行政主体的法律责任,提高山体管理的法治化水平。

(2)主要责任形式。

行政处分。警告:对行政主体在山体管理中存在的较轻违规行为进行警示。例如,行政主体在山体保护规划制定过程中存在小的疏漏。记过:记录行政主体在山体管理工作中的过错。例如,因未及时发现山体的小规模非法开采而记过。降职:降低行政主体相关负责人的职务级别。若因严重的决策失误导致山体生态遭受较大破坏,可能对相关负责人降职。撤职:撤销行政主体相关负责人的职务。如在山体开发审批中存在严重的受贿行为,导致山体资源被过度开发。

行政处罚。罚款:对行政主体处以一定金额的罚款。例如,因监管不力导致山体遭到破坏,对其处以相应的罚款。没收违法所得:没收行政主体通过违规行为获得的非法利益。例如,对行政主体违规收取山体开发企业的费用,予以没收。

民事赔偿责任。当行政主体的过错行为对公民、法人或其他组织的合法权益造成损害时,需要承担民事赔偿责任。例如,因行政主体未及时采取措施防止山体滑坡,导致周边居民房屋受损,需对居民进行赔偿。

刑事责任。若行政主体的违法行为情节严重,构成犯罪的,将依法追究刑事责任。例如,在山体管理中滥用职权、玩忽职守,造成重大人员伤亡和财产损失的,相关责任人可能面临刑事处罚。

责令改正。要求行政主体立即纠正其在山体管理中的不当行为。例如,行政主体未按照规定进行山体资源的监测,责令其马上改正并建立完善的监测机制。

通报批评。在一定范围内对行政主体的不当行为进行公开批评。例如,通过政府文件或媒体对行政主体在山体管理中的失职行为进行通报。

通过以上多种责任形式,可以有效约束山体管理行政主体依法履行职责,保护山体资源和生态环境。

(3)监督与问责机制。

首先,监督机制,包括内部监督和外部监督。内部监督需要建立定期的山体管理工作自查制度,行政主体内部定期对山体保护工作进行检查和评估。设立专门的内部审计部门,对山体管理相关的资金使用、项目审批等进行审计。

外部监督的监督来源较广,包括公众监督,开通举报热线、设立网络举报平台,鼓励公众对山体管理中的不当行为进行举报。例如,公众发现山体非法开采,可通过举报平台及时反映。媒体监督,鼓励媒体对山体管理工作进行监督报道,及时曝光问题。例如,媒体通过调查报道揭示行政主体在山体保护中的失职行为。专家监督,组建山体保护专家库,定期邀请专家对山体管理工作进行评估和指导。

此外,还有信息化监督。利用卫星遥感、无人机等技术手段,对山体进行实时监测,及时发现问题。建立山体管理信息系统,对山体的开发利用、生态状况等信息进行动态管理,便于监督。

其次,问责机制。包括问责启动,内部自查发现问题、公众举报经查实、媒体曝光重大问题等,均可启动问责程序。上级部门交办的山体管理相关任务未完成,也应启动问责。调查取证,成立专门的问责调查组,收集相关证据,如文件资料、证人证言、现场勘查等。对涉及的相关人员进行询问和调查。

再次,责任认定和问责方式。根据调查结果,依据相关法律法规和规章制度,明确责任主体和责任程度。区分直接责任、领导责任和监管责任。包括诫勉谈话:对责任较轻的人员进行诫勉谈话,提出警告和改进要求。公开道歉:责任人员通过公开渠道向社会道歉,表明整改态度。行政处分:包括警告、记过、降职、撤职等。

法律追究:对于涉嫌违法犯罪的,移交司法机关处理。

最后,整改与跟踪。被问责的行政主体制定整改方案,明确整改措施和期限。对整改情况进行跟踪检查,确保问题得到有效解决。

通过建立健全的监督与问责机制,能够有效促使山体管理主体依法履行职责,切实保护山体资源和生态环境。

(4)山体管理主体责任追究程序。

步骤线索发现,通过内部监督检查、公众举报、媒体曝光、上级交办等途径,发现山体管理主体可能存在的违法违规行为或失职情况。立案,相关部门对发现的线索进行初步核实,确认存在需要追究责任的情况后,正式立案进行调查。调查取证,成立专门的调查组,收集与案件相关的各种证据,包括文件资料、现场勘查记录、证人证言等。调查人员可能会对涉及的相关人员进行询问和调查,以了解事情的经过和责任情况。责任认定,根据调查取得的证据,依据相关法律法规和规章制度,明确责任主体及其应当承担的责任程度。区分直接责任、领导责任和监管责任等。

拟定处理意见,根据责任认定结果,拟定相应的处理意见。处理方式可能包括诫勉谈话、公开道歉、行政处分(如警告、记过、降职、撤职等),对于涉嫌违法犯罪的,还需移交司法机关处理。告知与申辩,将拟定的处理意见告知被追究责任的山体管理主体,给予其陈述和申辩的机会,听取其对处理意见的看法和解释。审议决定,相关部门对处理意见进行审议,综合考虑各种因素后作出最终的决定。处理执行,根据最终决定,执行相应的处理措施,如实施行政处分、追究刑事责任等。

整改与跟踪,被追究责任的山体管理主体制定整改方案,明确整改措施和期限,以纠正存在的问题,防止类似情况再次发生。同时,对整改情况进行跟踪检查,确保问题得到有效解决。信息公开,在适当的范围内,对山体管理主体责任追究的结果进行公开,以起到警示作用,并接受社会监督。

(5)责任清单制度和离任审查制度。

为了加强规范山体管理行政主体的法律责任,使其规范依法行政,细化行政法律责任情形,还应当规范配套的两项制度,即责任清单制度和离任审查制度。

责任清单制度是一种明确规定相关主体责任范围、内容和要求的管理制度。

它通常具有以下几个重要特点和作用:第一,明确职责,清晰地界定每个部门、岗位或个人在特定事务中的具体责任,避免职责不清导致的推诿扯皮。第二,提高效率,由于责任明确,工作流程更加顺畅,能够减少决策和执行过程中的延误,提高工作效率。例如,在项目审批中,明确各个环节的审批时限和责任人员,避免项目长时间停滞。第三,加强监督,为监督和考核提供明确的依据,便于对责任履行情况进行评估和问责。如对环保责任清单的执行情况进行定期检查,对未完成任务的部门进行问责。第四,增强透明度,向社会公开责任清单,使公众了解相关部门和人员的职责,促进公众监督。例如,政府部门在网站上公布政务服务的责任清单,方便群众监督办事效率和质量。第五,促进依法行政,有助于规范行政权力的运行，保障行政行为的合法性和公正性。如行政执法部门依据责任清单进行执法活动，确保执法有依据、行为合法合规。第六，优化资源配置，根据责任清单合理分配人力、物力和财力资源，提高资源利用效率。总之，责任清单制度是现代管理中提高管理水平、保障工作落实、促进公平公正的重要手段。

离任审查制度。离任审查制度是指对即将离职的人员，特别是担任重要职务或涉及关键岗位的人员，在其离开原岗位之前进行的全面审查和评估。这一制度具有重要意义和作用：第一，责任追溯，确保离职人员在任职期间的行为和决策符合法律法规、组织规定以及职业道德标准。如果发现违规行为，能够进行责任追究。第二，资产和资源保护，核实离职人员对组织资产（如资金、设备、物资等）的管理和使用情况，防止资产流失或滥用。第三，工作交接完整性，评估离职人员工作交接的完整性和准确性，保证后续工作的顺利进行。如重要项目的负责人离任，要审查其是否将项目的关键信息、未完成任务等完整交接给继任者。第四，风险防范，发现可能存在的潜在风险，如未解决的纠纷、未履行合同义务等，以便及时采取措施加以解决。

山体管理主体离任审查制度是对负责山体管理的相关主体在离任时进行的审查制度，旨在确保山体管理工作的连续性、责任追溯和管理成效的评估。该制度应当至少包括以下方面：责任明确，清晰界定山体管理主体在任期间对山体保护、利用和修复等方面的具体责任。工作绩效评估，审查其在山体保护规划执行、资源合理利用、违法行为监管等方面的工作成果和绩效。合规审查，检查是否遵守了相关的法律法规、政策规定以及山体保护的具体要求，如是否有效制止了擅自采伐林木、挖砂、采石、取土等破坏山体的行为。资产清查，核实山体资源及相关资产的管理和使用情况，防止资产流失或不当利用。修复治理情况审查，查看任期内对受损山体的修复治理工作进展和成效，包括是否按照规定制定并执行修复方案，是否有效控制了对山体和植被的破坏等。生态环境保护，评估对山体生态系统的保护效果，如野生动植物保护、生物多样性维护、森林覆盖率提升等工作的落实情况。数据档案审查，检查山体档案的建立和管理情况，包括山体生态资源、边界红线、高清卫星图片、管理人员等信息的记录是否完整准确。公众监督反馈，了解公众对该管理主体在山体管理工作方面的反馈和意见。通过实施山体管理主体离任审查制度，可以促进山体管理主体认真履行职责，加强对山体的有效保护和合理利用，及时发现和纠正问题，推动山体保护工作的持续改进和完善。

要确保山体管理主体离任审查制度的公正和透明，可以从以下几个方面入手：明确审查标准和程序，制定详细、具体且可操作的审查标准，涵盖山体资源保护、开发利用合规性、生态修复成效等方面。公开透明地公布审查的流程和步骤，让各方清楚了解从启动审查到得出结论的全过程。组建专业独立的审查团队，成员应包括相关领域的专家，如地质学家、生态学家、法律专家等，确保审查团队与被审查的山体管理主体没有利益关联，保持独立性。公开审查信息，除涉及保密事项外，及时向社会公布审查的进展、发现的问题以及最终的审查结果。设立专门的信息发布渠道，如官方网站、政务公开。引入第三方监督，邀请人大代表、政协委员、社会公众代表等参与监督审查过程。建立投诉举报机制，接受公众对审查不公正、不透明情况的反映。数据和证据的客观准确，要求审查团队以客观、科学的方法收集和分析数据，确保证据的真实性和可靠性。采用先进的技术手段，如卫星遥感、地理信息系统等，获取准确的山体状况信息。审查过程记录和存档，对审查过程中的会议、讨论、调查行动等进行详细记录。妥善保存相关文件和资料，以备后续查阅和复查。申诉和复核机制，被审查的山体管理主体对审查结果有异议的，提供申诉渠道和复核机会，复核应由独立的机构或人员进行，确保公正。定期评估和改进制度，对已实施的离任审查制度进行定期评估，总结经验教训。根据实际情况和新的需求，及时调整和完善制度。例如，在某地区的山体管理主体离任审查中，审查团队在现场调查时，邀请了当地环保组织的志愿者作为第三方监督人员一同参与，同时利用卫星影像对比分析山体在任期内的变化情况。审查结束后，将详细的审查报告在政府网站上公布，接受公众的监督和质疑。如果被审查主体提出申诉，由上级主管部门组织独立的专家组进行复核，并将复核结果再次公开。通过这些措施，可以有效保障审查制度的公正和透明。

引入第三方服务机构并规定相应的法律责任。《三亚市条例》规定了两种情况可以引入第三方服务机构，一种情况是负有“山体损害预防和修复治理义务”的行政相对人“可以”委托具有相应资质的第三方服务机构，编制山体损害预防方案和修复治理方案；另一种情况是市或区政府即行政相对人是责任人时，则“必须”通过公开招投标或政府采购的方式委托第三方服务机构执行修复方案。《三亚市条例》中规定的义务人的义务同样适用于第三方服务机构，同样违反了相关义务也要承担相应的法律责任，例如，在山体保护服务中第三方服务机构弄虚作假，依照有关法律法规予以处罚，并与其他责任者承担连带责任。[①] 具体来说，山体管理第三方服务机构的法律责任主要包括以下几个方面。

第一，合同责任。第三方服务机构未按照与委托方签订的服务合同履行约定的义务，如未按时提交相关报告、未达到约定的服务质量标准等，需承担违约责任，可能包括赔偿损失、继续履行合同或解除合同等。例如，合同约定第三方服务机构每月提交山体监测报告，但连续数月延迟提交，导致山体管理决策延误。

第二，数据和信息真实性责任。提供虚假、错误或误导性的山体管理相关数据、信息、报告等，给山体管理工作造成损失的，应承担法律责任。例如，第三方服务机构故意篡改山体地质勘察数据，导致后续工程建设出现安全事故。

第三，专业服务质量责任。因专业能力不足、操作不当或未遵循相关行业规范和标准，导致山体管理工作出现失误或错误决策的，需承担相应责任。假设第三方服务机构在进行山体生态评估时，采用了错误的评估方法，使保护措施不当，造成山体生态进一步恶化。

---

① 参见杜群：《三亚市山体保护地方立法的拓展和生态法治创新——〈三亚市山体保护条例〉述评》，载《南海法学》2017 年第 2 期。

第四,保密责任。对在服务过程中获取的山体管理相关机密信息、数据等未履行保密义务,导致信息泄露,给委托方或相关方造成损害的,要承担法律责任。例如,将山体管理的规划方案泄露给竞争对手。

第五,环境和生态保护责任。在提供服务过程中,如果其行为直接或间接造成山体环境破坏、生态失衡等问题,应承担相应的环境法律责任。例如,第三方服务机构在进行山体植被修复工作时,使用了违规的植物品种,破坏了当地生态平衡。

第六,法律合规责任。自身的经营活动未遵守相关法律法规,如非法转包服务项目、不正当竞争等,应受到法律制裁。例如,第三方服务机构将承接的山体管理服务项目非法转包给无资质的单位。

总之,山体管理第三方服务机构应当依法依规履行职责,保障山体管理工作的科学性、准确性和有效性,否则将面临相应的法律责任追究。

结　语

青山绿水是生态的魅力之魂，笔者认为，青山在法律上的表达应为山体，在自然资源的语境下完整地表述是山体资源。它是重要的自然资源之一，也是被《宪法》和《民法典》予以明确列举，规定了国家所有和集体所有双重所有制的自然资源类型。然而，无论是基于它的非可再生性，还是迫于现实中因城市建设等经济开发行为屡遭破坏亟待保护的事实，都提示着立法者不应继续将山体资源的法律保护以分散式立法的形式存在于《森林法》《土地管理法》《矿产资源法》中，应当像土地、森林、矿产、水等自然资源一样通过单独专项立法予以充分重视。

对山体资源，特别是国有山体资源的法律保护重在明确山体资源国家所有权兼具权利和权力的双重属性。国家作为所有权人行使山体资源的所有权具有正当性和合理性，其主要扮演两重身份：以出让者的身份与使用权人之间形成民法上的私法关系，实现国家所有者权益;以管理者的身份与使用权人之间形成公法关系,实行监督和管理,维护国家作为山体资源管理者的利益。重在行使行政权力。但权力的行使是有边界的,包括行政权力之间的内部边界和与私权利之间的外部边界。为了更好地规范国家所有权的权力运行,需要明确权力主体,明晰职权分配,特别是有效充分运行山长制。需要对山体实行分级分区的差别化管理,确定权力主体享有山体规划、用途管制、行政许可、征收以及监管和处罚权。需要通过职责划分与协调,制定权责清单,完善联席会议制度,严格法律责任,全方位监督山体资源国家所有权的规范和有效行使。

地方山体立法已经探路多载,国家层面的山体立法呼之欲出。通过立法保护确定山体资源国家所有权的权力边界,设立权力的行使制度,是保护山体资源最有效的方法。虽然关于山体资源的单项立法任重而道远,但我们坚信“人不负青山,青山定不负人”。

